El Tarot del Siglo XXI

*Descubre todos los secretos de la
adivinación cotidiana y mágica*

Por Josephine McCarthy

TaDehent Books

Exeter

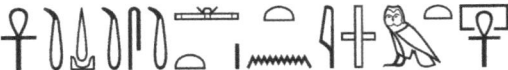

Copyright 2022 © Josephine McCarthy

Todos los derechos reservados.

Sin limitar los derechos otorgados por el copyright, ninguna parte de esta publicación podrá ser reproducida, introducida o almacenada en un sistema de recuperación, o transmitida en cualquier forma o por cualquier medio (electrónico, mecánico, de fotocopia, grabación o cualquier otro) sin el consentimiento previo del propietario de los derechos de autor y de la editorial de este libro.

Publicado por TaDehent Books 2022
Exeter UK

ISBN 978-1-911134-62-6

Ilustración de portada: Stuart Littlejohn
Maquetación y diseño interior: Michael Sheppard
Traducción al español: Diana Villanueva Aubeso

Dedicado a mi maravilloso marido Stu, la alegría de mi vida. Y a mi hermana Cecilia Lindley, por ser mi Estrella del Norte.

Agradecimientos

Me gustaría dar las gracias a las personas que con su amor, amistad, consejos, apoyo, y asesoramiento han hecho este libro posible: Toni, Tony, Catherine, Christin, Nusye, Jane y Frater Acher. También me gustaría dar las gracias a Michael Sheppard por ser un compañero de trabajo tan maravilloso durante todos estos proyectos. Y gracias a R. A. (Bob) Gilbert por sus conversaciones y consejos sobre Waite.

Contenidos

Introducción	1
1 Los susurros del viento	3
2 Comenzando	13
Cómo cuidar de tu baraja	13
Haciendo amistad con tus cartas	14
Cómo empezar a leer el tarot	15
Cómo convertirse en un buen lector de cartas del tarot . . .	17
¿Cartas invertidas?	19
El vocabulario limitado del tarot	20
3 Significados de los Arcanos Mayores	23
Los Arcanos Mayores	23
Cómo usar esta guía	24
0 El Loco	24
1 El Mago	27
2 La Suma Sacerdotisa	29
3 La Emperatriz	32
4 El Emperador	35
5 El Hierofante	39
6 Los Enamorados	44
7 El Carro	46
8 La Fuerza	50
9 El Ermitaño	53
10 La Rueda de la Fortuna	56
11 La Justicia	61

12 El Colgado	64
13 La Muerte	68
14 La Templanza	72
15 El Diablo	75
16 La Torre	79
17 La Estrella	86
18 La Luna	90
19 El Sol	95
20 El Juicio	99
21 El Mundo	103

4	**Los Arcanos Menores**	**107**
	Elementos	108
	Números	109
	Espadas: aire, este	111
	Bastos: fuego, sur	113
	Copas: agua, oeste	116
	Oros: tierra, norte	118
5	**Interpretación**	**121**
	Vocabulario	121
	Elegir una baraja	124
	La visión limitada del tarot	125
	Toma nota y aprende	128
	Cómo formular una pregunta adecuada	130
	Análisis de la formulación de una pregunta	131
	Algunos puntos a tener en cuenta	134
	El tiempo y sus límites	134
	Ciclos y patrones del destino	138
	Las emociones	141
	¿Quién te habla?	141
	El Yo	142

Voces esotéricas	143
La Biblioteca Interior	144
Parásitos y la higiene en la lectura de cartas	145
Tus responsabilidades al leer para otros	148
Leer sobre la muerte	150

6 Tiradas — **153**

Elegir la tirada idónea	153
Tiradas para cuestiones cotidianas	155
Tirada sencilla del si o no	157
Tirada del Árbol de la Vida	158
Tirada general	160
Tirada de los eventos	163
Tirada direccional o para la localización	167
Tirada de los recursos	168
Tiradas secundarias	171
Tirada para determinar una fecha	171
Tiradas sobre la causa, manifestación y solución de un evento	173
Tirada sobre la manifestación/causa	175
Tirada sobre la solución	175
Tirada de la salud	178
Tiradas esotéricas	184
Tirada del patrón del destino	185
Tirada angelical	189
Tirada panorámica	192
Tirada del Mapa del Yo	196

7 Interpretación de las tiradas — **201**

Tiradas para cuestiones cotidianas	202
Tirada sencilla del si o no	202
Tirada del Árbol de la Vida	207
Tirada general	215

Tirada de los eventos 228
Tirada direccional 237
Tirada de los recursos 241
Tiradas para determinar una fecha 259
Tirada sobre la causa y manifestación de un evento 263
Tirada sobre la solución 269
Tirada de la salud 275
Tiradas esotéricas 288
Tirada del patrón del destino 288
Tirada angelical 296
Tirada panorámica 304
Tirada del Mapa del Yo 313

Bibliografía   **319**

Introducción

Comencé con el tarot en los años 70, cuando era una preadolescente, lo que hizo que despertase a muchas cosas, tanto místicas como mágicas. Desde entonces han pasado ya 45 años en los que el tarot ha sido un compañero de vida que he usado tanto para la adivinación, como para la reflexión mística y mágica.

Creo que este momento en mi vida era el adecuado para escribir una guía del tarot que pudiera arrojar un poco de luz sobre un tema mucho más profundo de lo que inicialmente aparenta. He intentado encontrar alguna guía que además de tratar en profundidad sobre lo esotérico, también tocase temas menos profundos, más asequibles para el que se inicia en el tarot, pero no he sido capaz de encontrarlo. Esto no quiere decir que ese libro no exista, simplemente que yo no lo he podido encontrar.

Así pues, decidí escribir un libro que no fuera demasiado extenso, que fuera útil tanto para los que comienzan en el tarot, como para los más experimentados, y también para aquellos que van en busca de los Misterios mágicos. No sé si habré conseguido mi objetivo o habré fracasado estrepitosamente hasta que este libro sea valorado por los lectores.

En el libro presento los pasos básicos para quién empieza, interpretaciones para temas cotidianos, explicaciones técnicas, tanto esotéricas como mágicas, y tiradas tanto para lo cotidiano como para lo esotérico. También paso de forma rápida por la historia que hay detrás del tarot Rider-Waite, incluyendo algunas de las fuentes de inspiración en las que se basó Waite. La baraja Rider-Waite se ha

Introducción

convertido en la lingua-franca de la adivinación con cartas, y la base de la que parten muchas barajas de adivinación modernas.

Desde Waite, muchos creadores de barajas han partido de la gran fuente de conocimiento que es el tarot Rider-Waite, y gracias a ese aprendizaje adquirido, han desarrollado nuevas y fascinantes barajas que se apartan totalmente de ese sistema. Algunas son simplemente una nueva y bonita presentación artística, y otras reflejan una evolución mágica alucinante.

Este libro puede ser usado con cualquier tipo de baraja, aunque aquí se utiliza la baraja de Waite tanto para ilustrar las tiradas, como para presentar los puntos de referencia para los significados más profundos de las cartas tal y como Waite los concibió. Una vez hayas aprendido ese lenguaje universal, dispondrás de una base desde la que adentrarte en la adivinación y las experiencias mágicas. ¡Disfruta de la aventura!

— Josephine McCarthy, Mayo del 2020

Alterius non sit, qui suus esse potest
No debe pertenecer a otro quién puede pertenecer a sí mismo.

— Paracelso[1]

---

[1] Hirschvogel 1538

1. Los susurros del viento

El desarrollo de las cartas como una herramienta mágica y mística.

> Yo, el zurrón y el bastón nos hemos fortalecido,
> Yo portaba la estrella: la estrella que me guió
> Los caminos que he tomado, la mayoría abandonados,
> A buen seguro conducen al mar abierto:
> Como un clamor de voces oídas en sueños:
> De la profundidad llegan gritos a través de la oscuridad.
>
> — A. E. Waite, *Las Extrañas Casas del Sueño*.[1]

Los triunfos de una baraja del tarot tradicional usan las imágenes que creó el mago y místico A. E. Waite (1857-1942). Waite era un Rosacruz y fundador de la Hermandad de la Rosa Cruz (1915), masón, y miembro de la Golden Dawn.[2]

Debido a esto, Waite estaba inmerso no solo en textos clásicos griegos y latinos, sino también en la imaginería mística y mágica de los Misterios Occidentales. Su trabajo estuvo muy influenciado por Eliphas Levi,[3] cuyos escritos fueron descubiertos por Waite en la sala de lectura del Museo Británico en 1881.

He usado la baraja Rider-Waite, además de otras muchas, desde mediados de los 70, pero no ha sido hasta que he escrito este libro, cuando realmente he dedicado el tiempo para observar con cuidado y detenimiento las imágenes y simbología de cada triunfo. Lo que he descubierto me ha dejado asombrada, ya que he estado pasando por

---

[1] Waite 1906, p.30
[2] Orden Hermética de la Aurora Dorada. Nota de la traducción.
[3] Ocultista francés Eliphas Levi (1810-1875), nombre real Alphonse Louis Constant.

1. Los susurros del viento

alto elementos de gran importancia, como antiguos mensajes mágicos desprovistos de su envoltura habitual y mezclados con lo cotidiano.

Esto me ha hecho sentarme e investigar sobre A.E. Waite y Pamela Colman Smith, también conocida como Pixie y sobre las cosas que les influenciaron.¿Dónde adquirieron el conocimiento para crear tales imágenes? Algunos de esos conocimientos no eran habituales en los círculos mágicos del siglo XIX. También he tenido cuidado de no asumir que toda la imaginería era de Waite: por experiencia propia he aprendido que en muchas ocasiones, las mujeres involucradas en este tipo de proyectos son relegadas al papel de simples mecanógrafas, o simples dibujantes, cuando en muchos casos esto es totalmente falso.

La imaginería oculta en los Arcanos Mayores procede de una multitud de fuentes. Además de alusiones a temas Rosacruces, también se basan en las mitologías de Roma y Grecia, la Cábala, el Egipto Dinástico y Mesopotamia. El tema recurrente del ascenso mágico-místico fluye a través de los triunfos, lo que indica que bien uno, o ambos de los creadores de la Rider-Waite tenían unos sólidos conocimientos de magia y misticismo, además de historia y egiptología. O que al menos alguien que colaboró con ellos los tenía.

Pronto descubrí que Waite era miembro del Club de Lectura del Museo Británico, como también lo era S.L.M Mathers, uno de los fundadores de la Golden Dawn, una orden esotérica a la que Waite con el tiempo se uniría. Otros miembros del Club de Lectura eran su amigo el poeta William Butler Yeats (también miembro de la Golden Dawn) y sobre todo, E.A. Wallis Budge, conservador de antigüedades egipcias y sirias del Museo Británico desde 1894 hasta 1924. Budge tenía un profundo interés en todo lo mágico, y su conocimiento sobre la magia fundamentó el enfoque de algunos de sus trabajos y traducciones sobre los textos mortuorios egipcios. Nuestra comprensión del lenguaje del Antiguo Egipto ha mejorado enormemente desde la época de Budge, y sus traducciones no han envejecido bien. Sin embargo, aún pueden usarse para realizar interesantes y fundamentadas lecturas mágicas junto a las traducciones académicas modernas.

Budge también era amigo cercano de William Butler Yeats, y como conservador del museo, acudía frecuentemente a las reuniones que se hacían en el Club de Lectura del museo.

Pamela Colman Smith además de maga, era artista y miembro de la Golden Dawn. Se mezclaba con la misma gente que frecuentaba la sala de lectura del Museo Británico, y realizó encargos de arte para sus amigos William Butler Yeats y Bram Stoker, que también eran miembros del club.

A finales del siglo XIX y principios del XX, el Club de Lectura del Museo Británico era un importante centro de encuentro para los principales escritores, pensadores, esoteristas, egiptólogos, artistas, y ocultistas de la época. Debates, lecturas, y discusiones eran algo frecuente en la sala de lectura, y muchos de los principales ocultistas y pensadores esotéricos de la época pasaron muchísimo tiempo leyendo e investigando entre la amplia colección de textos oscuros que la librería del museo albergaba.

También exponían sus trabajos e ideas entre ellos, y gracias a las traducciones de textos funerarios y otros textos egipcios antiguos, Budge se convirtió en una gran influencia dentro de los pensadores mágicos de esa época. La traducción y presentación de Budge sobre los Papiros de Ani (un Libro de los Muertos de la época ramésida especialmente largo y bonito) junto con la traducción parcial del Libro de las Puertas, abrieron un mundo nuevo de conocimientos esotéricos la los escritores y pensadores de la época. La traducción de Budge de los Papiros de Ani en 1895, y su trabajo sobre el Libro de las Puertas en 1905, sin lugar a dudas habrán sido estudiados por Waite y Colman, y la influencia de esos textos aparece con claridad en algunos de los

1. Los susurros del viento

Arcanos Mayores. La baraja Rider Waite se imprimió en 1909, siendo publicada por William Rider and Son, en Londres.

El auge del interés en el mundo antiguo y el misticismo durante finales del siglo XIX y principios del siglo XX, dio lugar a una especie de renacimiento mágico que trajo cosas maravillosas, interesantes, y a veces también un poco alocadas. Era un tiempo de cambios rápidos en todas las áreas de la sociedad y fue uno de esos momentos en la historia donde toda la gente adecuada coincide en el mismo lugar para compartir ideas, discutir y debatir. Todos los recursos necesarios estaban ahí, lo que permitió una rápida expansión de ámbitos como el arte, la literatura, el baile, la música, la filosofía, y el misticismo. Fue como una explosión de luz antes de que llegara la oscuridad de la Primera Guerra Mundial.

En términos de la cartomancia, el misticismo y la magia, se produjo un renacimiento similar cientos de años antes, durante el siglo XVI y principios del XVII, y que también formó parte del desarrollo de la adivinación con cartas en Occidente. Y en un sentido poético, las dos épocas estuvieron conectadas por lo mismo, por algo muy apreciado por Waite, un hilo místico que recorrió su camino hasta llegar a conectar con él.

En general, la historia de las interpretaciones mágicas del tarot, y del uso de las cartas para la adivinación se remonta al escritor y místico del siglo XVIII Antoine Court de Gebelin (1725-1784), quien realizó un ensayo en el que describía los significados esotéricos que hay detrás de los Arcanos Mayores, en el volumen octavo de las series *Monde Primitif: analysé et comparé avec le monde modern*.[1]

Sin embargo, tras una conversación con mi querido amigo Frater Acher, comencé a investigar sobre un momento distinto en la historia esotérica. Frater Acher me mostró una colección de las obras

---
[1] Gébelin 1781

completas de Paracelso en alemán. En la actualidad, solo algunas partes del trabajo de Paracelso están disponibles en inglés, así que el poder ver una parte mucho más extensa de la colección de este maestro en alemán, fue una gran revelación para mi. Entre un trabajo tan extenso se encontraba enterrada la semilla de un concepto que ha esperado cientos de años para germinar.

Paracelso (1493-1541) nació como Phillippus Aureolus Theophrastus Bombastus von Hohenheim. Era un alquimista suizo, teólogo laico, doctor, y filósofo del Renacimiento Alemán. A sus padres, obviamente les gustaban los nombres largos.

Dentro de la amplia colección de obras de Paracelso, se encuentran treinta ilustraciones de cartas con sus comentarios. Las ilustraciones son xilografías diseñadas para ilustrar el espíritu reformista y para profetizar sobre la caída del Papado. Paracelso argumenta que los comentarios previos sobre las cartas, realizados por el maestro cantor y poeta Hans Sachs, que era un admirador de Lutero, se habían realizado desde un punto de vista partisano y subjetivo.

Paracelso decidió escribir sus propios comentarios en las cartas, y realizó unas descripciones muy extensas de cada una de ellas, que solo se conservaron manuscritas durante la vida de Paracelso. Y es aquí donde se pone interesante para nosotros como adivinadores y magos. En su introducción a los comentarios, Paracelso indica que hay tres formas de adivinación: una que llega a través de las estrellas, otra que llega a través de la Divinidad, y otra que llega "a través de la lente del mago". Dice que las cartas son un "Magicum Opus". Estudió las dinámicas de la soberbia y la maldad representadas en las cartas, y dijo "nadie debería usarlas para juzgar, sino para guardar silencio como Joannis en el desierto" (p.e. usarlas para la meditación y el pensamiento místico).

Así que, ¿De dónde venían esas imágenes?

1. Los susurros del viento

Esa pregunta me llevó a Nuremberg, que desde principios hasta finales del siglo XVI fue el centro del Renacimiento Alemán y donde en 1525 se produjo la reforma protestante. Menos de cien años antes, se habían producido varias guerras y una plaga en la ciudad, lo que provocó que su población se viera diezmada. Con la recuperación de la ciudad, floreció una importante e influyente cultura literaria que duraría siglos.

La publicación de las imágenes de las cartas se remontan a una publicación que apareció en 1527 llamada Eyn wunderliche Weyssagung von dem Badstum (Una maravillosa profecía sobre el Papado).[1] La publicación, editada por Andreas Osiander, incluía ciento cinco versos de Hans Sachs (1494-1576) y treinta xilografías de Erhard Schön. Sachs, Osiander, y Schöe eran parte de los reformistas de Nuremberg de aquella época.

Las ilustraciones son en su mayoría ilustraciones alegóricas del Papa, mostrando por ejemplo al Papa luchando contra el diablo, así como representaciones de los vicios y crímenes papales, acompañadas de referencias políticas y religiosas. Lutero aparece vestido como un monje, sosteniendo una hoz y una rosa. Ante él hay una pierna cercenada: una posible referencia a Isaías 40:6:

> Una voz dijo: ¡Clama!
>
> Y él dijo: ¿Qué he de clamar?
>
> Toda la carne es hierba,
>
> Y toda su gloria es como la flor del campo;

Estos trabajos estaban inspirados en un manuscrito del siglo XIII conocido como las *Profecías del Papa*, descubiertas por Osiander en marzo de 1525 en el monasterio cartujano de Nuremberg. El texto, una profecía medieval, describe los pecados de los Papas, la venida

---

[1] Osiander and Sachs 1527

del anticristo, y los cambios inminentes que esto traería. Todo esto fué recogido por los Reformistas de Nuremberg y en el último párrafo del prefacio, Osiander indica que el trabajo debe ser "advertir a los católicos y mostrarles su destino".

Lutero aprobó la obra, pero en Nuremberg fue censurada rápidamente, y Sachs fue amonestado por las autoridades, quienes con posterioridad destruyeron la mayoría de las copias.

Cada una de las xilografías de *Eyn wunderliche Weyssagung von dem Babstumb* estaban acompañadas por dos versos pareados de Sachs, y acaba con un poema más largo, también de Sachs, que hace un resumen de la interpretación de Osiander. Las xilografías diseñadas por Erhard Schön, fueron realizadas por Hieronymus Andrea, un cortador de madera e impresor que había trabajado con los artistas más importantes de Nuremberg.

Tanto Nuremberg como las ciudades vecinas, fueron un hervidero de debates religiosos, filosóficos, mágicos y místicos durante la Reforma. Este fue el sitio que dio lugar al rosacrucismo, una corriente mística de gran importancia para A .E. Waite.

Es muy interesante ver como estos susurros fluyen a través del tiempo, creando un delicado y oculto camino que discurre a través de la historia de la magia, trayendo la idea (además de otras como el Rosacrucismo) de que las imágenes se pueden usar de forma mágica, y no solo para la adivinación, sino también con objetivos místicos. ¿Llegó Waite por sí solo a la idea de que las cartas se pueden usar no solo como herramienta de adivinación, sino también como una herramienta mágica y mística? A menudo las ruedas se inventan cuando las mentes curiosas se salen de los límites. ¿O quizás cogió la idea de Levi, o de Antoine Court de Gebelin?

En principio pensé que Waite probablemente había inventado la rueda, hasta que descubrí que Waite no sabía alemán, pero

1. Los susurros del viento

sí estaba familiarizado con los textos de Paracelso no sólo en inglés, sino también en alemán. En 1894 escribió un libro titulado *The Hermetic and Alchemical Writings of Aureolus Phillippus Theophrastus Bombast of Hohenheim, Called Paracelsus the Great*.[1] Después llegué a una referencia que Waite hizo sobre el poeta Hans Sachs.[2] Y poco a poco se hizo obvio que estaba familiarizado con los trabajos de los Reformistas de Nuremberg y de Paracelso.

Los conocimientos esotéricos y clásicos de Waite le permitieron empapar con un rico simbolismo mágico y místico a la imaginería de los triunfos del tarot, y de este modo añadir capas de significados a parte de los de la adivinación cotidiana. Fue capaz de aprovechar los amplios y profundos recursos de los escritos antiguos y esotéricos de la sala de lectura del Museo Británico y del trabajo de sus contemporáneos.

Gracias a esa abundancia de conocimientos, él fue capaz de crear una baraja del tarot que permitió a los estudiantes de la época obtener conocimientos sobre las capas esotéricas más oscuras y parcialmente ocultas de las imágenes a través de la meditación y el estudio visionario. Él hizo germinar la semilla plantada por Schön, Sachs y Paracelso.

Esto me llevó de nuevo a Pamela Colman Smith. Cuando comencé a investigar sobre las fuentes de la imaginería más oculta de la baraja, intenté dejar a un lado ideas preconcebidas y mantener una postura abierta sobre quién contribuyó con qué. Pero después de una conversación con mi gran amigo R. A. Gilbert, que es una autoridad en Waite, este me hizo llegar algunos fragmentos de la colección de memorias autobiográficas de Waite *Sombras de la vida y el pensamiento*.[3]

---

[1] Waite 1894
[2] Waite 1933, p. 290
[3] Waite 1992 [1938]

En el fragmento del capítulo sobre el tarot que recibí, Waite afirma lo siguiente sobre Pamela Colman Smith: "con la orientación adecuada, (ella) podría crear un Tarot atractivo para el mundo del arte, con importantes indicaciones tras los símbolos, los cuales añadirían interpretaciones adicionales nunca soñadas por aquellos que (..) la han creado y usado para meros propósitos adivinatorios" Waite añade que parte de sus funciones eran las de asegurarse de que los diseños, "especialmente los de los Arcanos Mayores importantes, mantuvieran oculto lo que pertenecía a los Grandes Misterios" y que ella no debía "coger por casualidad imágenes que aparecieran en mi mente o en la de cualquier otra persona. Pamela debía ser cuidadosamente guiada en la carta de la Suma Sacerdotisa, en aquella llamada El Loco, y en la de El Colgado"

Estos comentarios dejan ver que Pamela Colman Smith, a pesar de ser una artista psíquica y maga, era desconocedora en mayor o menor medida de los niveles más profundos de los Misterios. Sin embargo, contemplando el resto de su obra artística podemos observar que el tema de la magia de la naturaleza y el folclore son una constante.

Todo esto lo terminé de confirmar al llegar al último capítulo de *Las claves del Tarot*, donde Waite escribe:

> Deja a cualquiera que sea místico, que reflexione de forma separada o conjunta sobre las cartas del Mago, el Loco, la Suma Sacerdotisa, el Sumo Sacerdote, la Emperatriz, el Emperador, el Colgado y la Torre. Déjale reflexionar sobre la carta llamada el Juicio Final. Estas cartas hablan del camino del alma.[1]

En esa última línea, Waite indica que esas imágenes tienen funciones mucho más profundas que la mera adivinación: son las llaves de los Misterios, y son hitos de las varias etapas del desarrollo místico y mágico.

---
[1] Waite 1971 [1910], p. 316

1. Los susurros del viento

Esas imágenes tienen un rol importante como guías y catalizadores de la introspección profunda del místico durante su camino. Esto es lo mismo que Paracelso expresó cientos de años antes: nadie debería usarlas para juzgarlas, sino para permanecer en silencio, como Joannis[1] en el desierto.

> La inspiración poética no es más que una interpretación de los sueños
>
> — Hans Sachs[2]

---

[1] San Juan Bautista, quien se retiró al desierto en soledad para resurgir como profeta.
[2] Damrosch, Melas, and Buthelezi 2009, p. 28

2. Comenzando

La adivinación mediante el tarot es una aventura fantástica que puede llevarte toda una vida para dominarla, y que puede ser la luz que te guíe en los momentos difíciles. Trata a la adivinación con respeto, curiosidad, y sentido común, y el mundo de la videncia se abrirá poco a poco ante ti.

Este breve capítulo contiene unos cuantos puntos que te ayudarán a comenzar con el tarot, a cuidar tu baraja, y a mantenerte limpio a nivel energético. Una vez hayas adquirido un poco de experiencia, y tengas un buen conocimiento de las cartas, podrás adentrarte en profundidad en la adivinación a través de los otros capítulos del libro.

Cómo cuidar de tu baraja

- Házte con una tela fina y grande, que puedas lavar y en la que envolver tu baraja. Además podrás usarla como superficie en la que echar tus cartas, lo que evitará que estas puedan coger suciedad física o energética de las superficies donde las tires. Lo mejor es una tela de seda, ya que es fina y cabrá junto a la baraja dentro de una caja, pero si no es posible, cualquier tela lavable también servirá. Es conveniente que con cierta frecuencia eches sobre la tela unas gotas de algún aceite esencial para mantener la baraja limpia de energías. Yo suelo usar franquincienso, pero también servirán los aceites esenciales de salvia, romero, o patchouli. Lava la tela con jabón y agua cuando notes que está sucia.

- Consigue una caja en la que quepa la baraja envuelta en la tela. Pon también unas gotas de aceite esencial para mantenerla limpia. Guardar tu baraja en una caja la mantendrá a buen recaudo y evitará que alguien la pueda coger para jugar con ella. Mantén la baraja fuera del alcance de los niños.

- Algunas personas dejan que el consultante baraje el mazo. Esto puede hacer que las cartas se ensucien energéticamente, y también que se resienta tu conexión con las cartas. La forma en la que barajes las cartas es un tema personal, pero por experiencia he aprendido a no dejar que la gente toque mis cartas.

- La primera vez que abras tus cartas elimina cualquier carta extra (anuncios, etc.) y mézclala muy bien.

Haciendo amistad con tus cartas

- Si no estás familiarizado con la baraja, coloca todas las cartas en líneas y obsérvalas con detenimiento. Familiarízate con las cartas: yo siempre saludo a los personajes de cada carta cuando tengo una baraja con la que no estoy familiarizada.

- Juega con ellas, agrupándolas por tipo de personaje o energía, y no necesariamente en base a las agrupaciones oficiales. Deja que tu instinto decida quién se relaciona con quién: esto te ayudará a entender las profundas conexiones que hay entre algunas cartas.

- Una vez te hayas familiarizado con las cartas, mezcla bien la baraja de forma que esté lista para hacer lecturas.

Cómo empezar a leer el tarot

- En primer lugar, elige tu pregunta. Incluso antes de que hayas tocado las cartas piensa en la pregunta, en cómo la vas a formular, y cuánta información vas a necesitar de la tirada. ¿Es una pregunta que sólo necesita un sí o no como respuesta? ¿O necesitas saber más detalles? Si no estás seguro de cómo formular una pregunta que te vaya a dar una respuesta clara, en el capítulo de interpretaciones encontrarás una sección que habla sobre cómo formular la pregunta de forma adecuada.

- El siguiente paso es elegir una tirada. El capítulo de tiradas contiene una selección de ellas para el caso de que aún no tengas decidida una con la que trabajar. Una vez hayas elegido la tirada, si no te la sabes bien, mantén abierta la página del libro donde está explicada, de forma que la puedas mirar mientras barajas. De esta forma, si piensas en la organización de la tirada mientras barajas, las cartas se dispondrán en base a ese patrón.

- Con la pregunta en tu mente, coge la baraja. Bloquea cualquier otro pensamiento y céntrate en la pregunta y la tirada. Si alguien intenta hablarte mientras barajas, indícale que permanezca en silencio. Comienza a barajar las cartas, y tómate todo el tiempo que necesites. Sigue mezclando las cartas mientras haces la pregunta y observas la tirada del libro (en caso de que no estés familiarizado con ella). Mientras barajas, piensa en la pregunta, en la tirada que vas a usar, e imagínate buscando algo entre la niebla. Usa tu imaginación para crear la sensación de que intentas ver lo que hay detrás del velo.

- Cuando las cartas estén listas, sentirás que ya no necesitas barajar más. Cuanta más experiencia tengas, más intensa será esa sensación, hasta que llegues a un punto en el cual las cartas

2. Comenzando

parecerán bloquearse una vez la tirada esté lista. Una vez te hayas acostumbrado a usar las cartas, quizás te sorprendas viendo como la respuesta que estabas buscando aparece en tu mente incluso antes de que eches las cartas. Es como si tuvieras una vista previa de lo que va a salir. No todos los lectores experimentan esto, pero aquellos con una capacidad innata pueden empezar a sentir las energías o a ver la respuesta antes de haber echado las cartas.

- No cortes las cartas. Simplemente, deja de barajar y sosteniendo el mazo con el reverso de las cartas hacia ti, comienza a sacar cartas empezando por la que está más arriba. Una vez que hayas sacado todas las cartas de la tirada, deja en un lado el mazo con las cartas restantes.

- Primeras impresiones. Antes de que te lances a interpretar las cartas, observa la tirada en su conjunto. ¿Cuántos Arcanos Mayores hay? ¿Muchos o pocos? La presencia de un buen número de ellos indicará que es algo predestinado. Después observa en silencio durante unos momentos. ¿Qué sensación te da la tirada? ¿Cuál es tu primera impresión?

- Ahora ves carta por carta siguiendo las posiciones de la tirada. Muchas cartas tienen varios significados, por lo que pueden responder varios tipos de preguntas. A medida que avances en la secuencia de cartas quizás te des cuenta de que te empiezan a contar una historia, y empieces a ver la conexión que hay entre la posición de una carta y la carta en sí misma. El capítulo sobre la interpretación de las tiradas contiene numerosos consejos sobre cómo conseguir esto, junto con varios ejemplos.

- Si estás tratando una consulta importante, haz una fotografía o toma nota de la lectura de forma que conserves un registro de la misma. Es una buena idea llevar un diario de lecturas de las que podrás aprender muchísimo una vez puedas ver las lecturas con retrospectiva.

- Cuando hayas terminado, mezcla bien las cartas para romper la lectura. Envuelve las cartas y ponlas de nuevo en su caja. Lávate las manos para eliminar cualquier suciedad energética que haya podido generarse. Una buena manera de hacerlo es con un poco de jabón líquido y una pizca de sal. La sal elimina la suciedad energética, y el jabón la suciedad física, además de hacer más el lavado de manos con sal.

Cómo convertirse en un buen lector de cartas del tarot

La mejor forma de mejorar y convertirse en buen buen tarotista es no obsesionarse con ello, tener un espíritu curioso y usar el sentido común. En el capítulo de interpretaciones encontrarás mucha información y consejos para desarrollar tus habilidades, aunque aquí tienes una pequeña lista para ir comenzando:

- Conoce muy bien tu baraja. Si usas una baraja tradicional, separa los Arcanos Mayores, y con el resto de cartas procede a hacer grupos por personas, situaciones, energías (el sol, las estrellas, etc.). Adquiere un buen conocimiento de los Arcanos Mayores, ya que ellos son los poderes que dirigen los eventos.

- No tengas miedo a equivocarte. En un momento y otro, todos nos equivocamos, con independencia de lo buenos que seamos. Fallarás un montón de veces, pero también tendrás momentos de inspiración mientras aprendes. La clave es no autoengañarse. Si hay algo que no sabes, no pasa nada. Yo he tirado las cartas durante más de 40 años y aún ahora hay veces en las que me sigo quedando perpleja ante alguna carta.

2. COMENZANDO

- No caigas en la tentación de "leer" a la persona para la que estás echando las cartas. Este es un error clásico en la cartomancia. Deja que sean las cartas las que hablen, y si tienes que preguntar algo a la persona para la que estás leyendo, que no sea nada que esté directamente relacionado con lo que has preguntado a las cartas. Ten cuidado con cualquier pregunta que tengas que hacerle a esa persona: debería ser para descartar ciertas posibilidades, no para sonsacar más información.

- Tampoco caigas en la tentación de dar al consultante la respuesta que quiere oír. Si lo único que quiere son buenas noticias, no debería solicitar una lectura de cartas. Pero si en las cartas ves algún riesgo potencial, ten cuidado. Tu trabajo es ofrecer información y opciones ante una situación, no el de dejar a nadie tirado con una lectura que le haya aterrorizado.

- Aprende a decir que no. No leas las cartas a alguien por el simple hecho de que te lo haya pedido: acabarás quedándote sin energías. Si tu intuición te dice que no leas para alguien, no lo hagas. Si no necesitan una lectura, di que no. Y no permitas que nadie se haga dependiente de tus lecturas. Algunos lectores caen en la trampa de leer para la misma persona cada semana, o cada mes, y eso no es necesario. Esas personas te robarán la energía de forma involuntaria. No es tu trabajo mantener a nadie a nivel energético.

- Ve a tu ritmo. Aprenderás que en ocasiones leer las cartas no es una buena idea, como por ejemplo cuando estás enfermo, o si cuando una mujer tiene la regla. Las lecturas, especialmente las que se hacen para otros, son un trabajo duro y pueden requerir mucha energía. No te quemes para satisfacer la necesidad de nadie y ten en cuenta que habrá momentos en los que no podrás usar la adivinación para nada.

- Cuando leas para ti mismo y salga algo que no sea bueno, no te obsesiones y empieces a echar las cartas una y otra vez hasta obtener la respuesta que quieres. Sé razonable. Si ves algo que te preocupa, lo que necesitarás es información más detallada. Plantea la siguiente pregunta con cuidado para poder obtener la máxima cantidad de información posible, y escoge una buena tirada. Aprende a ver las cosas desde diferentes ángulos y usando períodos de tiempo diferentes. Esto se explica en los capítulos sobre interpretación e interpretación de las tiradas.

- Lleva un diario con todas las tiradas y consúltalo a menudo.

- No te leas las cartas para cada decisión que debas tomar en tu vida, ya que esto te hará más débil. Usa el tarot cuando realmente necesites ayuda y consejo.

¿Cartas invertidas?

Yo no uso cartas invertidas ya que encuentro que no tiene sentido y a menudo conduce a resultados poco acertados, además de que pueden conducir a confusiones en el significado de las cartas. Dada la naturaleza de las energías de los Arcanos Mayores cualquier aspecto negativo se expresará durante la interpretación de las cartas, en relación a la pregunta, la situación y la posición en la que cae la carta. Los Arcanos Menores, que son las cartas que indican cómo se manifiestan las energías de los Arcanos Mayores en una situación concreta, tendrán un significado positivo o negativo en función de lo que signifique esa carta y de su posición en la lectura. Los Arcanos Menores además tienen una variedad de significados más amplia en relación con la pregunta y su posición. No ayuda mucho el hecho de que el vocabulario actual del tarot tradicional no sea especialmente brillante, pero esto ofrece al tarotista la oportunidad de desarrollar sus propias habilidades. ¡El tarot tradicional te hará trabajar muy duro para llegar a ser bueno leyendo las cartas!

En lugar de cartas invertidas, lo que uso son tiradas con posiciones negativas que indicarán los aspectos negativos de una pregunta. Cuando una carta cae en una posición negativa, significará que las cualidades positivas de esa carta no están presentes, o que son problemáticas. Por ejemplo, si estás haciendo una lectura de cartas para saber sobre una situación laboral concreta, y la Emperatriz está en una posición negativa, lo que harás será tomar las cualidades opuestas para los significados que tiene esa carta: mala cosecha, hambruna, alguien que no quiere, que no cuida, etc. Esto sería como decir que el trabajo no será satisfactorio, y que el sueldo (la cosecha) no será bueno. En el capítulo de tiradas se explican en profundidad varias tiradas con sus posiciones positivas y negativas.

El vocabulario limitado del tarot

Hay algo muy a tener en cuenta antes de que pases a sumergirte en el mundo de los significados de las cartas. Imagínate que tuvieras que contar tu vida y solo se te permitiera usar setenta y ocho palabras diferentes. Inténtalo, es realmente difícil. Esto es algo en lo que muchos tarotistas no piensan, ya que no nos suele suceder a menudo. Estamos acostumbrados a utilizar un vocabulario muy amplio que nos permite describir y relatar asuntos complejos.

Cuando trabajas con una baraja del tarot, hay dos cosas que siempre debes tener en mente. Lo primero es tu capacidad de visión, y lo segundo, es el vocabulario de tu baraja. Tu capacidad de visión vendría a ser la parte de una historia que eres capaz de ver. Es como mirar a través del agujero de una cerradura, solo podrás ver lo que está justo delante de ti. Para ver lo que hay en el resto de la habitación, tendrás que hacer más agujeros. El vocabulario del tarot se limita a setenta y ocho cartas, esas son todas las palabras que podrás usar para leer la historia.

Debido a esa limitación, cada carta tiene varios significados. Y para cada lectura deberás decidir qué significado de los varios que ofrece cada carta es el que vas a usar, en función de la pregunta, y de la posición de la carta en la tirada. Por ejemplo, si quisieras decirle a tu pareja que vais a tener un bebé, pero no pudieses usar la palabra "embarazo" o "bebé", o si simplemente quisieras darle el susto de su vida, podrías presentarte con unos patucos de bebé. Los mismos patucos también podrían ser una forma de expresar que algo debe ser tratado con cuidado. Y también para sugerir una palabra que empieza por la P, o para representar los pies, o algo tejido. Todo depende del contexto de la situación, y de la pregunta. Cuando leas las cartas y estés trabajando en el significado de las cartas, recuerda que la interpretación de las mismas puede ser muy flexible. Piensa en cómo se puede interpretar el significado de las cartas en relación a la pregunta, y en qué es lo que están intentando transmitir. Recuerda las limitaciones de las cartas con respecto al vocabulario, e interpreta las cartas con significados indirectos o creativos. También ten en cuenta que a veces los significados son directos, literales: si preguntas sobre un peligro, y el Carro aparece en una posición que indica el riesgo que puedes correr, entonces podría significar literalmente, un peligro con tu coche.

Otra cosa que debes tener muy presente es que el uso del tarot para la adivinación es muy diferente del uso del mismo para el asesoramiento o la experimentación psicológica. Usar el tarot para hacer psicología es mucho más fácil que hacerlo para la adivinación, y de hecho este uso "psicológico" se ha convertido en la forma más popular de leer el tarot: muchos de los libros que hay en el mercado actual son básicamente psicología, con muy poco o nada sobre adivinación. Si de verdad quieres aprender tarot, entonces ten claro para que lo vas a usar y cómo lo vas a enfocar. Si tienes claras tus intenciones, entonces desarrollar tus habilidades será mucho más fácil.

En la adivinación, los triunfos o Arcanos Mayores, son poderes reales, dinámicas del destino, y cualidades que fluyen a través de las personas, de las situaciones y de eventos. Los Arcanos Menores representan como esas energías, dinámicas y cualidades se manifiestan en las personas y las situaciones. Sabiendo esto, en caso de que necesites obtener mucha información sobre algo concreto, puede que te convenga usar tiradas que separen los Arcanos Mayores de los Menores para luego emparejarlos. En el capítulo sobre las tiradas encontrarás más información al respecto.

Cuanto más trabajes con una baraja, más serás consciente de significados de las cartas que serán únicos para ti. Cada persona desarrolla su propio vocabulario para la adivinación, y llegará un momento en el que una carta tendrá un significado para ti que no lo tenga para nadie más.

3. Significados de los Arcanos Mayores

Cuatro signos presentan el Nombre de cada nombre, cuatro destellos adornan Su corona de llamas.

— Eliphas Levi[1]

Los Arcanos Mayores

Los Arcanos Mayores tienen su origen en el viaje del Buscador de los Misterios. Su secuencia representa las fases, energías, y situaciones que son clave en el camino de aquellos que buscan la sabiduría esotérica y el conocimiento. Los Arcanos Mayores también representan las dinámicas y las energías del destino de la experiencia humana, y como tales pueden ser usadas en la adivinación para transmitir su significado. Cada carta tiene muchas capas de significado, desde los significados más mundanos a los más mágicos y místicos.

La clave para interpretar estas cartas para la adivinación, es leerlas en base a la situación y a la pregunta. Cuando la pregunta es sobre algo mundano, entonces deben tenerse en cuenta las capas de significado mundanas. Cuando la pregunta tiene un cariz más mágico o místico, entonces también se tienen que tener en cuenta las capas de significados más profundas.

---

[1]Levi 2011 [1855], p. 78

3. Significados de los Arcanos Mayores

Cómo usar esta guía

Cada carta incluye una serie de palabras clave. Son los varios significados que una misma carta puede tener: una o más de esas palabras clave serán las adecuadas para tu lectura.

Además se incluye una explicación más larga sobre el significado de cada carta, algunas veces con ejemplos. También encontrarás una descripción de los significados esotéricos o mágicos, lo debería permitirte obtener una comprensión mucho más profunda de las cartas, además de facilitarte la interpretación de lecturas sobre temas mágicos y místicos.

0 El Loco

Palabras clave

nada, no, vacío, comportamiento tonto o insensato, idiota, inocente, imprudente, inexperto.

Significado mundano

Cuando la lectura trata sobre una persona, esta carta habla sobre alguien que es ingenuo, inexperto, que no es consciente de su falta de conocimiento, y que no se conoce a sí mismo. Tampoco es consciente de lo que no sabe, en muchos aspectos, es como un niño. De hecho muchas veces el Loco representa a un niño. También puede indicar actos estúpidos, comportamientos inconscientes, y autoengaños.

Todos hemos sido novatos, todos hemos partido de cero en algún momento, y muchos de nosotros cruzamos el umbral de la adolescencia a la vida adulta llenos de entusiasmo e ilusión, aún sin tener la menor idea de cómo era el mundo real que nos esperaba. La vida nos enseña lecciones, y a medida que ganamos experiencia y nos damos cuenta de que las cosas no son tan simples como parecían a primera vista, nos empezamos a alejar del Loco y nos comenzamos a acercar al Mago.

La carta del Loco puede representar a una persona joven e inexperta, pero también puede representar la pérdida de la experiencia en casos como la demencia, si la lectura trata sobre una persona anciana.

También puede aparecer cuando algo puede ser una decisión estúpida, y también para decir "no", "no ahí", o "vacío". Si usas la tirada para encontrar algo, y aparece esta carta, la respuesta sería "ahí no está"

Significado esotérico

La carta del Loco representa a aquella persona que no tiene experiencia en la que basarse, la persona que se ve empujada a avanzar, pero que no tiene idea de hacia dónde va o por qué. También puede referirse al mundo ordinario, o a personas atrapadas en el mundo ordinario, que no están involucradas en nada místico, mágico o del otro mundo. El perro que aparece en la carta es el animal de compañía o el espíritu que trata de advertir al Loco, pero las advertencias caen en oídos sordos. A lo lejos se ven las montañas y el Camino de Hércules que sube por Montañas de la Adversidad de camino hacia el Sol, aquel que los Iniciados ascienden durante su camino de evolución mística y mágica. Pero el Loco no está tomando ese camino, sino el de la autodestrucción irracional. De ahí que el número de la carta del Loco sea el 0: no está en el camino ascendente hacia la evolución que toma el Iniciado, sino que está atrapado en la inconsciencia de una vida en la que simplemente existe.

Muchas guías del tarot colocan al Loco en el principio del camino mágico, pero este es un error que se ha colado en el pensamiento mágico moderno. El Loco es el Profano, el impuro, el que es rechazado

3. Significados de los Arcanos Mayores

en las puertas exteriores del patio del templo con las siguientes palabras: "procul, o procul este profane" que significa "aléjate, oh aléjate tú que eres profano". Esta expresión contra los impuros y no iniciados aparece en el libro sexto de la *Eneida*, cuando la sacerdotisa durante un ritual lanza advertencias contra los intrusos. Esta advertencia también ha sido usada por masones, magos y místicos y ha sido colocada en las puertas de los templos a modo de advertencia.

El Misterio más profundo de la carta del Loco es que no solo se trata del primer Arcano Mayor en la secuencia de poderes, sino que además es también el último. Si una baraja del tarot tuviera que tener 79 cartas en lugar de 78, la última carta, también sería la del Loco. Pero en ese caso, el Loco XXII no tendría un perro a sus piernas ladrándole, ni tampoco una bolsa con sus pertenencias. En ese caso, sería como el Ermitaño, estaría solo, con la única compañía de su farolillo del conocimiento como guía. Ese Loco saltaría del precipicio siendo plenamente consciente de sus actos: como el adepto saltando y cruzando el gran Abismo, confiando en la Divinidad, habiendo dejado atrás unas pertenencias terrenales que ya no necesita.

> A su lado ladra el Perro, y de su Naturaleza fluyen
> Las energías más afligidas que rigen abajo
>
> — Manilio (siglo I d.C) en la obra Sirius[1]

---

[1] Creech 1700, p. 17

1 *El Mago*

Palabras clave

control, tomar acciones que han sido medidas o planeadas, habilidades, intención, recursos, organizado, pensamiento claro, inteligencia.

Significado mundano

El Mago es una persona con habilidades y poder, y que los usa para conseguir un objetivo. Sin embargo su conocimiento profundo, desde una perspectiva mágica, está a menudo limitado.

El Mago posee las herramientas de su oficio, las cuatro herramientas mágicas que se corresponden con los cuatro elementos. La copa (agua), el bastón (fuego), la espada (aire), y el escudo (tierra). Los cuatro están en el altar que hay frente a él, está realizando un ritual para conseguir algo, y se alza hacia arriba para conectar con el poder infinito.

Cuando esta carta aparece en una lectura mundana, refleja al tipo de persona que ejecuta acciones con destreza, con el objetivo de conseguir algo. Puede significar el uso de habilidades en el trabajo, o en el mundo en general, pero en cualquier caso reflejan el control sobre una situación que le conducirá a conseguir su objetivo. Lo que a veces falta en el Mago es madurez, sabiduría o inteligencia emocional . Aún está en una fase de su vida en la que se cree controlarlo todo, cosa necesaria en algunos casos, como por ejemplo los médicos.

El Mago puede representar a un cirujano o doctor, un corredor de bolsa o un jefe: alguien que desempeña un papel en la vida de la persona sobre la que versa la lectura. También puede representar las cualidades de la persona sobre la que se realiza la consulta.

El Mago puede hablar de alguien que no tiene reparos a la hora de manipular a una persona o situación con tal de conseguir sus objetivos.

3. Significados de los Arcanos Mayores

Puede ser tanto un hombre como una mujer. Lo que se representan son las cualidades de la persona, no el género.

Dependiendo de la consulta planteada, la carta también puede representar esas cualidades en general. Puede representar las cualidades del Mago como parte de la dinámica de una situación. Por ejemplo, si preguntas sobre el coche que quieres comprar, y el Mago aparece en la posición que indica el resultado de la tirada, entonces te estará diciendo que el coche va a funcionar bien, o indicará un coche muy computerizado.

La carta puede representar las acciones de una organización, o puede estar diciéndote que te organices y te pongas en marcha.

Digamos por ejemplo que haces una lectura para saber qué es lo mejor que puedes hacer en una situación determinada. Si la respuesta es el Mago, entonces significa que debes tomar el control de la situación, y usar tus conocimientos y habilidades para organizarte y hacer las cosas.

Significado esotérico

A nivel esotérico, el Mago es una persona que ha aprendido los fundamentos de la magia, pero que todavía no es consciente de la parte más profunda de esta. El Mago se coloca en el altar con sus herramientas ante el, y el objetivo de alcanzar lo infinito, pero no está cerca ni de lo místico ni de lo sagrado.

El Mago está en el primer escalón de la escalera del desarrollo mágico: ha aprendido los rituales y las habilidades fundamentales, pero aún no es lo suficientemente maduro como para poder comprender totalmente la inmensidad del universo mágico que le rodea. Aún se sirve de los espíritus y la magia para obtener lo que desea, que suelen ser cosas mundanas, y la aparición de esta carta en una lectura sobre un tema mágico puede referirse a aquellas personas que ofrecen a otros sus servicios mágicos. También puede indicar que se ha hecho magia sobre algo, y cuando en una tirada cae en una posición difícil puede decirnos que se ha realizado magia manipulativa u hostil contra el sujeto de la lectura. Si aparece en una posición buena, indicará que la magia se está usando para ayudar, o que es necesario usar la magia.

> ...Estos son los restos de Erídano, un río de lágrimas que nace a los pies de los Dioses.
>
> — Arato.[1]

2 La Suma Sacerdotisa

PALABRAS CLAVE

sabiduría, verdad, honor, intuición, madurez, poder, espiritualidad, profundidad mística o espiritual, empatía energética, sabiduría lógica.

SIGNIFICADO MUNDANO

La Suma Sacerdotisa en una lectura sobre un tema mundano puede representar a una mujer equilibrada, sabia y poderosa, o a aquella que aún no ha llegado a ese punto. A menudo empática y con mucha intuición, pero sin ser demasiado emocional: la Suma Sacerdotisa entiende que las emociones tienen su lugar, pero que no deben regir su vida. La Suma Sacerdotisa se rige por un código ético del que no se va a salir, aunque por otro lado, no suele tener mucho interés por las normas sociales.

La carta puede aparecer cuando una mujer llega a su edad adulta, a menudo a través de las dificultades y el trabajo duro. Puede representar a una jefa, una mujer de posición elevada, o muy educada.

---

[1] Brown 1885, p. 42

3. Significados de los Arcanos Mayores

También puede representar capacidades psíquicas ocultas, un fuerte código ético, o a una persona con un trasfondo místico muy profundo.

Cuando esta carta aparece en una lectura, también puede representar a los poderes más intuitivos de un hombre o una mujer; y a menudo aparece en los hombres cuando están llegando a una madurez emocional, o si están desarrollando su lado intuitivo. En una lectura sobre un hombre, puede representar la llegada de una mujer a su vida que tendrá un efecto muy intenso sobre él, bien en una relación de pareja o en una relación de trabajo/enseñanza/amistad.

Cuando la lectura no trata sobre una persona, puede representar educación superior de gran nivel, ética, arte, conocimiento, medicina y lógica. Por ejemplo; si fueras a realizar un viaje potencialmente peligroso e hicieras una lectura para comprobar si vas a estar a salvo, esta carta diría "estás en buenas manos, y en un modo de transporte de calidad, estarás seguro"

Significado esotérico

La Suma Sacerdotisa transmite más profundidad que las imágenes mágicas del Mago. Mientras que el Mago dispone de sus herramientas para la magia, y se alza para alcanzar el poder, la Suma Sacerdotisa está rodeada por el poder divino y tiene en sus manos el conocimiento de ese poder divino.

Se sienta entre dos columnas de bronce, Boaz y Jachin (Yakin), las dos columnas frontales que una vez estuvieron en la entrada del Templo de Salomón[1]. La columna que está a su derecha[2] es Boaz, que en hebreo, y en el contexto del Templo de Salomón, se dice que significa "procede con fuerza."[3] La columna a su izquierda es Jachin (Yakin),

---

[1] Josephus *Antiquitates Judaicae* VIII 3:4
[2] El lado izquierdo visto desde el que observa
[3] En hebreo Bo (בּוֹא) ir o venir, Az (עַז) fuerza.

que se dice que significa "Él establecerá."¹ De todas formas, hay que tener en cuenta que cada palabra a lo largo de los milenios ha tenido diferentes usos y cambios en su significado, aunque a nivel mágico, estos significados son totalmente coherentes: Si la Suma Sacerdotisa se sienta en el Árbol de la Vida,² Geburah (La Fuerza/Justicia de D) estaría a su derecha, mientras que Chesed (la bondad y misericordia de D)³ estaría a su izquierda.

Esta dinámica está reforzada por la palabra de Boaz: en la cábala judía, las palabras y los nombres pueden tener muchas capas de significado, y Boaz es una persona en el Libro de Ruth. Una pequeña parte de la historia sobre Boaz dice que aunque él es un príncipe, supervisa la trilla del grano.⁴ Esto refleja la dinámica de la Fuerza/Justicia de D(Gevurah): YHWH trilla su cosecha. En la práctica mágica, la mano derecha es la mano de tu propia cosecha, y la mano izquierda es la mano de tu camino/actos futuros.

Así que vemos a la Suma Sacerdotisa sentada en la entrada del Templo de Salomón. En algunas partes del mundo antiguo, la entrada al templo era en lugar donde los jueces se sentaban para juzgar casos de importancia,⁵ donde los profesores hablaban con sus alumnos, y donde los filósofos se sentaban a debatir. La Suma Sacerdotisa se sienta en ese lugar tan importante, rodeada de imágenes sagradas y mágicas. En sus manos sostiene un rollo de la Torá, y está sentada en la zona central,⁶ entre las columnas de la Fuerza y la Piedad.

---

[1] En hebreo Yakin (יָכִין) : Masculino; el establecerá.
[2] Una persona normal mira hacia el Árbol de la Vida, sin embargo, el sacerdote, la sacerdotisa o el Papa se sientan en el Árbol.
[3] Salmos 25:10 "todos los caminos de YHWH son Chesed y verdad para aquellos que guardan su pacto y sus testimonios.
[4] Tan., Behar, ed. Buber, viii.; Ruth R. hasta el iii. 7
[5] Por ejemplo, en el Imperio Nuevo de Egipto donde el juez de más rango era el "Juez del Porche"
[6] La posición de Tiferet en el Árbol de la Vida, la posición del equilibrio, el centro de la balanza.

3. Significados de los Arcanos Mayores

La lectura mágica de la Suma Sacerdotisa es la de una persona o energía que está en equilibrio con lo divino, que llega a los mundos interiores, y que sostiene el conocimiento sagrado y la ley en sus manos. Ella media entre el santuario interior del templo y la gente que hay más allá de la entrada del templo. Puede representar las cualidades interiores del alma de una persona, con independencia de su personalidad: el alma profunda de la persona fluye a través del destino de su vida para alcanzar aquello que le sea necesario conseguir. Algunas veces la Diosa aparece como una vieja vagabunda. Cuando la Suma Sacerdotisa aparece en una lectura, no cojas las cosas solo por lo que puedas ver, hay energías equilibrantes muy profundas en juego.

Las Siete estrellas para iluminarte,
O el rayo Polar para corregirte.

— John Keats[1]

3 La Emperatriz

Palabras clave

Poder o energía creativa femenina, fertilidad, cosecha, madre, creatividad, estabilidad, nacimiento, amoroso, naturaleza, diosa, comprensión, compasión, generosidad, intuición, sexualidad, belleza, generosidad.

La Emperatriz es la energía o poder femenino de la regeneración, la generosidad, el amor y la protección de una madre. La Emperatriz es muy emocional y está firmemente anclada al mundo de la familia, el trabajo y la tierra. Esta carta puede representar a la tierra en sí misma y a los poderes de la naturaleza, y en algunas lecturas puede reflejar el principio femenino de la tierra o de la tierra como una diosa.

---

[1] Keats 1820, pp. 133-136

3 La Emperatriz

SIGNIFICADO MUNDANO

Cuando La Emperatriz aparece en una lectura puede indicar un embarazo o nacimiento, o que una situación da sus frutos. Es una carta de éxito donde las necesidades de alguien han sido cubiertas y donde el hogar y la tierra le sustentan.

Puede indicar un hogar feliz, una pareja femenina cariñosa, una buena cosecha, o referirse a una mujer mayor, estable, que te cuida y protege. La Emperatriz no es débil, y no tiene reparos en liarse a golpes para proteger a sus hijos, puede ser muy feroz si sus hijos, o su "cosecha" son amenazados. Su dulzura oculta una profunda fuerza interior, un coraje feroz, y una gran resolución por acabar las cosas. La Emperatriz también representa la sexualidad femenina, y las cualidades femeninas, independientemente del género de la persona.

Esta carta también puede significar, en función de la lectura y de la posición en la que caiga, que alguien es demasiado madre: la bondad de La Emperatriz también puede suponer un exceso de control y manipulación emocional. La Emperatriz puede agobiar y axfisiar, puede no permitir a sus hijos madurar y convertirse en adultos a su manera. En una situación laboral, esta carta puede representar a un encargado o jefe que es amable o bueno de llevar, siempre y cuando todo se haga como él dice, y no haya nadie que cuestione su autoridad. También pueden ser dominantes, super controladores y manipuladores a nivel emocional, todo siempre con una dulce sonrisa en la cara.

SIGNIFICADO ESOTÉRICO

La Emperatriz está recostada sobre un trono de cojines caros y mullidos. Su cuerpo está adornado con joyas preciosas y ropa voluminosa decorada con flores. Sostiene el cetro de la autoridad, y el escudo reposa sobre tu trono. A su alrededor están todos los símbolos

3. Significados de los Arcanos Mayores

de la naturaleza: árboles, agua, la luz del sol, y el trigo listo para ser cosechado.

La Emperatriz es la personificación de la diosa Ceres, la diosa romana del grano, las cosechas, la civilización, y el amor maternal. Es la hermana de Júpiter, y la hija de Saturno: a través del trabajo duro (Saturno) llega la realeza (Júpiter). Esto refleja como la agricultura trajo la riqueza y el poder. Ceres era la única de los dioses romanos dedicada de verdad a la gente mundana: ella era su Madre. Como tal, Ceres era también la diosa de la plebe, el vulgo. Era su patrona y protectora y vigilaba las leyes que otorgaban los derechos a la gente. Su templo Aventino en Roma, servía a la plebe como centro de culto, como lugar para obtener consejo legal, y como juzgado. La Ley Hortensia romana (*Lex Hortensia*) del año 287 a.C. dió a la plebe protección legal y derechos para todos los ciudadanos; y los decretos del Senado se conservaron en el Templo de Ceres para que la diosa pudiera vigilarlos y protegerlos.

Por lo tanto, La Emperatriz no es sólo una fantasiosa figura maternal: es también el poder que alimenta a una nación, protege a los débiles y a aquellos que no tienen voz, asegura una buena cosecha, y posee todo el poder y la riqueza de quién dirige a la gente. Cuando esta carta aparece en una lectura mágica, puede indicar que en la situación por la que se está consultando, está presente una deidad femenina, o que esta deidad está supervisando un proyecto mágico, un trabajo, o una escuela mágica. Si la carta aparece mal posicionada en una tirada, puede indicar que la deidad femenina se ha enfadado o que ese poder se ha retirado o apartado de la persona o mago objeto de la lectura.

En Piscis, donde Venus está exaltado.
— Chaucer: *El cuento de la comadre de Bath*. Prólogo.

4 El Emperador

Palabras clave

Estabilidad, orden, liderazgo, responsabilidad, rango, riqueza, autoridad, señor de la guerra, conquistador, el bien común.

El Emperador es la personificación del poder y de toda la responsabilidad que eso supone. El Emperador es un líder o alguien de alto rango: representa a la autoridad en el mundo de la economía, la sociedad, las leyes, el mundo militar, o en cualquier otro aspecto del día a día de la sociedad. El Emperador está a gusto con ese poder, pero no ofrecerá compasión si se cuestiona su autoridad. Él es estabilidad, seguridad y estructura, estabilidad financiera y filantropía. Está conectado con los planetas Júpiter y Saturno.

Significado mundano

Cuando la carta de El Emperador aparece en una tirada, puede representar a una persona, o a una cualidad. Puede referirse a un jefe, una compañía, un departamento del gobierno, o al gobierno en sí mismo; a un banco, un juez, un banquero, un patrocinador, o puede indicar estabilidad financiera. Las personas representadas por el Emperador normalmente son maduras, mayores, tienen autoridad, están acostumbradas a ser escuchadas, y disponen de seguridad financiera.

El Emperador también puede ser un padre o un abuelo, una persona que sirve de referente, de la que depender, o que es una figura paternal. En esencia, el Emperador es el arquetipo del reinado: se asegura de que su gente tenga lo que necesita, pero exige acatar sus normas. Él mantiene y restaura el orden, defiende fronteras, limita a los fuertes y protege a los débiles; es fiero si se enfrenta a fuerzas hostiles y protegerá a su gente y a su familia ante invasores y amenazas. El Emperador educa, juzga, vigila y es el que asume la responsabilidad.

Significado esotérico

El Emperador se sienta en un trono coronado con cabezas de carneros. En sus manos sostiene las herramientas de su reinado - el cetro y la esfera - y porta la corona dorada del rey. Es mayor, sus cabellos y su barba son blancos, y bajo su ropa se ve la armadura, está listo para la batalla. Su trono se asienta sobre un suelo desierto. Tras él están el río y las montañas que deberá atravesar en su viaje ascendente hacia el sol: las pruebas del iniciado. El Emperador se sienta de espaldas a esos retos: en vida, el Emperador no puede llegar a las profundidades de los Misterios, en su lugar tiene que cargar con el peso de las difíciles decisiones que debe tomar cada día de su vida. Él tiene el poder de la vida o la muerte sobre sus súbditos. Es el líder en la guerra, el que mantiene la riqueza de la nación, y la última autoridad sobre cada aspecto de la vida de las personas en su reinado.

Las decisiones del Emperador afectan al destino de las naciones: su poder afecta únicamente al mundo físico, y aunque el Emperador esté familiarizado con los Misterios Interiores, la naturaleza de su reinado le aleja de la comprensión profunda de los Misterios que se adquiere a través de la experiencia directa. En relación a los Misterios, el trabajo del Emperador es el de facilitar el camino a los Misterios Interiores a otras personas, proporcionándoles protección y recursos. A cambio, él recibirá sabios consejos de los Iniciados.

Las imágenes utilizadas en la creación de la carta del Emperador, como en casi todos los Arcanos Mayores, se basan en el simbolismo antiguo y clásico. Las cabezas de carneros hacen referencia a Zeus Ammon (o Júpiter Ammon). Ammon es la deidad egipcia Amón, uno de los dioses más importantes del panteón egipcio, una deidad que

4 El Emperador

alcanzó su mayor importancia como guía y como ideal regio en el comienzo del Nuevo Imperio. El templo principal de Amón era el templo de Karnak, en Tebas, Alto Egipto. Karnak se convirtió en un centro de importancia para la teología egipcia y el aprendizaje, y en el periodo greco-romano se había convertido en uno de los principales lugares, junto con Alejandría, donde concurrían filósofos, líderes y pensadores.

Algunas veces se representaba a Amón como a un carnero con la cornamenta enroscada, y esa imagen llegó a conectarse con el dios griego Zeus, como Zeus Amón, y con Júpiter, como Júpiter Amón.[1] Amón y la imágen de los cuernos de carnero se asociaron en el periodo clásico, con los líderes supremos, los reinados y el poder. Con esa finalidad, Alejandro el Grande se hizo representar con los cuernos de Amón a su regreso del Oráculo de Siwa de Egipto,[2] dónde se le había declarado faraón. La barba y los cabellos blancos del Emperador, así como la armadura que lleva bajo sus ropas, representan a un líder maduro y experimentado, que siempre está listo para defender a su gente y su reino en la batalla. Todas las imágenes del Emperador se basan en el poder terrenal del reinado, con muy poca referencia a los Misterios Interiores: el poder del Emperador se refiere exclusivamente al mundo humano.

Cuando esta carta aparece en una lectura mágica puede hablar sobre una deidad masculina que encaja con la descripción del Emperador, o puede indicar que hay espíritus planetarios, normalmente Saturno o Júpiter. También puede advertir a aquellos que hacen magia: si esta carta aparece en una lectura, puede indicar que hay espíritus planetarios o antiguas deidades regias que trabajarán con el mago, pero que a cambio le exigirán un pago. El pago requerido

---

[1] Como ejemplo, ver el templo romano de Júpiter Amón en el Oasis de Siwa, Egipto.
[2] Siwa es un oasis en Egipto, cercano a la frontera con Libia.

por los poderes indicados en la carta del Emperador es tu primer hijo nacido.

Este no es un comentario banal: es algo que he visto ocurrir en algunas ocasiones, cuando magos jóvenes hacen tratos con esos poderes. El poder vuelve a reclamar su deuda una vez que el mago tiene un hijo. Esta es una advertencia para que los magos no empiecen a hacer tratos con seres poderosos si no son lo suficientemente maduros para comprender lo que está ocurriendo, y si no tienen los conocimientos mágicos suficientes como para poder evitar ese tipo de tratos. Trabajar en colaboración con esos poderes suele dar muy buenos resultados si la intención y la magia están equilibradas y son necesarias, y no está motivada por intereses egoístas. Hacer tratos con tales poderes siempre suele acabar mal.

"Aunque el siervo estaba dispuesto a hacer el mal,
El Señor (Amón) está dispuesto a perdonar.
El Señor de Tebas no dura un día entero enfadado,
Su ira se va en un momento, no queda nada.
Su aliento vuelve a nosotros con compasión,
Amón vuelve sobre su brisa.
Que tu ka sea amable, que seas capaz de perdonar,
Esto no debe ocurrir otra vez.
Dice el ponente en el Lugar de la Verdad, Nebre, Justificado.

— de la estela de Nebre[1]

---

[1]Dinastía XVIII, Deir el-Medina. Museo de Berlín 20377. (Lichtheim 1976, pp. 106–7)

5 *El Hierofante*

Palabras clave

Religión, religioso, organización, líder o autoridad religiosa o espiritual, dogma, sabiduría, obediencia, creencia, disciplina espiritual, ascetismo, educación estructurada, universidad.

Mientras que la Suma Sacerdotisa (originalmente la Papisa) trata sobre la evolución mística y espiritual, el Hierofante (antiguamente el Papa) trata sobre religión o pensamiento estructurado y dogmático, independientemente de la religión. Es el poder de la creencia institucionalizada que tiene autoridad sobre una población o sobre sus seguidores. Puede representar a una persona de autoridad religiosa, o a una persona dogmática que deja de lado la racionalidad, y está totalmente inmersa en un pensamiento estructurado, y normalmente muy cerrado de miras. También puede representar a personas no religiosas pero que en su forma de pensar y de comportarse son muy dogmáticos y cerrados: no son capaces de ver más allá de sus propias opiniones y no pueden comprender ni analizar ideas distintas a las suyas. En el aspecto positivo, puede representar a alguien que tiene un nivel muy alto de integridad, que vive bajo un código de conducta específico, y que tiene autoridad.

En su extremo más negativo, el Hierofante puede representar a un fundamentalista religioso o a una persona obsesiva y controladora, esclava de alguna creencia u opinión. En el extremo más positivo, el Hierofante es una persona que actúa como nexo entre la Divinidad y la humanidad, y que vive bajo un código de conducta muy estructurado, como un monje o un sacerdote. El Hierofante no tiene por que estar vinculado a una religión particular, sino que son las cualidades de la disciplina, la creencia, la responsabilidad, la ética, y la estructura, las que definen a esa persona como el Hierofante.

3. Significados de los Arcanos Mayores

Significado mundano

Esta carta puede hablar de una organización que expresa las cualidades del Hierofante. En ocasiones esta carta me ha indicado "universidad", y también "teocracia". Hace unos años me pidieron hacer una serie de lecturas sobre un país determinado, que iba a atravesar una etapa de agitación y grandes cambios. A corto plazo, el destino del país se expresaba a través de la carta de El Emperador, pero la carta que representaba a la nación a largo plazo era el Hierofante. Quedaba claro que el gobierno autocrático secular iba a cambiar a un gobierno religioso.

Cuando la lectura trata sobre una situación laboral, y aparece el Hierofante como respuesta, dependiendo del tipo de pregunta, puede hablar tanto sobre un jefe que es dogmático y moral y que actúa con integridad, como de una organización con algún aspecto religioso, espiritual o educacional, o también una universidad o una ONG dirigida por una organización benéfica religiosa. Puede indicar que un trabajo necesita grandes niveles de honestidad, integridad y responsabilidad.

Significado esotérico

La palabra Hierofante deriva de la antigua palabra griega ἱεροφάντης ("hierofantes") que significa "revelador de cosas sagradas". Era el título del Sumo Sacerdote en el culto eleusino.[1] Esto nos da una idea del significado original de la palabra, y del significado de la carta. Las imágenes del Hierofante se basan en el simbolismo católico romano y en la figura del Papa. Uno de los primeros títulos no oficiales del Papa era *Pontifex Maximus*, que significa "sacerdote máximo o de más

---

[1] El culto de Démeter y Perséfone en Eleusis, Antigua Grecia

rango". Era un término que la Iglesia católica heredó de la antigua religión romana.[1, 2]

Las imágenes de la carta presentan a un sumo sacerdote, el Papa, sentado en un trono entre dos columnas. En su mano izquierda sostiene la triple cruz papal, y porta la triple corona del pontífice. A sus pies hay dos llaves, las simbólicas llaves del reino de los cielos, y un poco más abajo, dos sacerdotes de rodillas esperando la bendición. La triple cruz, la triple corona y las dos llaves son parte de la insignia papal tradicional. La triple corona y la triple cruz simbolizan el rango y el poder, pero las llaves tienen un significado esotérico más profundo, que tiene una relación directa con el significado mágico del Hierofante.

> Yo te daré las llaves del reino de los cielos, y todo lo que ates en la tierra será atado en el cielo, y todo lo que desates en la tierra será desatado en el cielo.[3, 4]

Este pasaje habla sobre el Hierofante como el poder del nexo de unión entre el cielo y la tierra. Dice que los actos del Hierofante o del pontífice no están limitados sólo al mundo físico, sino que también se desarrollan en los cielos. Esta es una dinámica de suma importancia para el mago adepto, donde una acción exterior tiene un efecto interior y viceversa: una acción en un mundo, se replica en el otro.

Es una dinámica mágica que también aparece en el texto de la Tabula Smaragdina, la Tabla Esmeralda:

> Lo que está abajo es como lo que está arriba Y lo que está arriba es como lo que está abajo para hacer los milagros de una sola cosa.[5]

---

[1] "Pontifex Maximus" (1997). En: *The Oxford Dictionary of the Christian Church*. Ed. de F. L. Cross y E. A. Livingstone. 3ª edición. Oxford: Oxford University Press, p. 1307.
[2] Tertullian (155-240 A.D.) *On Modesty*. Capítulo 1
[3] Mateo 16:19.
[4] *cura ei totius Ecclesiae et principatus committitur* (Epist., lib. V, ep. xx, in P.L., LXXVII, 745).
[5] Newton n.d.

3. Significados de los Arcanos Mayores

La Tabla Esmeralda se atribuye a Hermes Trimegisto. Este no es el nombre de una persona, sino un título con significado, el tres veces sabio. Llegó a occidente a través de las traducciones al latín de los textos arábicos, que a su vez eran traducciones de textos griegos más antiguos. Las primeras traducciones que han sobrevivido parece que fueron escritas por Abū Mūsā Jābir ibn Hayyān (nacido en el 721 en Tus, Irán, fallecido en el 815, Kufa, Irak), un alquimista musulmán conocido como el padre de la química árabe.

El "cómo es arriba, es abajo" también aparece en los escritos de Ikhwān Al-Ṣafā, los Hermanos de la Pureza, que se identificaban a sí mismos como los "durmientes de la cueva",[1] un grupo anónimo de los primeros académicos sufíes, del siglo XVIII, ubicados en Basra, Iraq, y que tradujeron los textos filosóficos griegos en una serie de ensayos conocidos como Rasâ'il Ikhwân al-Safâ', los *Tratados de los Hermanos de la Pureza*.

El concepto del Hierofante que con su poder afecta tanto al mundo exterior como al interior, "los cielos y la tierra", es un conocimiento muy antiguo y poderoso, que ha sobrevivido hasta nuestros días, y que aún en la actualidad, es de influencia en campos como la filosofía, la magia, y la alquimia.

Tras la conducta del Hierofante se encuentra este motivo, profundo y místico. Más allá de la disciplina y las razones morales. Las palabras y las acciones pueden tener efectos muy duraderos y profundos tanto en los mundos interiores como en el mundo físico. Por eso el Hierofante es sumamente disciplinado tanto en sus actos como en sus palabras, ya que sabe cuales son las consecuencias de los actos irreflexivos. También se da la dinámica mágica en la cual una acción cuidadosamente considerada tiene efectos poderosos: el Hierofante,

---
[1] Callataÿ 2005, p. 103.

5 El Hierofante

que es un mago adepto, en muy pocas ocasiones "hace" magia, pero cuando la hace, su resultado puede ser realmente poderoso.

Como en todas las cosas humanas, lo que empieza con una disciplina que parte de la sabiduría y la necesidad, puede acabar convirtiéndose en un seguimiento dogmático de un conjunto de normas sin el conocimiento del por qué de esas normas. Lo que era necesidad práctica se convierte en un comportamiento dogmático basado en la superstición y las creencias, sin que haya un entendimiento o una comprensión. Este es el significado más profundo que hay tras el significado mundano del Hierofante: la sabiduría antigua deriva en principios dogmáticos y restricciones.

Como puedes ver, todos los Arcanos Mayores tienen varias capas de significado, desde las más mundanas a las más mágicas. El lector debe interpretar la carta y el nivel de significado de acuerdo a la cuestión que esté tratando. Cuando esta carta aparece en una lectura mágica, párate y presta mucha atención. Puede ser que hable sobre un líder mágico, o en función de la pregunta y de la posición de la carta dentro de la tirada, de las dinámicas mágicas que fluyen a través de la carta. Puede ser un mensaje de advertencia para el mago, para que tenga cuidado con su poder, para que lo use con cuidado y responsabilidad, y para que recuerde que el acto mágico más simple llevado a cabo por un adepto, puede tener consecuencias imprevisibles a través de los diferentes mundos. Tales consecuencias podrían ser necesarias e intencionadas: si estás haciendo una lectura para obtener consejo mágico sobre un asunto serio, la aparición de esta carta podría indicar que es necesario hacer magia que fluya a través del mundo físico y del mundo interior.

> No habría deleite más dulce que si el alma se cargase una y otra vez con justicia, ejercitándose a sí misma en los principios

y doctrinas eternos, y no dejando lugar para que la injusticia se abriera camino. — Filón de Alejandría.[1]

6 Los Enamorados

PALABRAS CLAVE

Contrato, acuerdo, compañerismo, unión, relación, amor, alquimia, armonía, equilibrio de poderes, sustentador.

SIGNIFICADO MUNDANO

Los Enamorados es una de las cartas más malinterpretadas del tarot. La mayoría de la gente asume que esta carta habla solo del amor y de las relaciones, cuando tiene un ámbito de interpretación mucho más amplio. Dependiendo del tema de la pregunta, puede indicar transacciones, firma de acuerdos contractuales, un compañero de trabajo, o un equilibrio de poderes. También representa el poder de dos personas, cuando dos individuos, seres, o cosas se unen en uno, o en un algo colectivo.

Ya que esta carta es un Arcano Mayor, no representa relaciones o sexo esporádico; es mucho más que eso. Esta es la unión de dos individuos en uno: un matrimonio, una vida en común, o una relación a largo plazo. En función de la pregunta, puede hablar de una relación a corto plazo, pero en ese caso será una relación que produzca importantes cambios en las dos personas.

También puede representar la firma de un contrato que unirá a dos personas, como a dos compañías o a dos personas que producirán algo juntas. También me ha aparecido en alguna lectura para indicar la unión de trabajadores: un colectivo laboral que negocia los derechos de los trabajadores.

---
[1] Colson 1939, p. 97

6 Los Enamorados

SIGNIFICADO ESOTÉRICO

Tanto la mujer como el hombre están cada uno frente a un árbol. La mujer está delante del Árbol del Conocimiento y dirige su mirada hacia el ángel que está arriba, ya que ella puede verlo: posee el conocimiento del ángel. (El pensamiento cristiano considera que el Árbol del Conocimiento es el conocimiento de lo bueno y de lo malo, lo que es una idea bastante limitada de este poder). El hombre está situado frente al Árbol de la Vida, que representa al tiempo. El ángel supervisa esta unión, y el sol está situado tras él. Al fondo se ve una montaña, que representa las dificultades de Saturno y/o Hércules: el camino de la vida ascendente.

Podríamos dedicar mucho tiempo en explorar la inabarcable complejidad y profundidad del simbolismo del Árbol del Conocimiento y la serpiente, pero lo vamos a resumir de la forma siguiente:

El Árbol es el desarrollo de los Misterios,[1] y la serpiente está relacionada con la diosa de las cosechas, Renenutet[2] o Déméter.[3] La cosecha no era sólo del grano, sino también la materialización, la cosecha y el aventado del conocimiento, la sabiduría, y las personas.

La mujer está frente al Árbol del Conocimiento, mirando hacia el ángel, ya que es la personificación del conocimiento y la sabiduría.

El hombre está frente al Árbol de la Vida, cuyas llamas son los 12 meses o frutos del tiempo, y cuyas hojas proporcionan alimento para la sanación de las naciones.[4] En el pensamiento del antiguo Egipto, que

---
[1] El árbol Ished, en el Egipto dinástico, sostiene el nombre del rey y la longitud de su reino. El rey egipcio era el último puente entre las personas y los dioses.

[2] Uno de sus epítetos es la Reina del Granero: *nbt šnwt*.

[3] Hesíodo, Catálogo de Mujeres: "La serpiente de Cychreus: Hesíodo dice que fue traída por Cicreo, y fue expulsada por Euríloco, ya que corrompió la isla, pero que Déméter la recibió en Eleusis, y así esta se convirtió en su sierva" (Evelyn-White 1950, p. 207).

[4] *Revelación* 22:1-2 "Entonces el ángel me mostró el río del agua de la vida, tan transparente como el cristal, fluyendo desde el trono de Dios y del Cordero hacia abajo, en medio de la gran calle de la ciudad. A ambos lados del río estaba el Árbol de la Vida, que produce 12 cosechas al año, una por mes, y que son la salud de las naciones".

influenció enormemente el pensamiento y el simbolismo religioso en el Oriente Próximo y el Levante Mediterráneo, la hoja del árbol sagrado sostiene el nombre del nuevo rey, así como la longitud de su reino. Las hojas "alimento" probablemente son la representación de un reinado eficaz, indicando que todo el mundo es protegido y alimentado.

El hombre no es consciente de lo Divino, ni tampoco del ángel, ya que está aferrado al tiempo y al poder sanador del tiempo/reinado para las naciones. A nivel esotérico, este simbolismo es una octava de la sabiduría en la unión entre la Emperatriz y el Emperador. La carta de los Enamorados es la unión de los poderes del Emperador y la Emperatriz, que junto con la protección Divina, traen sabiduría, conocimiento y tiempo: los regalos que necesita una nación para florecer.

Cuando como mago entiendes esta dinámica, adquieres una capa de conocimiento de esta carta mucho más profunda, y esto te puede proporcionar una comprensión mucho mayor sobre la interpretación mágica de Los Enamorados.

> [E]spera a ser gobernado por el tiempo, el consejero más sabio de todos.   — Atribuido a Pericles por Plutarco[1]

7 El Carro

Palabras clave

Impulso hacia adelante, movimiento, el camino adelante, ascenso, viaje, coche/vehículo, acción divina, gnosis mística, acción.

Significado mundano

El Carro en una tirada sobre un tema mundano trata de movimiento hacia adelante y sobre las acciones que dan movimiento al rumbo de tu

---

[1] Clough 1860, p. 315

destino. También puede hablar literalmente de un coche o un vehículo. Es una carta de acción que indica movimientos hacia adelante que te transportan al siguiente punto de tu destino. Por ejemplo, si estás haciendo una tirada para saber si estarás en el mismo trabajo de aquí a doce meses, y aparece la Carta del Carro, la respuesta será "no, vas a cambiar de trabajo, pero será para mejor". Las acciones del Carro siempre traen resultados positivos, incluso si en ese momento parecen ser estresantes o generar situaciones complicadas. Pero una vez que veas la situación con retrospectiva, te darás cuenta de que el cambio era necesario, y que te ayudó a llegar a un mejor lugar o situación.

Hace muchos años, mientras vivía en un lugar lejano y salvaje, comencé a recibir advertencias en mis sueños, unas advertencias a las que no encontraba el sentido. Sabía que había algo peligroso a mi alrededor, pero no era capaz de interpretar mis sueños lo suficientemente bien como para obtener una idea más concreta de lo que estaba por venir. Así que hice una lectura usando una tirada para identificar varios aspectos de mi vida en esos momentos. Lo miré desde diferentes puntos de vista, usando tiradas y preguntas distintas. La carta del Carro no hacía más que aparecer, rodeada de cartas de peligro y muerte. Al final di con el mensaje, mi camioneta era el problema. La llevé a revisar y me dijeron que los frenos estaban a punto de fallar. Vivir en una zona montañosa con un coche con los frenos a punto de romperse puede ser algo muy, muy peligroso.

Esta carta también puede aparecer cuando vas a viajar a algún lugar importante, o cuando te vas a embarcar en un proyecto a largo plazo importante. Si has estado esperando al momento adecuado para comenzar algo, y El Carro aparece, es que ese momento ha llegado.

Los triunfos como El Carro siempre deben ser interpretados con cuidado y en función a lo que se ha preguntado. Es muy fácil caer en rollos psicológicos y centrarlo todo en base a las emociones y la

3. Significados de los Arcanos Mayores

personalidad, pero cuando estás preguntado sobre eventos, recuerda que tienes que interpretar la lectura en base a ese evento.

Significado esotérico

El Carro es una carta de gran significado tanto mágico como místico, y muy relacionada con los mitos del ascenso y el Mercabá cabalista, así como con la Ladera del Ascenso, la Ladera de Jacob, y la Barca de Ra.

El carro, la ladera, y la Barca son formas de describir una estructura divina que ayuda al mago o místico a evolucionar y a ser "elevado" hacia lo divino como resultado de su vida y práctica mística o espiritual. El Carro en sí mismo es una estructura angelical que sostiene al individuo y le permite pasar de ser alguien que solo puede estar en el mundo físico, a un ser capaz de fluir entre el mundo físico y el mundo divino interior.

El conductor del carro en la carta es el individuo. En la mitología de Oriente Próximo y Medio, el conductor puede ser un místico, un profeta, una deidad o un poder. Podemos ver a deidades como Démeter y Apolo conduciendo el carro, a los profetas, ya que son los únicos que pueden subir por la ladera del ascenso, y también a los reyes, deidades y "justificados" como pasajeros en la Barca Solar de la mitología egipcia.

En el Carro de la baraja Rider Waite, podemos ver al conductor sosteniendo el cetro del poder. El cuadrado que hay sobre su pecho representa el número cuatro, que hace referencia a las cuatro direcciones, lo que significa el mundo físico. En el Mercabá cabalista, el carro lo forman las Cuatro Criaturas Sagradas que se unen para elevar al conductor.

La ropa del conductor está repleta de símbolos, y además lleva una armadura: ha adquirido las habilidades del Mago y del Sacerdote, ha salido victorioso del campo de batalla, y porta la corona de realeza divinamente inspirada: la corona con la estrella, que es el nuevo comienzo. En sus hombros hay dos medias lunas, una creciente y una menguante, que son el poder de Venus, y el dosel está decorado con las estrellas del cielo nocturno, que es un motivo habitual en las representaciones que tratan sobre ascensiones.

El disco alado que hay en el frontal del carro es el símbolo de la divinidad, de la realeza y el poder solar. Tiene sus orígenes en el Antiguo Egipto y Mesopotamia. El huso que se encuentra bajo el disco alado, es el huso del tejido del destino, que está conectado con los tres destinos, conocidos en la Antigua Grecia como las Moiras, y en Roma como las Parcas.

El Carro es tirado por dos esfinges, una blanca y otra negra. Son los poderes de la luz y la oscuridad. A un lado del Carro se ve una ciudad y al otro lado, construcciones eclesiásticas.

Todas las imágenes y símbolos hablan del vehículo angelical divino conducido por el humano, que ha adquirido el conocimiento y las habilidades tanto de los misterios terrenales y divinos, que trabaja tanto en el mundo físico como en los mundos interiores, y cuyas acciones son equilibradas y necesarias. El Carro es el regalo para el que ha alcanzado la maestría en los Misterios del Mago, de la Suma Sacerdotisa, de la Emperatriz, el Emperador y el Hierofante. Aquel que ha conseguido dominar todos esos aspectos y los ejerce tanto en el mundo físico como en el espiritual, es recompensado con el regalo de la Divina libertad entre los mundos.

Cuando esta carta aparece en una lectura mágica, puede indicar que el mago está haciendo grandes progresos mágicos y que está avanzando hacia áreas más avanzadas de su aprendizaje y práctica. Puede indicar viajes visionarios, y si en una tirada aparece en una posición relacionada con los sueños, puede decir que el mago realizará viajes visionarios profundos mientras duerme. Si aparece en una lectura mágica sobre alguien que está muriendo, puede indicar que tras el fallecimiento, su alma se unirá con lo divino. En lecturas mágicas, el Carro siempre es una carta muy profunda que hace referencia a movimientos de la mente y el alma del mago, y a la evolución de los mismos.

> Tras su discurso, (Helios) puso el casco de oro sobre la cabeza de Faetón y le coronó con su propio fuego, entrelazando los siete rayos como cuerdas con sus cabellos, le puso la blanca falda escocesa alrededor de las caderas, le vistió con sus propias vestiduras ardientes, y ató su pie en la bota púrpura, y le dió el carro a su hijo. Las Estaciones trajeron a los fieros caballos de Helios desde sus pesebres del este; Lucifer llegó audazmente al yugo y lo ató al cuello de los caballos con las resplandecientes cinchas para su servicio.
>
> — Nono de Panópolis[1]

8 La Fuerza

PALABRAS CLAVE

Fortaleza, resistencia, poder, fuerza, estabilidad, protección, triunfo sobre la adversidad, maestría.

La carta de La Fuerza trata sobre la fortaleza adquirida a través de las dificultades o del trabajo duro. Es también la fuerza que llega a través de la experiencia directa, que proporciona sabiduría y la capacidad de resistencia. La Fuerza en el tarot está muy relacionada con Saturno, donde la estabilidad, la fuerza y la estructura perduran. No se trata de estructuras que se desmoronan, sino de estructuras que se cuidan y se refinan constantemente para asegurar que sobreviven a los impactos y a los estragos del tiempo.

---

[1] Rouse 1942, p. 113

8 La Fuerza

La Fuerza es aquella que proviene no de la fuerza ganada yendo al gimnasio o conseguida rápidamente de alguna manera, sino aquella que proviene de acciones o actos a largo plazo.

Cuando La Fuerza aparece en una lectura, da igual el tema tratado, indica que sea lo que sea que esté atravesando una persona, esta será capaz de superarlo si no se rinde. La determinación genera la fuerza y la disciplina, y como tal, trae el éxito. Son aquellos que no se rinden ante las dificultades los que triunfan, y la fortaleza que esas dificultades requieren, permanecerá como un regalo hacia esa persona para toda su vida.

La Fuerza también es la carta de la sabiduría, el conocimiento, y la comunión espiritual con lo Divino; y la fuerza para afrontar cada reto con determinación.

Significado mundano

En una tirada mundana, puede indicar la fortaleza de una estructura: puede ser un edificio, una idea, una compañía o un negocio. Significa resistencia y éxito. La carta de la Fuerza habla de las reservas necesarias para capear un temporal. También habla de la fortaleza que viene de la honestidad y la integridad, no de la fuerza bruta.

Significado esotérico

Cuando observas con cuidado la carta en la baraja Rider-Waite, te das cuenta de que la mujer no está luchando con el león: lo está acariciando, y el león la mira y lame su mano.[1] Sobre la cabeza de la mujer se encuentra el símbolo de la eternidad: es una diosa. Está vestida con ropas blancas, lo que en la época en la que se creó la baraja era símbolo de pureza, y está ataviada con flores: es Madre Naturaleza,

---
[1] Esta imagen viene de las fábulas de Androcles y San Jerónimo.

3. Significados de los Arcanos Mayores

la diosa de la tierra y las criaturas. A lo lejos está la siempre presente Montaña de la Adversidad.

El número de esta carta es el ocho: el número de la culminación divina. El número ocho en Cábala, es el número más allá de la naturaleza y sus limitaciones,[1] por ejemplo, el número de la intervención divina.

El Misterio esotérico de la Fuerza oculta la historia del libro de Daniel del Antiguo Testamento. Daniel era un sabio consejero del rey y un intérprete de sueños. Era un hombre dedicado a Dios que vivía su devoción de una forma sincera y auténtica, lo que le ocasionó muchos enemigos. En la historia[2] Daniel es arrojado al foso de los leones para que le destruyan, pero al salir el sol, cuando el rey regresa para comprobar si aún está vivo, encuentra a Daniel sano y salvo con los leones, que se han hecho sus amigos: es un milagro divino.

Hay varias fábulas tanto en el Antiguo como en el Nuevo Testamento sobre personas de honor, gente lealmente devota a Dios, que a través de su integridad y compasión no es dañada por los leones. También hay mitos más antiguos e historias en el mundo antiguo que tratan sobre leones que son compañeros,[3] y por supuesto sobre dioses y diosas que son leones.

Estas imágenes nos dicen, hablando desde un punto de vista esotérico, que la verdadera fortaleza viene de no flaquear ante algo si tú sabes que es lo correcto, sin importar la adversidad a la que te enfrentas. Si caminamos por el camino del destino que sabemos que es necesario, no importa cuánto nos asuste, siendo fieles a lo que sabemos que es lo correcto, la fuerza aterradora y potencialmente destructiva del león, se convertirá en un compañero y un guardián.

---

[1] El siete es el número de la creación del mundo físico en la Cábala.
[2] *Daniel* ch. 4–6.
[3] Ramses II es representado en los muros de su templo en Abu Simbel con un león por compañero, que es llamado "Asesino de Enemigos" y que luchó con él en la Batalla de Kadesh. También está la fábula de Androcles y el León (Rolfe 1927, p. 255 y siguientes).

Esotéricamente, esto también hace alusión a una dinámica similar que aparece al final del entrenamiento mágico de adeptos, cuando el aspirante debe enfrentarse a la destrucción y sobrevivir a ella. Si el adepto no vacila ante la destrucción, y no tiene miedo, entonces la destrucción pasará a través de él sin dañarlo. "No temas, ya que te he llamado por tu nombre, y tu eres mio."[1]

> Mi alma está entre leones: y estoy echado entre ellos, que están en llamas (...)
>
> — Salmos 57:4

9 *El Ermitaño*

PALABRAS CLAVE

Sabiduría en soledad, aislamiento, confianza en uno mismo, retrospección, introspección, autoexamen, vivencias amargas, camino solitario, madurez a través de la adversidad.

El Ermitaño está en lo alto de la Montaña de la Adversidad. Su lámpara ilumina el camino adelante, y su cabeza está mirando hacia abajo como símbolo de la extenuación. Cuando esta carta aparece en una lectura, habla de una persona o una situación que se ha enfrentado a la adversidad y de la que se han aprendido lecciones amargas. El Ermitaño se ha apartado de la sociedad, de la religión y de la norma, y ha seguido su propia estrella, la cual le ha guiado hasta la cima del aprendizaje. En esa cima nos encontramos a nosotros mismos inclinados ante la enorme amplitud de la creación Divina que nos rodea, y nos damos cuenta lo débiles que somos en realidad y lo poco que actualmente sabemos.

En una lectura, esta carta nos dice que confiemos en nuestra propia razón y que sigamos a la verdad, que confiemos en nuestro

---
[1] *Isaías* 43:1.

3. Significados de los Arcanos Mayores

camino, en el que dejaremos atrás el consenso y emprenderemos la dura escalada de la experiencia en soledad. La soledad es algo que podemos experimentar incluso cuando estamos rodeados de mucha gente: miramos alrededor y nos damos cuenta de que no tenemos nada en común con los demás, que forjamos un camino de descubrimiento que a menudo nos cambia más allá de nuestros límites. Pero sobrevivimos: aprendemos de las lecciones duras que nos traen sabiduría, y aprendemos a no confiar en los demás, sino en nosotros mismos y en el tipo de divinidad al que conectamos. Esta es una carta de aislamiento, de sabiduría ganada por las experiencias amargas, de supervivencia y de perseverancia.

Algunas veces esta carta aparece cuando en medio de la lucha estamos agotados y llegamos al punto de querer rendirnos o abandonar nuestra rígida ética. Una voz dice: "abandona, será más fácil" y otra voz dice, " con todo lo lejos que has llegado, no te rindas, la estrella hace brillar una luz hacia adelante para ti, simplemente pon un pie más delante del otro". Aquellos que dan ese paso más y rechazan la rendición son aquellos que reciben el regalo del cambio.

La carta también puede representar un gran aprendizaje que por su naturaleza te aísla. Cuando sabemos sobre algo, podemos conversar e interactuar con los demás sobre ese tema. Pero cuanto más profundizas en tu aprendizaje, más complejo se convierte ese conocimiento, y más difícil resulta encontrar a una persona que piense de forma parecida, o cuyo aprendizaje sea similar, lo que nos permita conversar de igual a igual. Esto conduce al aislamiento que acompaña al don del gran aprendizaje. Por eso el Ermitaño puede también representar a una persona u organización que es un pionero aún no conocido.

También puede representar a una persona u organización que se aferra fuertemente a la verdad y la integridad, enfrentada a una gran corrupción. La persona sincera brilla, y aquellos que son corruptos intentarán tumbar a la verdad. Puede ser una advertencia para protegerse contra tal corrupción y a no buscar reconocimiento, sino a continuar caminando el difícil camino en la sombra hasta que llegue el momento de brillar. La carta puede advertirte de que estás solo en un nido de víboras, pero no debes rendirte y abandonar tu luz, sino tener fe, permanecer bajo el radar y esperar el momento oportuno.

Significado mundano

Su significado en una tirada sobre un tema mundano puede ser el de tener paciencia y pensar con cuidado antes de actuar. En algunas ocasiones puede significar un aislamiento literal. Hay momentos en nuestra vida en los que nos encontramos solos, y esta carta puede anunciar ese periodo. Si este es el caso, el mensaje es el de no desanimarse: en realidad no estás solo. En lugar de desesperarse, lo que hay que hacer es aprender a estar en paz con uno mismo. De esa paz viene la fortaleza, y con esa fortaleza el camino se volverá a abrir otra vez.

Significado esotérico

El Ermitaño ha superado las pruebas de la montaña, pero está cansado tras el reto y se detiene en la oscuridad para descansar. La estrella que hay en la linterna es sostenida por su mano derecha, la mano de la cosecha del iniciado, donde su aprendizaje y sus actos han sido trillados y pesados. Lo que queda es la luz, la llama de todos los seres, como la estrella. La estrella es el objetivo último del iniciado: convertirse como uno con las estrellas. El Ermitaño aún no ha llegado a ese punto, pero hay potencial para ello, oculto en la linterna, y es ese potencial el que ilumina el camino adelante para el iniciado.

El bastón es el bastón mágico que en el entrenamiento mágico al final sustituye a la vara del mago. Se sostiene con la mano izquierda, que es la posición del camino adelante, el futuro, y el destino vivo del iniciado. El bastón sostiene al poder serpiente de la sabiduría y el conocimiento: conocimiento personal y directo de lo divino, y conocimiento de las habilidades del iniciado. Tiene el poder de sanar, de expulsar espíritus, y de abrir el camino hacia adelante. El bastón no es una herramienta, es un compañero vivo que viaja con el Ermitaño a su servicio durante la fase más difícil del desarrollo mágico.

Una vez el Ermitaño se ha recuperado de las pruebas, dará un paso hacia adelante con fe y confianza, un paso que le transportará desde el pico de la Montaña de las Adversidades hacia el camino del sol y de las estrellas.

Siempre está oscuro justo antes de que se haga de día.

— Thomas Fuller.[1]

10 La Rueda de la Fortuna

Palabras clave

Cambio, cambio de destino, movimiento hacia el camino verdadero, cambio de fortuna para bien o para mal.

A primera vista, la Rueda de la Fortuna aparenta ser bastante directa. Es un indicador de un cambio mayor que te pone de vuelta en el camino de tu verdadero destino. Para el significado subyacente más profundo, lee el significado esotérico de más abajo.

Significado mundano

En una lectura sobre algo mundano, la Rueda de la Fortuna indica un cambio en el destino de una persona, que podría ser a mejor o a

---
[1]Fuller 1869, p. 208

peor. En cualquier caso, es un cambio importante y crucial. Cuando está rodeada o seguida de cartas buenas, indica un cambio a mejor. A menudo pensamos en nuestro destino como un camino lineal que va desde el nacimiento a la muerte, cuando en realidad se trata de un camino sinuoso que a veces nos conduce a puntos muertos o a intrincados callejones en los que nos podemos sentir perdidos.

Cuando la Rueda de la Fortuna interviene, algo en nuestro destino nos saca de un punto muerto, o de estar atascados en un laberinto, y nos pone de vuelta en el camino para el que estamos destinados. Algunas veces esta intervención es compasiva y de ayuda: puede ser el regalo de un nuevo trabajo, un compañero, o el nacimiento de un hijo.

Pero a veces, si estamos atascados en el fango de nuestras propias acciones, o atrapados en la decadencia y el anquilosamiento de lo que nos rodea, la rotación de la rueda puede ser difícil y a menudo dolorosa. Salir del fango puede significar el tener que dejar la familiaridad de lo que estamos aferrados, y al destino no le importa si estamos cansados, tristes o hartos. El destino nos alcanza y nos pegará patadas en el culo hasta que nos movamos en la dirección en la que deberíamos estar caminando.

Aquí es cuando nos acordamos del Ermitaño, que trata de seguir caminando aún ante la adversidad para alcanzar las grandes cosas que hay más adelante. Cuando veas la Rueda de la Fortuna en una tirada, se consciente de que se avecinan cambios. Si has estado prestando atención a lo largo de tu vida, y realizando los pequeños cambios que se han presentado necesarios, entonces la Rueda de la Fortuna te moverá hacia un camino fuerte y productivo. Sin embargo, si te has resistido a todos los cambios que podrías haber hecho por ti mismo, entonces la Rueda de la Fortuna te dará un buen golpe para volver a meterte en el camino.

3. Significados de los Arcanos Mayores

Algunas veces el giro de la Rueda de la Fortuna puede traer cosas buenas o malas sin motivo aparente. Esta es la "aparentemente" naturaleza aleatoria de la fortuna. Sin embargo, cuando echas la vista atrás después de que haya pasado el tiempo suficiente, te darás cuenta de que ese cambio era realmente necesario, sólo que en ese momento no eras capaz de verlo.

Si esta carta aparece en una lectura mundana, espera cambios, normalmente cambios importantes. Las cartas que vengan tras la Rueda de la Fortuna indicarán cómo se manifestará ese cambio, y si este será malo o bueno. Si a la Rueda de la Fortuna le siguen más Arcanos Mayores, entonces lo que esté por venir será algo ciertamente predestinado.

Significado esotérico

La Rueda de la Fortuna tiene muchas capas de significado, y cada capa tiene lecciones que debemos aprender. Sus imágenes son una mezcla interesante y ecléctica de simbolismo romano, cabalístico y egipcio, que cuando se juntan nos hablan de uno de los poderes angelicales más importantes que operan a través del mundo físico y de los mundos interiores.

En la imaginería de Waite, la rueda tiene dos palabras: ROTA y יהוה.[1] ROTA significa rueda en Latín, y el título de la carta, Rueda de la Fortuna, viene de *Rota Fortunae*, la rueda de la diosa romana Fortuna, la diosa de la fortuna, también conocida como Atrox Fortuna, la diosa del destino. Fortuna podía dispensar buena o mala suerte, así como traer la muerte en su papel de Atrox Fortuna.[2] Se dice que ella reclamó las vidas de los dos nietos del *Princeps Augustus*.[3] El giro de

---

[1] El Tetragramatón. Las cuatro letras del nombre de G-D: YHWH.
[2] Kretschmer 1927
[3] Nota de la traducción. Emperador romano Augusto.

10 La Rueda de la Fortuna

la rueda de la Fortuna cambia el destino o la suerte de un individuo o nación.

El uso de la palabra Tetragramatón intercalada con la palabra Rota, hace que la rueda cambie, pasando de ser la rueda de la fortuna, a ser la Rueda de Dios. Esto se intensifica con la aparición de los Hayyot, las cuatro criaturas vivientes: el toro, el águila, el león y el humano. Los Hayyot[1] son ángeles de fuego que sostienen tanto el carro de Dios como la tierra, y que juntos forman el cuerpo del carro, mientras que Los Ofanim hacen las ruedas.[2] Los Ofanim también son conocidos como las *ruedas de Galgallim*. Son ruedas dobles interconectadas, hechas de fuego y ojos.

A un lado de la Rueda de la Fortuna hay una figura de color rojo que es Set. En el otro lado hay una serpiente, ambas imágenes egipcias. Set es el poder de la destrucción necesaria, es quien controla el caos pinchando a la serpiente del caos, Apep. La serpiente que hay en el otro lado de la rueda podría ser Apep, pero es difícil saber qué significado quería darle Waite. En la mitología egipcia hay muchas serpientes, tanto buenas como malas, y normalmente están identificadas por su forma, especie y nombre.

Es más que probable que Waite estuviera haciendo alusión a Apep, ya que iría en concordancia con el resto de la imaginería de la carta: uno de los aspectos del destino es la oposición constante entre la creación y destrucción necesarias, y la creación innecesaria que genera la destrucción innecesaria. Apep es el caos, que aparece ante la destrucción innecesaria, mientras que Set es el poder que mantiene a Apep en su lugar. Si Apep se hace presente en el mundo físico, el caos está garantizado. Esto se refleja en el nacimiento y la caída de todas

---

[1]Nota de la traducción: Chayot en Hebreo, en el Cristianismo Querubines, ver Ezequiel 1-9.
[2]*Ezekiel* 1 15-21

3. Significados de los Arcanos Mayores

las naciones e imperios, así como en el nacimiento y la caída de las fortunas individuales.

Los Hayyot, el nombre de Dios, y Set/Apep forman una mezcla interesante que hace referencia a Maaseh Merkabah. Es un texto místico sobre la función del Carro, también conocido como el Misticismo del ascenso. La carta del Carro no es imaginería mística tradicional de Mercabá, ya que esto es territorio de la religión; sino que trata de los misterios de la ascensión en un contexto mágico, usando imágenes y palabras de diferentes tradiciones, para mostrar (y no decir) cosas ocultas a primera vista. Esto es algo recurrente en el uso que hace Waite de la imaginería en esta baraja.

Desde un punto de vista esotérico, cuando esta carta aparece en una lectura, puede indicar simplemente un cambio, pero también puede hacer referencia a un movimiento divino: por ejemplo, tu trabajo llevándote hacia adelante en la ladera de la evolución mágica. Si la lectura es mágica, y hay un buen número de Arcanos Mayores alrededor o a continuación, entonces es probable que indique que se avecinan cambios importantes en el desarrollo de algo. Cómo se manifiesten esos cambios dependerá de tu "cosecha" hasta ese momento. Con independencia de que a corto plazo esos cambios sean buenos o malos, a largo plazo el giro de la rueda te acerca un paso más a lo que en algunas áreas de la magia se conoce como ser "El que está en desarrollo".

> Entonces el Ofanim y los Sagrados Querubines,[1] entre un estruendo se alzaron hacia el Serafín, y ante ellos, le alabaron, diciendo: Bendita sea la gloria del Señor en el sitio de Dios.
>
> — de la Kedusha, Plegarias matutinas judías.[2]

---

[1] Las Sagradas Criaturas Vivientes.
[2] Zerin n.d.

> On rencontre sa destinée
> Souvent par des chemins qu'on prend pour l'éviter.
>
> A menudo uno encuentra su destino
> en el camino que tomó para evitarlo.
>
> — Jean de la Fontaine[1]

11 La Justicia

PALABRAS CLAVE

Equilibrio, justicia, conclusión, causa y efecto de las acciones, balanza, sentencia, pago de deudas, asuntos legales, vigilancia.

La carta de La Justicia representa la justicia verdadera: aquella que no se ve afectada por la manipulación emocional, las excusas o el ofrecimiento de una compensación para evitar el rigor de la justicia. El poder que se muestra en la carta es el poder de la causa y el efecto. Una mano sostiene la balanza que pesa las acciones, y la otra sostiene la espada que reparte justicia. La justicia es equilibrio, es traer orden cuando hay desorden, todo sin emociones ni compasión. Algunas veces nuestro juicio está influenciado por historias emocionales hechas para manipular, y en esos casos, la justicia verdadera no se produce.

Una de las mejores formas que tenemos los humanos para aprender y evolucionar, es siendo responsables de nuestros actos y aprendiendo por qué nuestras acciones estaban mal, en vez de castigar por venganza. Este es el camino de la justicia verdadera, que trae compasión verdadera. Permitir a alguien que aprenda una lección dura y amarga es una forma verdadera de compasión, ya que da a la persona la oportunidad de aprender a un nivel más profundo.

---

[1] La Fontaine 1868, p. 515

3. Significados de los Arcanos Mayores

Podemos elegir aprender, hacer el bien, y proteger a los demás, o podemos elegir ser resentidos y retorcidos.

Significado mundano

Cuando esta carta aparece en una lectura mundana, puede indicar justicia en el sentido más literal, como por ejemplo acudir a un juicio, o firmar contratos que son vinculantes jurídicamente. También puede referirse a la policía, o a recuperar la justicia perdida. En cuestiones de salud, puede indicar la recuperación de la salud y el equilibrio, mientras que en una cuestión económica, puede indicar estar en sintonía con la necesidad, es decir, tener justo lo que se necesita, nada más.

En función de la pregunta, también puede indicar que obtendrás lo que mereces: lo que se te debe. Esto puede ser bueno o malo. Si has ayudado y has sido generoso, has ayudado a quienes lo han necesitado, y ahora tú eres el necesitado, lo que distes se te devolverá. Si has hecho mal y has huído sin aprender o arrepentirte, la aparición de esta carta dice que recibirás lo que mereces, pudiendo ser un castigo, un arresto, o ocurriendo algo malo. Solo a través de nuestras acciones, volviendo a nosotros, aprendemos de verdad a no ser unos idiotas.

La lectura literal de esta carta puede aparecer de maneras extrañas e inesperadas, pero también obvias. Hace muchos años, mi hija estaba bajo la amenaza potencial de un violento pedófilo que andaba suelto. Ya había atacado a una mujer y a dos niños. A mi me daba pánico dejar salir a mi hija fuera a jugar. No sabíamos quién era, solo que estaba por la zona. La policía había estado tratando de atraparle durante días, pero no habíamos escuchado nada en las noticias sobre esto. Así que hice una lectura para saber si él estaba en el vecindario o en las proximidades de nuestra casa: debía tomar una decisión sobre si era seguro para mi hija salir a jugar fuera.

11 La Justicia

La respuesta de la tirada fue la Justicia. No fui capaz de entender el significado en ese momento, ya que no se había dicho nada sobre ningún juicio. Unas horas más tarde escuchamos en la radio que el pedófilo estaba retenido en dependencias policiales. Él estaba literalmente en la justicia, en la comisaría de policía. Así que puedes ver que en algunos casos, la interpretación de esta carta es totalmente literal.

Significado esotérico

La carta de La Justicia está íntimamente conectada con la antigua dinámica egipcia y el poder de Ma'at, un concepto que en inglés se ha traducido en varias palabras, como verdad, rectitud, u orden. En Egipto, Ma'at era tanto un concepto como una diosa. La sociedad vivía bajo las reglas de Ma'at, desde el campesino raso al mismísimo rey. De hecho. el rey era el que soportaba la mayor carga de Ma'at, ya que como rey tenía el poder sobre la vida y la muerte de sus súbditos, y tenía que tomar decisiones difíciles por el bien de la gente. En realidad, pocos reyes alcanzaron ese ideal, pero a fuerza de intentarlo, se consiguieron grandes avances en la sociedad. La Justicia trata sobre el equilibrio entre la luz y la oscuridad, la creación y la destrucción, y el poder de las balanzas que pesan la cosecha y los actos del Iniciado. Cada acción tiene una contrapartida energética, y cuanto más poder tiene un mago, más responsabilidad asume por los efectos de su trabajo.

La Justicia puede aparecer en una lectura como una advertencia, para valorar las consecuencias potenciales de una acción mágica. También puede indicar que alguna acción mágica reequilibrará las balanzas que estaban desequilibradas. Puede ser una carta de conclusión, finalización, donde una serie de acciones mágicas llegan a su fin. También puede indicar que un déficit es cubierto. Si como mago has dado mucho en forma de ayuda, energía y demás, y hasta la fecha has recibido muy poco a cambio, estás en déficit. La aparición de esta carta indica que este déficit te reequilibra, recibirás lo que se te debe energéticamente.

> La justicia es un estado de rectitud mental en el cual el hombre hace lo que debe hacer en circunstancias que lo confrontan.
>
> — Tomás de Aquino.[1]

12 El Colgado

Palabras clave

Autosacrificio, pruebas, empatía energética, servicio, virtud, abnegación, obligación moral, martirio arrogante.

Significado mundano

El Colgado es una carta compleja y a menudo difícil de leer, incluso en una lectura sobre algo mundano. En sentido literal, la carta va del autosacrificio para un bien mayor, pero esto cuestiona los motivos de tal sacrificio. Estamos sacrificando algo realmente por el bien de otros, o estamos fantaseando sobre cómo nos gustaría que nos vieran los demás? La trampa del martirio es una gran trampa que puede conducir a las personas a un camino oscuro. Aquellos que quieren entregarse a sí mismos para el bien de los demás, son excepciones. La mayor parte de las veces ese sacrificio es el resultado de un glamour personal, donde creamos un cuento de "bondad" en un drama auto inventado. Después proyectamos ese drama hacia el exterior para retroalimentarnos de la empatía de los demás.

También hay un aspecto más profundo sobre el autosacrificio. ¿Es realmente necesario? Algunas veces sí, y otras no. Si corres frente

---

[1] Zajda, Majhanovich, and Rust 2006, p. 9.

a un camión para apartar a un niño de su camino, y en el proceso te pones en riesgo de morir, eso es un autosacrificio real. Si, sin embargo decides no comprarte comida para darle a tu hijo adolescente el dinero que sabes que se gastará en ocio, eso no es autosacrificio, eso es estupidez. Ese tipo de actos se deben a la necesidad de sentirse queridos. Una persona que hace eso quiere que el adolescente le quiera y le necesite, así que no es autosacrificio, es manipulación emocional.

Y esta es una de las lecciones del Colgado. ¿Es realmente un sacrificio, o te estás engañando a ti mismo en tu pequeño drama para conseguir las recompensas que ansías? La pregunta de la lectura y la situación te darán el contexto de la carta, y si aparece en una lectura, merecerá la pena perder un rato pensando sobre tus motivos. ¿Se te está pidiendo que sacrifiques algo que es realmente necesario?

Otra lección del Colgado es la culpa. Si te autosacrificas, puede ser en un intento de expiar tus culpas, con lo que en este caso, tampoco sería un sacrificio de verdad: estás tratando de pagar tus deudas. Algunas veces ese pago no es necesario, y no se trata de ayudar a la gente que lo necesite, sino de hacerte a ti sentir menos culpable. En esos casos, el "pago" no equilibra realmente las balanzas, y a veces puede incluso hacer que estén más desequilibradas aún. La culpa surge cuando hemos actuado mal y lo sabemos. No te vas a librar de la culpa convirtiéndote en un mártir, sino soportando el dolor y el sufrimiento que has causado, y asegurándote de que aprendes de esas lecciones para el presente y el futuro.

Te darás cuenta de que la Justicia y el Colgado están muy relacionados. Si estas dos cartas aparecen juntas en una lectura, entonces deberás reconsiderar seriamente tus intenciones, ya que es posible que no sean tan buenas como crees. El autosacrificio para obtener reconocimiento es una trampa del ego. El autosacrificio para convertirse una mejor persona ante los ojos de Dios, también es una trampa del ego. El autosacrificio como algo necesario es la clave del Colgado.

Algunas veces el Colgado puede hablar de un sacrificio de verdad, como por ejemplo, tener dos trabajos para que tus hijos puedan tener una educación decente. En tales casos el autosacrificio se reconoce por el Poder Divino Universal, y el destino te brindará Justicia cuando sea el momento adecuado.

La aparición de la carta del Colgado en una lectura personal puede indicar que habrá que superar pruebas; dificultades necesarias donde tendrás que salir de tu zona de confort para beneficiar a alguien, o algo, en vez de a ti mismo. También puede significar autosacrificio básico, como donar sangre, o tener que cargar con un peso energético durante un tiempo, como por ejemplo, si tu hijo está enfermo. Algunas veces nuestra fuerza vital se va para sostener a nuestros seres queridos en tiempos de necesidad.

Significado esotérico

La imaginería del Colgado viene de los Hechos Apócrifos de Pedro.[1] San Pedro Apóstol era un líder en la Iglesia Católica temprana, y es considerado el primer Papa de la Iglesia Católica Romana. Cuenta la leyenda que antes de ser crucificado, pidió que al hacerlo, le colocaran boca abajo. No hay referencia alguna a esto en los Hechos de Pedro, que son unos textos de finales del segundo siglo, y la historia tampoco aparece en ningún otro escrito de la época. Pedro pidió ser crucificado boca abajo ya que no se sentía merecedor de ser crucificado en la misma posición que Jesús. Estaba hundido en la culpa por haber negado a Jesús, y su muerte se cree que ocurrió durante el *dies imperii*[2] de Nerón, en el año 64 a.C: tradicionalmente estas celebraciones eran demostraciones sangrientas de poder. Fué

---

[1] En el *Codex Vercellensis Evangeliorum* — *Actus Petri cum Simone*.
[2] El aniversario de la subida al trono de Nerón.

en el mismo año del Gran Incendio de Roma, que ocurrió solo tres meses antes, y por el que los cristianos fueron culpados. Es una historia de martirio, de sentimientos de culpa e indignidad, y de sacrificios para apaciguar a la gente. Es una advertencia para todos los místicos y magos, para que no caigan en las trampas del martirio y la salvación. Pero también tiene un significado más profundo para magos y misticos sobre la necesidad de soportar la carga de otros, para que esos individuos puedan avanzar o incluso sobrevivir.

La carta puede hablar de compartir cargas energéticas, ya sean las de los seres queridos del mago, o las de eventos que van a manifestarse en el mundo. Esto ocurre especialmente cuando el mago ha realizado trabajos mágicos en acto de servicio, o trabajado en proyectos a largo plazo que puedan afectar a un gran grupo de personas, la tierra, o una nación. A medida que la magia se va desencadenando en oleadas, y hace que se manifiesten eventos, la energía del mago es requerida para soportar dicho trabajo.

Algunas veces el adepto debe cargar con un peso por el bien de los demás. Cuando esto ocurre, es sin fanfarria, sin dramas ni emociones. Es algo que sucede de forma discreta, invisible. La mayor parte del tiempo la persona que recibe la ayuda no es consciente de dicha ayuda, pero el adepto sabe que esa persona debía ser ayudada para sobrevivir, y que esa persona será muy importante para el mundo en el futuro. Así que el acto del adepto, su autosacrificio, pasa desapercibido y no es reconocido. Ese es el auténtico autosacrificio.

> Para tener cualquier cosa que merezca la pena hay que pagar un precio, y el precio siempre es trabajo, paciencia, amor, autosacrificio, - no dinero en papel, no promesas de pago, sino el oro del servicio de verdad.
>
> — John Burroughs[1]

---

[1] Walker 2001, p. 239

3. Significados de los Arcanos Mayores

13 La Muerte

Palabras clave

El final de un ciclo, muerte, cambio de circunstancias, transición.

Significado mundano

La Muerte es una carta que siempre aterroriza a la gente, ya que remueve nuestros instintos más profundos de sobrevivir a toda costa. Es un instinto sano. Y a pesar de todo, durante nuestra vida atravesamos pequeños ciclos de muerte y nacimiento: esta es la clave de la carta. Es el fin de una situación o un ciclo que nunca más volverá, como el tránsito de la niñez a la etapa adulta, mujeres que han llegado a la menopausia, alguien que ha sido esterilizado, acabar el instituto, etc. Todas estas son situaciones que se van y no volveremos a vivir, y aquí es cuando aparece la carta de La Muerte. Nos dice que una situación ha terminado, y que no volverá.

Si el cambio es uno importante que transformará tu vida totalmente, puede que comience a aparecer meses antes de que ocurra. Esto puede ser confuso para el que lee las cartas, ya que puede que te estén preguntando por un trabajo, una relación, o sobre un camino espiritual, y esta carta no haga más que aparecer. En tales situaciones, en vez de estresarte con la aparición de la Muerte, lo que tienes que hacer es observar las diferentes situaciones para las que hayas leído las cartas, y ver qué tienen en común entre ellas. Normalmente, el punto en común te indicará dónde va a ocurrir ese cambio o finalización.

Esto le ocurrió a una amiga mía a quien la carta de la Muerte se le aparecía en todas sus lecturas, por lo que empezó a preocuparse al respecto. La fui a visitar y miramos juntas que tenían en común todas esas tiradas. Una cosa en común era ella, y otra, la ciudad donde vivía y trabajaba, así que hicimos dos lecturas. La primera fue para saber si ella se iría de la ciudad durante los dos próximos años, y no volvería más. La respuesta fue afirmativa. Entonces preguntamos si ella iba a morir físicamente dentro de los dos próximos años.[1] La respuesta fue negativa. Sus niveles de estrés disminuyeron inmediatamente, y comenzó a prepararse para una mudanza inesperada, que ocurrió un año después.

Sin embargo y contrariamente a las creencias populares, la carta de La Muerte puede en determinadas circunstancias indicar una muerte física. Todos vamos a morir en algún momento, así que si la carta aparece en una tirada, e indica la muerte física, piensa en el periodo de tiempo que incluiste al formular la pregunta. Si hiciste una lectura sobre tu vida sin especificar un límite temporal, y acaba con la muerte, entrar en pánico es absurdo: está claro que al final de tu vida morirás. En caso de que hubieras especificado un periodo de tiempo en tu lectura, entonces tendrás que ver el tema de la muerte de una forma más amplia con una lectura más concreta, para ver si se trata de la muerte de algo relacionado con tu cuerpo, como un cambio importante, una cirugía, cambios hormonales, etc.

A menudo la gente tiene pánico a una muerte inminente, y esa es la peor manera de enfocar una lectura de ese tipo. Si no estás preparado para enfrentarte a una muerte inminente, entonces no mires. Y si miras si vas a morir dentro de un plazo de tiempo determinado, entonces será conveniente preguntar si podrías sobrevivir físicamente a ese "final". Unos años atrás me tuvieron que hacer una operación importante, y la carta de la muerte apareció como mi carta significadora.[2] Pregunté si sobreviviría a esa muerte, y la respuesta fue afirmativa. Lo que estaba mostrando la carta era la

---

[1] Centrarse en el cuerpo físico es importante en este tipo de lecturas.
[2] La carta que te representa.

muerte del órgano que me tuvieron que extraer, y cómo eso cambiaría mi cuerpo de forma permanente.

Cuando hagas una lectura y aparezca la carta de la Muerte, no asumas que es una muerte física: en la mayoría de las ocasiones esta carta habla de pequeñas muertes. Interprétalo en relación directa con la pregunta, la tirada y el sujeto de la lectura. Piensa en la edad de la persona, sus circunstancias, trabajos y demás: pronto debería hacerse evidente a que se refiere esa pequeña muerte.

Significado esotérico

Creo que es conveniente que cualquier tarotista o mago piense seriamente sobre su actitud ante la muerte en general. Querer vivir hasta el final de la medida de tu destino es saludable y espiritualmente necesario. Se te ha concedido el raro regalo de la vida, y es tu deber conservarlo lo mejor que sepas. Pero también es importante comprender que la muerte es en realidad una transición de un estado a otro, y que la parte no física de tu ser continúa.

Como maga, he tenido suficientes experiencias directas y únicas del mundo de la muerte, he hablado con la muerte, y he tenido otro tipo de experiencias relacionadas, con lo cual no tengo la menor duda de la supervivencia del ser. También he aprendido que hay que confiar en el fluir del destino. Estas experiencias han hecho que no tenga miedo a la muerte, sino que han provocado que tenga la voluntad y la determinación de hacerlo lo mejor posible en mi vida hasta que tenga lugar mi "medición". Y si algo amenaza esa medida, me esfuerzo por esquivar o mover esa amenaza.

La adivinación es una parte importante de ese proceso: saber a qué mirar y dónde mirar, y cómo interpretar esos resultados. Esta es una herramienta muy importante para salir del camino de la destrucción cuando se esté formando en tu futuro próximo. Y es una cosa que

13 La Muerte

ocurre. La destrucción y la creación son un ciclo continuo que afecta a nuestras vidas a pequeña o gran escala. El trabajo del mago es el de viajar a través de la vida experimentando esos pequeños nacimientos y muertes de igual forma, y de obtener de ellos tanto aprendizaje y sabiduría como sea posible.

Una vez tu mentalidad es más madura, mágicamente hablando, es más fácil comprender tanto la muerte física como las pequeñas muertes que atravesamos en nuestra vida, y para las cuales, un tarotista o mago ayudará a interpretarlas sin miedo, con gnosis. Esto se trata con más profundidad en los capítulos sobre la interpretación y los enfoques.

> El nombre de la puerta de ese lugar es "La que eleva a los dioses".
> El nombre de este lugar es "Con oscuridad emergente y nacimientos surgiendo".
> (…)
> La misteriosa caverna del Inframundo[1] en la cual este gran dios ha nacido,
> El sale del Nun[2] y se establece como el cuerpo de Nut.[3]
> Este está hecho como esta imágen que está pintada
> En el lado este de la Cámara Secreta del Inframundo.
> Es beneficioso para quien sea que lo conozca,
> En tierra, en el cielo y en la tierra.
>
> — De la hora número 12 del Amduat.[4]

---

[1] El Duat, el Inframundo del Antiguo Egipto.
[2] El vacío acuoso.
[3] La superficie del cielo.
[4] Hornung and Abt 2007: 358–359.

3. Significados de los Arcanos Mayores

14 La Templanza

Palabras clave

Necesidad, medida, punto intermedio, el equilibrio de todas las cosas, impulso hacia adelante, vida y vitalidad, éxito trabajado, protección.

La Templanza es como un soplo de aire fresco después de las dificultades y aflicciones de los desafíos de la vida. Ese el momento en el que la tormenta ha pasado y llega la calma, cuando el sol vuelve a salir: todo se reequilibra, toda oscuridad contiene en ella misma una luz, y en el momento en el que te das cuenta de que no puedes soportar más presión por las dificultades de la vida, la presión se libera.

La Templanza va de recibir lo que necesitas, no más, asegurando que tienes lo necesario para continuar con tu camino sin darte demasiado, ya sean recursos, amor, salud, protección, cobijo, o energía. La Templanza es el manantial sanador que alimenta al fatigado, el árbol que te brinda su sombra para resguardarte del sol abrasador, y el guardián que protege pero que no te librará de las dificultades que te crees a ti mismo.

Significado mundano

Cuando esta carta aparezca en una lectura, dependiendo de la pregunta indicará la resolución de las dificultades, luchas, o enfermedad, y la vuelta al equilibrio y la salud. Te avisa de que te moderes en tus actos, que camines despacio y de forma coherente, para dar y recibir por igual, y te hará saber que estás protegido. Te advierte contra todo tipo de excesos, contra la estrechez de miras o el celo excesivo. También te advierte contra la pereza o la indulgencia excesivas. Es una carta que en posiciones positivas dentro de una tirada, indica equilibrio y regeneración, y en posiciones negativas habla de desequilibrios y pérdida de protección.

14 La Templanza

Si estás preguntando sobre un tema de salud, esta carta indica que independientemente de lo que esté ocurriendo, el cuerpo está protegido y en camino de encontrar su equilibrio. En asuntos económicos indica que tus necesidades (no tus deseos) estarán cubiertas. En temas de trabajo puede indicar que tu puesto está protegido, o que encontrarás el trabajo que necesitas. Y en una tirada general, puede indicar que estarás seguro y protegido de daños siempre que uses tu sentido común.

Y todo esto me lleva a un significado un poco más profundo sobre esta carta y la protección que trae. Tal protección está ahí para que puedas lidiar con aquellas cosas que están fuera de tu control, y no para ayudarte con aquellas cosas que puedes solucionar por ti mismo. Si te quedas sentado y esperas a que todo vaya hacia ti, entonces el poder de esta carta se alejará de ti. Si actúas de forma estúpida y desenfrenada, pensando que puedes hacer lo que quieras porque estás protegido, entonces te llevarás un buen golpe.

La Templanza protege y trae equilibrio a aquellas áreas de tu vida sobre las que no tienes control, o sobre aquellas que no podemos gestionar por nosotros mismos, ya sea por falta de habilidad o de recursos. El poder de la Templanza aparece cuando hacemos todo lo posible para solucionar nuestros propios problemas. Hacemos todo lo que podemos, y si la Templanza aparece en nuestra vida, ella se encargará del resto. Si no hacemos nada, entonces no recibiremos nada de ayuda.

Significado esotérico

El ángel de la Templanza tiene un pie en la tierra y otro dentro del agua. Está vertiendo agua constantemente de un cáliz a otro, haciendo fluir las cosas y manteniendo el equilibrio. Las flores crecen junto al manantial, mostrando vida y vitalidad, y hay una carretera que va

3. Significados de los Arcanos Mayores

desde el manantial hacia la Montaña de la Adversidad que se ve a lo lejos. Sobre la montaña brilla el sol naciente. El nuevo día trae renovación, renacimiento y evolución.

El significado esotérico más profundo de la carta de la Templanza se puede encontrar en el libro de la Revelación 10. En ese capítulo, Juán ve a un ángel que está con su pie derecho en el agua, y el pie izquierdo en la tierra. La pierna izquierda, en un sentido mágico, es el camino adelante, la semilla de la vida y el futuro. La pierna derecha es la muerte, la cosecha de la vida y lo que hay más allá. Esto indica que el regalo que el ángel trae está destinado al futuro, para el camino futuro de la vida.

El regalo que el ángel trae es un pequeño pergamino. El ángel le da el pergamino a Juan y le dice que se lo coma, que tendrá un sabor dulce en su boca, pero que en su barriga se tornará amargo. Esta es una dinámica bien conocida por los adeptos sobre la interacción entre el sistema digestivo y el poder interior de la palabra, el conocimiento y la profecía. El ángel le dice a Juan que debe profetizar de nuevo a la gente, a las naciones, las lenguas y los reyes.

Uno de los significados esotéricos de este poder expresado en la Templanza, es el de mantener el ciclo de la vida activo, de transmitir el conocimiento profundo al futuro hasta que ese futuro deje de serlo. Esto significa que el ángel es compasivo y piadoso con la humanidad, y que en los días más oscuros de la humanidad, el conocimiento esotérico secreto necesario para reconstruir y evolucionar a la humanidad será transmitido a través de canales humanos y enviado al futuro en forma de profecías, palabras y sabiduría.

Este ángel suaviza la destrucción con semillas para el futuro, asegurando que alguien encontrará la semilla de la sabiduría, aprenderá de ella, y emprenderá el largo camino hacia la Montaña de la Adversidad para convertirse en uno con el sol. Mientras haya gente que responda a esa llamada de la evolución, la humanidad continuará.

> El me dijo, Está hecho. Yo soy el Alfa y la Omega, el principio y el final. Al que tiene sed yo le daré gratuitamente de la fuente del agua de la vida.
>
> —*Revelación* 21:6

15 *El Diablo*

PALABRAS CLAVE

Tentación, debilidad, deseo, ignorar la verdad, autosabotaje, algo que se deshace, deshonestidad.

La carta del Diablo es otra de las cartas que normalmente se malinterpretan debido a la influencia del pensamiento cristiano que dice que el diablo es una fuerza externa que tienta y destruye. Esto provoca que echemos las culpas a otro (el diablo), en lugar de reconocer y entender nuestro papel en nuestra propia caída. El poder que esta carta representa es el de la incapacidad o las reticencias a superar las grandes tentaciones que sabes que te conducirán al desastre.

SIGNIFICADO MUNDANO

Nuestra personalidad tiene muchas facetas, y según vamos madurando debido a lo que aprendemos de la experiencia, nos encontramos en una posición mejor para tomar decisiones personales en base a las experiencias pasadas. Sin embargo, a veces nuestras hormonas, avaricia, pereza, o falta de coraje hacen que actuemos o nos comportemos de formas que sabemos que no son las correctas. Esa pequeña voz en nuestro interior nos dice que nuestro comportamiento está mal, pero no hacemos caso de ella y seguimos a lo nuestro a pesar

3. Significados de los Arcanos Mayores

de todo, porque queremos algo. Este es el fundamento de la carta del Diablo en una lectura mundana.

El Diablo representa a un poder que deshace, donde un acto simple pero equivocado, estira de un "hilo" que hace que toda la estabilidad de tu vida comience a deshacerse. Cuando esta carta aparece en una lectura, te advierte de tal situación. Tú, o el sujeto para el que estás leyendo, está caminando por una situación en la que el deseo por algo como el amor, el poder, el dinero, la posición, el sexo, la comida y demás, le conduce hacia la destrucción. Si el sujeto de la lectura reconoce que su debilidad es puesta a prueba, y tiene la fuerza y la previsión necesarias para alejarse del precipicio, entonces todo irá bien. Sin embargo, si el sujeto se autoconvence de que puede controlar la situación (lo que es parte del poder de la tentación), entonces estará en riesgo de destruir todo aquello que aprecia. Esta es la manifestación completa del poder de esta carta.

También es importante entender que además de las grandes y dramáticas caídas a las que nos podemos someter nosotros mismos, a lo largo de nuestras vidas también ocurren pequeñas caídas. Hechos que nos causan trastornos, pérdidas, enfermedad y problemas que si somos honestos con nosotros mismos, veremos que en realidad son problemas autoinfligido. Esas pequeñas caídas que van y vienen a lo largo de nuestras vidas, son pruebas y son maestros, y cuanto más experimentemos, más aprenderemos. Si actuamos en base a lo que aprendemos, entonces nos volveremos más fuertes y sabios. Si no actuamos en base a lo aprendido, entonces iremos cayendo poco a poco en la debilidad y la decadencia.

La carta del Diablo también puede aparecer debido a motivos mucho menos dramáticos, en función del asunto de la lectura, aunque la interpretación general es la misma. Esta carta puede aparecer en una lectura sobre temas de salud, o puede indicar un problema de salud en una lectura general, en función de la posición de la carta en la tirada. Cuando eso sucede, el Diablo indica que hay algo en el comportamiento de la persona que daña su salud: están consumiendo o haciendo algo que es malo para su salud.

Un buen ejemplo de esto sería alguien que come algo que sabe que le sienta mal, y que luego toma medicación para paliar los efectos de ese alimento o comida. Al final su cuerpo empezará a reaccionar tanto al irritante como a la medicación. Lo mismo se aplica a los diabéticos que siguen tomando azúcar y ajustando su medicación para mantener bajos los niveles de azúcar. Al final estas conductas se convierten en destructivas para el cuerpo, y la salud lentamente va empeorando. Este es un ejemplo perfecto de la dinámica del Diablo: te dejas llevar por la tentación - sufres destrucción autoinflingida.

Si esta carta aparece en una lectura, dedica un tiempo a pensar en lo que estás haciendo con tu vida. Sé totalmente honesto contigo mismo. La auto honestidad, y como resultado, el actuar de forma apropiada, son la clave para disolver el problema representado por el Diablo. Y si no eres capaz de autoevaluarte con sinceridad, y la Torre te golpea, al menos trata de aprender la lección de qué fue aquello que causó que la Torre se derrumbara: fuiste tú. Cuanto antes dejes de culpar a los demás por las situaciones que creaste tú solo, más rápido aprenderás a resistirte a la tentación. Esto no es fácil, y a menudo repetimos nuestros errores muchas veces antes de aprender de verdad. Y esta es otra parte del poder del Diablo: es nuestro mejor profesor. Expone nuestras debilidades para que las veamos, nos enseña sobre la causa y el efecto, sobre la deshonestidad, y nos enseña a preveer a través de las experiencias amargas.

Si esta carta aparece en una lectura sobre una empresa u organización, puede indicar deshonestidad, agendas ocultas, robo o malversación. En una lectura sobre un edificio, puede indicar

3. Significados de los Arcanos Mayores

problemas en el mismo, posiblemente en lugares donde se han realizado arreglos o apaños, en los que puede haber riesgos ocultos, como por ejemplo un mal cableado, o donde hay una estructura defectuosa debido a una negligencia. La carta del Diablo también puede indicar acciones, como por ejemplo robos planeados.

Significado esotérico

La imaginería de la carta de El Diablo es bastante moderna en términos mágicos, y lo que ilustra es básicamente, estar atrapado por el deseo. Sin embargo, el poder que esta carta representa, el poder de la desintegración, tiene un significado mágico mucho más profundo. Hay dos dinámicas que pueden provocar el hundimiento de algo. Una son las circunstancias o hechos que están fuera de nuestro control, y la otra es el sufrimiento autoinfligido. Esta carta representa el segundo tipo de hundimiento o perdición. Aquel en el que caemos a pesar de saber que había un riesgo, o que eso estaba mal. En el pensamiento mágico, dos fuerzas que se oponen se manifiestan a través de todo, como parte del constante reequilibrio que hay en la creación y la destrucción. Yo llamo a esas dos fuerzas opuestas la Muela y el Desenmarañador. La Muela es el poder de Saturno. Es conseguir el esfuerzo disciplinado, para crecer y superar las dificultades. La Muela pule la vasta piedra y la convierte en algo bonito.

A la segunda dinámica la llamo el Desenmarañador. Es el poder de Plutón. El poder del desenmarañador pone a prueba la fuerza y los fundamentos de lo que has construido durante tu interacción con la Muela. El Desenmarañador encontrará las fallas, los puntos débiles y las grietas. Su poder se concentrará en esas debilidades hasta que ponga a prueba los fundamentos de lo que sea sobre lo que esté actuando. Si los cimientos son fuertes, es posible que se comben un poco, pero se recuperarán, y te darás cuenta de cuáles son tus puntos débiles, para que puedas trabajar en ellos. Sin embargo, si tus cimientos son débiles, entonces se resquebrajan por completo hasta que caiga toda la estructura. Esta es la naturaleza de Plutón, y está en la naturaleza de la carta del Diablo. Cuando aparece en una lectura mágica, no importa de qué tipo sea la situación, estará resaltando una debilidad que debe ser atendida y remediada. Si tomas la decisión consciente de hacerlo, y superas esa debilidad en tu vida o en tu trabajo como mago, entonces podrás evitar la catástrofe que trae la siguiente carta, La Torre.

El Diablo también puede indicar parásitos interiores. Si un parásito interior interactúa con el mago para alimentarse de sus actividades mágicas, entonces, independientemente de cómo ese espíritu se presente a sí mismo, la carta del Diablo lo representará en una lectura mágica. Los parásitos interiores viven de nuestra energía, generalmente energía emocional, y son bastante buenos jugando con la mente de los magos para tentarlos o empujarlos a llevar a cabo actos que desencadenen respuestas energéticas de las que poder alimentarse. Esta es la clave básica de la carta del Diablo.

> No os ha sobrevenido tentación que no sea común al género humano: pero Dios es fiel, y no permitirá que seáis tentados más allá de lo que podáis aguantar; sino que junto con la tentación también os dará una salida, para que podáis resistir.
>
> — 1 *Corintios* 10:13

16 *La Torre*

PALABRAS CLAVE

Desastre, catástrofe inesperada, castigo, desgracia, colapso, despejar el terreno, caída.

3. Significados de los Arcanos Mayores

Significado mundano

La Torre es la carta más maligna de la baraja, y a menos que aparezca en una posición de retirada, predice la caída de una persona o del sujeto de la lectura. La Torre es el resultado de no escuchar a la conciencia, a las advertencias, o al sentido común, y su severidad dependerá de las elecciones que se tomaron anteriormente, de las decisiones y los hechos de la persona. En algunas ocasiones puede indicar un desastre inesperado o un accidente que no ha sido provocado por la persona, pero la mayoría de las veces, los desastres de la Torre tienen alguna conexión con las acciones o decisiones de la persona.

La Torre destroza aquello con lo que deberías haber lidiado tu mismo. Si sabes que tus acciones son incorrectas, y aún así sigues en esa línea, entonces la Torre empezará a tomar forma en tu vida. Puede que necesite mucho tiempo hasta que te haga efecto, pero el golpe llegará en el momento óptimo para que aprendas la lección.

El único rayo de esperanza de la Torre es que destruye y elimina aquello que era necesario destrozar y eliminar. No es un castigo: es el aprendizaje de la relación entre la causa y el efecto. Cuando tu torre cae, tienes dos opciones: aprender de tus errores y comenzar de cero, o caer en la autocompasión. La Torre siempre tiene la dinámica de la causa y el efecto, y por eso está estrechamente relacionada con la carta de la Justicia. La Torre y la Justicia pueden trabajar de forma conjunta en un proceso de reequilibrio. Cuando esta unión de poderes actúa, la persona que sufre el poder de la Torre y su destrucción, siempre tuvo una alternativa a esa destrucción, pero si esa alternativa fue rechazada, entonces la fuerza conjunta golpeará a la persona.

La fuerza de la Torre siempre estará equilibrada. Cuanto más hayas intentado hacer lo correcto, menos grave será el impacto de la Torre. La lección que te enseña la Torre es que siempre puedes reconstruir las cosas. Nunca se te cargará con más de lo que puedas soportar: la Torre puede empujarte al límite de lo que puedas soportar, pero nunca lo sobrepasará. Si puedes permanecer entre las ruinas de la destrucción sin rendirte, sino empezando la reconstrucción poco a poco, entonces la Estrella, la siguiente carta en la secuencia de Arcanos Mayores, hará su aparición.

Una vez que tu determinación inicia el proceso de reconstrucción, entonces comienza la fase de aprendizaje de la Torre. ¿Puedes echar la vista atrás y ver qué decisiones y acciones te condujeron al desastre, sin intentar echar las culpas a los demás? Una vez que seas capaz de hacer eso, entonces habrás aprendido de verdad la lección, y esa calamidad concreta no volverá a visitarte nunca más en toda tu vida. Es posible que las circunstancias que te condujeron al desastre sí vuelvan a visitarte, para poner a prueba tu voluntad, y si eres capaz de darte cuenta, comprender tus malas decisiones del pasado, y no repetirlas, entonces el patrón corrector de la Torre se disolverá.

Cada persona tiene una forma de aprendizaje única y personal a través de su vida y su destino. Cuando ves a la Torre golpear a los demás, no puedes juzgarlos y decir que se lo ganaron a pulso: solo puede hacerlo la propia persona. Y no todas las calamidades ocurren por culpa de la Torre. Es importante entender que los desastres provocados por la Torre suelen ser autoinfligidos de alguna forma: tú contribuiste a que sucediera.

Esto no está limitado a las decisiones emocionales, sino a las del día a día también. Vivimos en un mundo moderno dominado por la psicología, el pensamiento religioso y las emociones: esos son los cristales a través de los cuales interpretamos los hechos que nos rodean. En Occidente, y cada vez más también en Oriente, los deseos y las libertades de las personas se consideran de suma importancia. Esto provoca que se nos libere de la exclavitud colectiva y la profunda

3. Significados de los Arcanos Mayores

injusticia que ha prevalecido tanto en la historia de las personas, pero también conlleva la autorresponsabilidad.

La naturaleza es causa - efecto sin emociones y sin atender a condiciones atenuantes, y cuanto más nos alejamos de la naturaleza, menos entendemos esto. Un buen ejemplo es la situación en la que nos encontramos actualmente, con la pandemia del Covid-19. Podemos ver la pandemia con perspectiva y decir que fue causada por nuestra interacción con los animales, el medio ambiente y la naturaleza: nuestra Torre colectiva. Pero a nivel individual hay también muchas Torres personales construidas por las malas decisiones o la toma de riesgos innecesarios. En nuestro moderno mundo de excesivo confort y protección y con muy pocos peligros aparentes, nuestra capacidad de tomar decisiones se ha debilitado enormemente.

Por ejemplo, hay gente atrapada en países remotos debido a los confinamientos destinados a limitar la infección. No pueden coger un vuelo para salir del lugar que estaban visitando. Hay casos de personas con cáncer, en tratamiento con quimioterapia, que se quedan sin medicación y están atrapados en sitios insalubres y sin poder recibir ayuda de nadie. Estas son situaciones propias de la Torre, en las cuales su vida está en grave peligro. Si pillan el virus o se quedan sin medicación, es muy probable que no lleguen vivos a casa.

Si dejamos de un lado las emociones y miramos a las acciones personales exclusivamente en términos de causa y efecto, lo que podrás ver, tristemente, son las Torres autoimpuestas. No es muy inteligente visitar un país en desarrollo si eres una persona de mediana edad, o incluso anciana, y encima tienes cáncer y dependes de una medicación para seguir vivo. Hacer ese viaje mientras que un país próximo se ha confinado debido a una epidemia causada por un virus virulento y altamente contagioso, es extremadamente insensato.

La gente se ha vuelto muy complaciente en lo que respecta a su libertad y a su confort. No piensan en todo lo que podría salir mal, así que no toman decisiones inteligentes, y en caso de decidirse a asumir el riesgo, tampoco se preparan para el peor escenario. Ellos quieren hacer el que podría ser el último viaje de sus vidas, igual para ver algo que siempre desearon, y esa es la justificación emocional que puede provocar a la Torre.

A la naturaleza y el destino no les importan tus emociones, se preocupan de tus acciones. Y esto puede sonar duro y crítico, pero no lo es. Es la fría y dura realidad, y esto es precisamente lo que nos trae la Torre, una dosis de fría y dura realidad. Puede que esta sea una pequeña advertencia que nos enseñe a no ser estúpidos, pero si ignoramos esos avisos, entonces las señales de advertencia se irán haciendo cada vez más grandes hasta que escuchemos.

Yo misma he recibido mi ración de Torres a lo largo de mi vida. Me han enseñado mucho, no solo sobre la causa-efecto, sino también sobre mi propia resiliencia. En cada ocasión he recogido los pedacitos y he comenzado de nuevo, para tomar otra decisión diferente, pero también mala, que me ha pegado un buen coscorrón. Yo era de las que aprendían despacio. Pero cada visita de la Torre me dió algo: conocimiento sobre el destino y variedad de acciones, y conocimiento sobre mi misma y mi propia estupidez. También me enseñó que puedo sobrevivir a lo que sea que la vida me depare, ya sea autoinducido o no. Y la enseñanza de la supervivencia es el mayor regalo que nos puede proporcionar la Torre.

Significado esotérico

En la imaginería de la Torre, esta está representada portando una corona de oro. La Torre es golpeada por un rayo de luz que la destruye, por sus ventanas salen llamas y caen personas.

3. Significados de los Arcanos Mayores

La corona es nuestra propia soberanía. Cuando olvidamos que somos parte de un profundo y poderoso patrón de la creación, nos volvemos egocéntricos y solo pensamos en nosotros mismos. Nos creemos controladores de nuestro propio destino, creemos ser nuestro propio dios, y nuestros deseos y necesidades se convierten en los motores de nuestra vida. Como magos, independientemente de la corriente de magia en la que estemos involucrados, ese pensamiento es una insensatez tremenda que tarde o temprano hará que nos enfrentemos a la Torre.

Un camino místico/mágico que coloca al individuo en el centro del mundo, el individuo como presencia divina, es uno de los caminos más profundos y duros a realizar sin caer en un ego inflado que acabe provocando al poder de la Torre. Y esa es la lección de ese duro camino.

Para muchos magos de varios sistemas mágicos, la lección de la Torre es el aprendizaje por la vía dura. Cuanto más avanzas en el aprendizaje mágico, más aprendes sobre el mundo, sobre lo que hay detrás del velo, y sobre quién eres tú en tu parte más profunda. Cuanto más aprendes de la experiencia, más sabrás cual es la diferencia entre lo que realmente está bien de lo que está mal, en contraposición con lo definido por la moralidad de nuestra cultura. Cuando llevas a cabo una acción sabiendo que está mal, desencadenarás el patrón del destino que provocará una conclusión y un aprendizaje. Este es el filo de la espada por el que caminarás como mago adepto, y cuanto más sepas, más fina será la hoja de la espada, y más profundo será el corte si te caes. Cuanto menos avanzado estés en los Misterios, cuanto menos sepas, menos tendrás que perder. La auténtica inocencia es la única cosa que protege frente al aspecto mágico de la Torre.

Pero esta dinámica mágica funciona igual que la dinámica mundana. La Torre no te destruye: destruye la parte de tu vida o de tu magia que esté construida sobre arena. Destruye la fantasía narrativa con la que te hayas rodeado a ti mismo, y te mantiene en un lugar desde el que puedas ver los frutos de tus actos y tus decisiones. Entonces te pregunta, "¿lo has pillado?". Si es así, si abandonas todo rastro de autoengaños como el victimismo o la ignorancia, y te enfrentas a la dura realidad, entonces el destino te sacudirá el polvo de encima, te dará un vaso de agua, y te dirá: " ¡bien, entonces no lo vuelvas a hacer!"

La voluntad de afrontar el desastre, de aprender la lección, y de aceptar tu parte de culpa en la provocación de ese desastre, te dará acceso a través de las puertas del desarrollo mágico, a la siguiente etapa del poder mágico. No puedes gestionar el poder verdadero de forma adecuada a menos que lo comprendas, y a menos que te entiendas a ti mismo de verdad. Para comprender dicho poder, necesitas ser plenamente consciente de su gran fuerza por si esta se vuelve contra ti. En esto consiste la Torre: en la versión destructiva del poder. El autoconocimiento se consigue cuando te encuentras frente a las ruinas de tu propia vida, y sabes que nadie te puede ayudar salvo tú mismo: tú solo te metiste en el lío, ahora debes salir de él por ti mismo. Tal situación supone un giro importante en tu autodesarrollo mágico. Pasas de preguntar "¿Por qué permitió Dios que esto ocurriera?" a decir " Esto ha sido una estupidez por mi parte, no debería volver a hacer eso". Sin ese cambio de pensamiento no se llega a la maestría en magia, sino que se queda uno siendo un aspirante a mago.

> Yo tuve que aprender. Durante toda mi vida. De la forma más dura. Y la vía dura lo es bastante, pero no tanto como la vía fácil.
>
> — Granny Weatherwax[1]

---

[1]Pratchett 1993, p. 356. Nota de la traducción: Yaya Ceravieja en las obras en español de Pratchett.

3. Significados de los Arcanos Mayores

17 La Estrella

PALABRAS CLAVE

La calma después de la tormenta, esperanza, semilla, autosuficiencia. Orientación divina, navegación, primer paso, concepción.

La Estrella es esa pequeña pero poderosa luz que brilla en la oscuridad y que guía tu camino. Cuando estás entre las ruinas del desastre, o te has enfrentado a pruebas tan devastadoras que sientes que estás sumergido en la oscuridad más profunda, y te has mantenido tan íntegro como es humanamente posible en tal situación, entonces es cuando la luz de la Estrella comienza a brillar.

Cuando has visto y reconocido tus fallos, debilidades, y el papel que tuvistes en tu propia caída, cuando te encuentras tú solo junto al borde del precipicio sin demostrar emociones y mirando fijamente a la oscuridad que hay frente a ti, y no te acobardas, entonces la Estrella aparecerá y te indicará el camino seguro. Debes recorrer ese camino tú solo, pero la Estrella iluminará tus pasos para que no caigas en el Abismo.

La Estrella también es la mensajera que anuncia el fin de la tormenta. Te dice que no serás puesto a prueba de nuevo hasta que estés listo, hasta que te hayas recuperado y hayas reconstruido y reforzado tus cimientos. La Estrella es un periodo de reconstrucción, de reenergizarse, de renovación y reformas. La Estrella no cargará contigo, ni te mimará, pero te proporcionará un paso seguro, un santuario para el cuerpo y el alma, y el tiempo y el lugar para reagrupar tus recursos, energías y necesidades. La Estrella te dará todo el tiempo que necesites, siempre que estés decidido a aprender de las experiencias pasadas y a seguir hacia adelante solo, para convertirte de verdad en el dueño de tu destino.

17 La Estrella

Es una carta de esperanza, de respiro, descanso, renovación y renacimiento. Es el regalo que se recibe una vez las lecciones de la Torre han sido aprendidas. Puede aparecer en una lectura para decirte que lo peor ya ha pasado, o para decir que se han plantado las semillas de algo que florecerá en el futuro, como una idea o un protecto. Puede indicar concepción, o la llegada de un camino distinto que te llevará en una dirección diferente. pero sobre todo, el mensaje de la Estrella es que tu sufrimiento ha sido reconocido, tu voluntad de seguir con el camino adelante se ha reconocido, y que los poderes del universo están respondiendo a eso iluminando tu camino de forma que puedas seguir adelante sin perderte.

SIGNIFICADO MUNDANO

Cuando esta carta aparece en una lectura sobre un tema mundano, te dice que respires hondo, independientemente del tipo de pregunta. No importa lo mala que sea una situación, ya que hay una luz al final del túnel. También puede decir que la decisión o la acción que estás considerando, a largo plazo dará muy buenos frutos. Puede que los comienzos sean difíciles, y que el camino sea largo, pero cuando avances en ese camino podrás ver que el destino habrá colocado regalos que te cambiarán la vida. Dependiendo de la pregunta, y de la posición en la que caiga esta carta, puede estar anunciando la concepción de un hijo, el comienzo de un nuevo ciclo de fortuna o destino, o la lenta recuperación de la salud y el equilibrio. Es la carta de la una de la madrugada, el comienzo del nuevo día que sucede durante la oscuridad de la noche.

SIGNIFICADO ESOTÉRICO

La carta de la Estrella está estrechamente relacionada con la Templanza. Usa imágenes similares de la portadora de agua, pero en

3. Significados de los Arcanos Mayores

lugar de verter el agua de una vasija a otra, la Estrella vierte el agua tanto en el manantial como en la tierra, manteniendo un pie en el agua y otro en la tierra. Es muy probable que esto esté relacionado con el agua fresca que aparece en los textos funerarios del Antiguo Egipto. El agua fría y el pan nutritivo se dan a aquellos que han superado algunas de las pruebas del Duat.[1]

En la carta de la Estrella se puede ver una pequeña montaña con un árbol sobre ella, y sobre las ramas del árbol hay un pájaro de pico largo. He estado viendo la carta de la Estrella durante años, sin darme cuenta del mensaje poderoso y silencioso que se ve al fondo de la carta. El pájaro del árbol es el pájaro Benu,[2] que sería el equivalente al Fénix griego. El árbol sobre el que está el pájaro es un sicomoro o árbol Ished. El agua fría se vierte para refrescar tanto la tierra como el lago por una diosa. Todas estas imágenes vienen de la mitología egipcia y están muy presentes en los libros egipcios conocidos como El Libro de los Muertos[3] y El Libro de las Puertas.[4]

Benu es el pájaro de la nueva vida y el renacimiento, y es el mensajero que anuncia las buenas cosas que van a llegar. Aparece muy frecuentemente en los textos funerarios, una vez el alma ha superado algunas de las pruebas más terribles, ha sobrevivido y comienza a caminar hacia el amanecer. El Benu aparece en la oscuridad más profunda, justo antes de que comience el largo camino hacia la luz. También es el pájaro que anuncia el nacimiento de la creación del mundo a partir de la piedra Benben que surge de las aguas. El pájaro Benu está muy conectado con Osiris, que fue hecho pedazos, descendió al inframundo, fue reconstruido y en el amanecer renació como la deidad solar conocida como Re.

---

[1] El Duat es el inframundo egipcio, el reino de los muertos.
[2] Benu, viene del verbo egipcio *wbn* que significa brillar o elevarse.
[3] La traducción académica al inglés más reciente del Libro de los Muertos es Quirke 2013.
[4] Para una traducción mágica con comentarios sobre el Libro de las Puertas, ver Sheppard and McCarthy 2017.

17 La Estrella

El sicomoro también aparece en los mismos textos funerarios como el árbol que también es la diosa Hathor en sus conexiones con las estrellas.[1] La diosa en su forma de árbol ofrece agua fresca para el alma limpia que ha pasado algunas de las pruebas del Duat, permitiendo al alma que se regenere y descanse antes seguir avanzando hacia las grandes pruebas que le esperan en el camino para elevarse con el sol al amanecer, y por tanto hacia la renovación.

El gran objetivo del alma que se eleva con la barca solar de Re, es el de convertirse en *una de las estrellas*, los Justificados. Es la imagen perfecta para esta carta, junto con la diosa que vierte agua en el lago y en la tierra, y la nueva y brillante estrella que brilla sobre las demás. Es una forma muy inteligente de usar la imaginería egipcia para transmitir significados ocultos a aquellos que tengan ojos para ver.

La imaginería colectiva de la Estrella nos habla sobre el significado esotérico profundo y en capas que hay en esta carta. El Ermitaño y su lámpara, alumbrada por una estrella, continúa en soledad el camino en la oscuridad, para enfrentarse a las pruebas que hay ante él. Tras esas pruebas, la estrella ya no es la sabiduría y la cosecha del adepto, sino que el adepto mismo se *convierte en la estrella*.

Cuando esta carta aparece en una lectura mágica te dice que las nuevas semillas comienzan a crecer. Esas semillas florecerán y crearán nuevos caminos en el destino, o darán lugar a hechos que llevarán al mago al siguiente nivel de su desarrollo mágico. Es un signo en la oscuridad de que los buenos días aún están por llegar. Si el mago no se rinde, se convertirá en una versión mejorada y más evolucionada de sí mismo.

---

[1] Libro de los Muertos, capítulo 59 (ver quirke2013, p. 145)

3. Significados de los Arcanos Mayores

El pasado me pertenece, el futuro lo conozco.

¿Qué significa eso?

Hasta ayer, era Osiris. A partir de mañana, es Re en aquel día en el que los enemigos del Dios de Todo fueron destruidos y su hijo Horus fue hecho para gobernar. Dicho de otra forma: Este es el día del festival de "Nosotros Permanecemos", cuando el entierro de Osiris fué ordenado por su padre Re.

— Libro de los Muertos, capítulo 17.[1]

Y así ellos fueron vestidos con Oro;
Sus rostros en las estrellas;
Sus pies en las aguas;
Y sus mentes arrojadas al camino por recorrer.

— Josephine McCarthy[2]

18 La Luna

Palabras clave

Fantasía, oculto, creativo, oleadas, falsas ilusiones, fantasías, locura, hormonas, sigilo.

La Luna es una carta de muchas caras. Así como la Luna puede ser llena, nueva, creciente o decreciente, los significados también pueden fluir y cambiar como las mareas, tanto en su fuerza como en su significado. La carta de la Luna aparece cuando alguien no ve lo que ocurre en realidad. La persona ve las cosas bajo la luz de la luna: bajo las sombras y sin claridad. Esto puede significar cualquier cosa, desde el autoengaño y la auto ignorancia, hasta algo que es literalmente difícil de ver. Por ejemplo, si por algún motivo te estás escondiendo de

---
[1] Faulkner 1985, p. 44.
[2] Sheppard and McCarthy 2017, p. 296.

algún peligro y preguntas a las cartas si estás lo suficientemente bien escondido, la aparición de la Luna querrá decir "si, no se te ve, estás en las sombras, entre la bruma".

Significado mundano

La aparición de esta carta en una lectura mundana puede indicar la pérdida de claridad a través de la visión: no estás viendo todo lo que hay en la situación sobre la que estás leyendo. Algunas veces esa falta de claridad es como resultado de tu falta de objetividad; otras veces es debido a que hay factores que no pueden verse, que todavía se están formando, lo que hace difícil que puedas obtener una lectura clara.

La carta de la Luna también puede aparecer en temas de salud si hay algo que está ocurriendo, pero que aún no es visible, o que no está completamente formado. También puede referirse a los ciclos hormonales de las mujeres.

Cuando la Luna está rodeada de cartas negativas, puede indicar enemigos ocultos, alguien que en apariencia es amable y positivo, pero que a tus espaldas está haciendo lo posible para hacerte daño.

La Luna también puede indicar inestabilidad mental o una enfermedad mental que puede afectar al sujeto de la lectura. Por ejemplo, si estás haciendo una lectura para saber si una persona determinada es adecuada para cubrir un puesto de trabajo, y la Luna tiene un lugar prominente en su lectura, es probable que esa persona tenga problemas mentales, independientemente de lo segura de sí misma o equilibrada que parezca. Si las cartas y el resultado de la lectura son positivos, entonces esa enfermedad no afectará de forma negativa a su trabajo, pero debes ser consciente de lo que hay por si consideras adaptar la forma de trabajo a su enfermedad. Si la lectura está rodeada por cartas desastrosas, entonces es probable que esa persona no sea adecuada para el puesto, y que la presión de ese puesto de trabajo pueda empeorar su enfermedad.

Dos de los significados importantes de la carta de la Luna son las fantasías y el autoengaño. Todos hemos experimentado esas situaciones en algún momento de nuestra vida: estamos convencidos de que algo está bien, cuando no lo está, y a menudo cuando volvemos la vista atrás nos damos cuenta de que lo que ocurrió es que queríamos que aquello estuviera bien, con lo que no fuimos capaces, o no quisimos ver la dura realidad. Todos nos hemos enamorado de la persona equivocada y no hemos querido escuchar a esa pequeña voz que nos advertía. Así funciona la Luna.

Algunas veces estamos atrapados en fantasías debido a una buena razón. Cuando estemos realmente listos y seamos capaces de gestionar la verdad, entonces el sol saldrá y acabará con las sombras de la Luna, para que por fin podamos ver con claridad y aprender de eso.

La Luna también puede anunciar una fase creativa, cuando se hace buen uso de las fantasías de la Luna para crear arte, literatura, música, etc. La Luna es la patrona de los artistas, y su poder fluye a través nuestro para crear cosas bellas y sobrenaturales. Dependiendo de la pregunta, y del sujeto de la lectura, la Luna puede indicar una fase creativa o la llegada de un trabajo.

Significado esotérico

El significado esotérico de la carta de la Luna tiene muchas caras, de igual manera que el significado mundano. La Luna en el Árbol de la Vida cabalista, se corresponde con Yesod, la novena sefirá, que en sí misma incluye muchas capas, y cuyos significados son básicamente los mismos.

18 La Luna

La Luna tiene el poder sobre las mareas: las mareas del mar, el ritmo de la cría y la procreación, las hormonas y la mente/imaginación. Debido a esto, la Luna puede representar a tribus o líneas de sangre en lecturas mágicas. El significado de la carta de la Luna en las lecturas esotéricas es el de su aspecto "oculto".

La Luna oculta las cosas, hace que no sean visibles a primera vista. Sea lo que sea, está ahí, pero la luz es tan mala, que sólo puedes ver sombras. El poder de la Luna a nivel mágico se puede usar para ocultar cosas, o confundirlas entre las sombras. De igual manera, si intentas ver algo con claridad en una lectura, y aparece la carta de la Luna, entonces significará que sea lo que sea que estés buscando, estará ahí, pero no puedes verlo porque aún no se ha manifestado, y por eso permanece oculto, o bien que algo ha sido escondido con magia.

Cuando algo se está creando, ya sea un patrón del destino mágico, o algo que se ha construido mediante la magia, en primer lugar es visualizado o imaginado. La estructura interior se construye en primer lugar, y una vez está lista, se puede expresar en el mundo físico. Si la estructura interior no está lista, es difícil verla, tanto en visión como con una lectura de cartas, ya que todavía está en una fase de formación. En ese caso la carta de la Luna aparecerá para decirte: "hay mucho fluyendo en lo que estás intentando ver, por lo que no podrás verlo".

Personalmente creo que si por algún motivo hay algo que no debas ver, la carta de la Luna aparecerá como resultado de tu lectura. A menudo es debido a un mecanismo de protección, para evitar que reacciones o actúes de alguna manera que podría ser perjudicial o bien para esa situación o para ti mismo, así que en ese caso la Luna impide que puedas ver algo, de forma que no puedas responder a esa situación.

3. Significados de los Arcanos Mayores

También hay una dinámica mágica en la que "si no miras, ellos no pueden verte". Algunas veces lo mejor es simplemente confiar en lo que sea que estés trabajando, y pasar desapercibido. En esos casos la Luna aparecerá en las lecturas.

Si como mago estás estudiando los efectos potenciales de un trabajo o proyecto mágico, y la Luna tiene un peso importante en la respuesta, entonces, dependiendo de la pregunta, y de la posición en la que haya aparecido la carta de la Luna, esta podrá estar bloqueando que puedas ver la respuesta, o podrá estar haciéndote una advertencia de que ese trabajo podría afectar a tu estabilidad mental. La Luna está directamente conectada con la salud mental y el autoengaño. Así que si aparece en una tirada, ve con cuidado. Quizás debas centrar tu pregunta en una pregunta específica, como por ejemplo "¿Cómo afectará este trabajo a mi salud mental y física durante los próximos meses o años?"

En algunas ocasiones la carta de la Luna me ha indicado literalmente una "luna llena", cuando la lectura trataba de adivinar un plazo de tiempo para una determinada acción. La Luna llena tiene un gran poder sobre las mareas de todo tipo, no solo las marinas, y por lo tanto puede ser utilizada para iniciar acciones mágicas u homeopáticas. Cuando la luna está llena está al máximo de su poder, y se puede usar para energizar lo que sea que estés haciendo.

La mayor parte de las veces, tanto en lecturas mágicas como mundanas, la aparición de la carta de la Luna debería hacer al lector parar, reflexionar y reconsiderar cuidadosamente la idoneidad de la acción o actividad sobre la que se esté consultando.

La ciencia moderna dice: "El sol es el pasado, la tierra es el presente, y la luna es el futuro". Hemos nacido de una masa incandescente, y volveremos a una masa congelada. La ley de la naturaleza es despiadada, y nos dirigimos hacia nuestra condena de una forma rápida e incontenible.

— Nikola Tesla[1]

19 El Sol

Palabras clave

Éxito, logro, favor, expansión, ganar status, consecución exitosa.

El Sol es el epítome del éxito ganado mediante el trabajo duro, constante, y la determinación. El Camino de Hércules que sube por la Montaña de la Adversidad te llevará a tus límites, pero cuando el Sol aparezca, todos tus errores, las dificultades, los pasos en falso, y sobre todo, tu persistencia, habrán merecido la pena. Alcanzarás el Sol y disfrutarás de su gloria.

La carta del Sol aparece en las tiradas cuando estamos a punto de recoger el fruto de nuestro trabajo, cuando todos nuestros esfuerzos y nuestra persistencia están a punto de recompensarlos con el éxito que necesitamos. Y digo que necesitamos, no el que queremos. Algunas veces nuestras expectativas son demasiado elevadas o demasiado bajas con respecto a lo que queremos como resultado, pero el Sol nos da el éxito que necesitamos para seguir caminando hacia adelante, para evolucionar, para ser alimentados y para ser reconocidos.

Significado mundano

Cuando el Sol aparece en una lectura sobre algo mundano, nos habla de consecución y de éxito. Es un gran "sí" en caso de que hayas

---
[1]Tesla 2001.

3. Significados de los Arcanos Mayores

hecho una tirada de si o no. Por ejemplo, si has preguntado sobre una entrevista de trabajo o un examen y aparece el Sol como carta que da el resultado, entonces te estará diciendo que tendrás éxito.

En función del contexto también puede representar cosas como el calor, la fiebre, o una sequía. En una lectura sobre un tema de salud puede indicar inflamación o fiebre. ¡Demasiado calor en el cuerpo no es bueno!

Una cosa con la que hay que tener cuidado, es que si el Sol aparece en una lectura sobre tu futuro, y debido a que pienses que el éxito está garantizado, bajas la guardia o dejas de trabajar, entonces el Sol se convertirá en la Luna: el autoengaño. El éxito se consigue con el esfuerzo mantenido hasta el momento de la finalización de un proyecto, un evento o una situación. Si no es así, las nubes taparán el Sol.

De hecho este es un riesgo habitual con la adivinación. Las cartas responden a preguntas en función del camino que actualmente estás caminando, y en caso de que sigas igual. Si de forma drástica cambias tu camino, dejando de soportar la presión de un esfuerzo sostenido, entonces estarás cambiando el resultado potencial de tus acciones. Toma la aparición del Sol en una lectura como la aparición de una animadora que te anima durante el último kilómetro de tu carrera.

Significado esotérico

El hijo del Sol porta una corona de flores, está montado a lomos de un caballo blanco, y sostiene una bandera. Al fondo está el Sol observando, y debajo del Sol hay un jardín y un muro. Hay mucho significado esotérico interesante dentro de esa imagen tan simple, y una vez más, como ocurre con otros Arcanos Mayores, se basa en conceptos de las culturas persa, egipcia, y la Cábala.

19 El Sol

El hijo del Sol representa la idea del sol joven que acaba de salir de la oscuridad. Podemos ver a este tipo de deidad solar de varias formas dentro mundo antiguo, como por ejemplo en el dios egipcio *Heru-pa-khered* o Hours el Joven, el niño Mitra surgiendo de una roca, y las deidades Helios y Apolo.

De forma similar, en el mundo antiguo los caballos se consideraban particularmente especiales, y eran los corceles de los dioses, los reyes y los profetas. Un par de ejemplos los encontramos en el espíritu del caballo blanco al-Buraq que a sus lomos portaba al profeta Mohammed al cielo, siendo capaz de ir y volver en una sola noche,[1] o los caballos Neseos del imperio Persa que eran de un color blanco puro y que estaban reservados para los reyes y los dioses.[2] Los caballos blancos tiraban del carro solar de la deidad Mitra, y los celtas de las Islas Británicas también consideraban a los caballos blancos como espíritus animales muy poderosos. A día de hoy, en la magia aún se trabaja en visión con estos seres, ya que son guías y compañeros para aquellos magos que se adentran a explorar los mundos que hay más allá de nuestro mundo físico.

El tema del sol victorioso y el caballo blanco está muy arraigado en la mitología de alrededor del mundo. El muro del jardín con las flores que aparece en la carta del Sol probablemente esté relacionado con la idea mística del jardín amurallado del Edén: el Paraíso. Este símbolo colectivo forma parte del recurrente tema que se puede ver en los Arcanos Mayores de la baraja: la evolución del mago a través del Camino de la Adversidad que sube por la Montaña que llega al sol: el ascenso místico. El mismo tema se encuentra a menudo oculto en los grimorios de los siglos XV y XVI, en los cuales los rituales planetarios parecen ser el trabajo mágico fundamental, pero una vez investigas y

---

[1] *Hadith* vol 5, libro 58: *Merits of the Helpers of Medinah*, no. 227.
[2] Olmstead 1948, p. 25.

3. Significados de los Arcanos Mayores

vas más allá de lo visible a primera vista, encuentras oculta también esa dinámica mágica del ascenso.

El mensaje de esta carta, en una lectura esotérica, es similar al de una lectura sobre un tema ordinario: representa el éxito y la consecución de algo. Sin embargo, mientras en en una tirada sobre algo mundano habla del éxito terrenal y físico, en una lectura mágica en la mayoría de las veces hace referencia al éxito místico o mágico. El camino del Iniciado se está convirtiendo en el camino de Adepto.

En las tiradas esotéricas, hay otro tema representado por el Sol, la ira y la destrucción de una deidad solar. Si la carta está rodeada de cartas destructivas, y el resultado es malo, entonces puede estar haciendo referencia al poco conocido y mal interpretado aspecto del sol que es la Ira Divina. Esta faceta destructiva tiene una larga y profunda tradición en nuestra herencia neolítica colectiva, y seguramente era la causa de los sacrificios humanos que se ofrecían al sol de manera generalizada hasta alrededor del año 3000 a.C. Se pueden encontrar restos de esta faceta destructiva del sol en la antigua historia egipcia del Ojo de Re, y en la destrucción de la humanidad conocida como el Libro de la Vaca Sagrada.[1]

> Oh tú Sol, envíame tan lejos de la tierra como sea mi deseo y el tuyo, y que yo pueda conocer hombres de bien, a los malvados en cambio, que no llegue a conocerlos, ni ellos a mí.
>
> — Apolonio de Tiana[2]

---

[1] Hornung 1999, p. 148.
[2] Phillimore 1912.

20 El Juicio

PALABRAS CLAVE

Decisión, culminación, resolución, conocerse a uno mismo, autorresponsabilidad, juicio, recuperar el equilibrio.

La carta del Juicio suele causar miedo en la gente, sobre todo, si la persona ha crecido en una cultura en la que se cree en la idea del juicio final, tal y como sucede en la mitología cristiana. Se asocia esta carta con la muerte y con el juicio de Dios. Sin embargo esta carta tiene capas de significado mucho más profundas, tanto a nivel mundano como esotérico.

La carta del Juicio representa la culminación de un ciclo del destino, donde las decisiones, acciones y eventos concluyen en la finalización de algo. Una vez ha llegado ese fin, la vida sufrirá un cambio, que puede ser para bien, para mal, o ser una mezcla de las dos cosas. Una de las dinámicas más importantes de esta carta es la de conocerte a ti mismo. Como te juzgues a ti mismo es mucho más importante que como te puedan juzgar otros a ti en lo que respecta a la culminación de algo. Una vez hayas sobrevivido al trauma de la Torre y te hayas colocado bajo la luz de la Estrella, entonces llegará el tiempo de examinar tus pasos y acciones posteriores, y de rebuscar entre los escombros de la Torre para saber qué ocurrió y por qué.

No todos los juicios son malos, algunas veces la conclusión de un evento que viene anunciada por la carta del Juicio es algo bueno. Recogemos lo que hemos sembrado, y dejando de un lado el ego, podemos echar la vista atrás y ver dónde aportamos algo de valor. La conclusión nos trae los frutos de ese trabajo y sopesa nuestras necesidades y nuestro esfuerzo. Lo que sea que necesitemos será dispuesto en nuestro camino de forma que tengamos los

3. Significados de los Arcanos Mayores

recursos necesarios de cara al nuevo camino del destino por el que empezaremos a caminar.

Significado mundano

En lecturas sobre algo mundano, esta carta puede aparecer cuando se ha tomado o hay que tomar una decisión importante. La carta del Juicio no trata sobre cambios provocados por el destino, sino sobre aquellos provocados por nuestras propias decisiones, como por ejemplo, un matrimonio, un divorcio, una mudanza, o un cambio de trabajo. También puede aparecer cuando vamos a ser juzgados en un juicio. Si las cartas que rodean al Juicio son buenas, y a esta carta le siguen también cartas buenas, entonces el juicio se inclinará a nuestro favor. La carta del Juicio también puede anunciar el fin de un ciclo que fue iniciado por la Rueda de la Fortuna. La cosecha de ese ciclo, tanto si es buena como si es mala, será sopesada por el universo o por los poderes del destino. Se te darán o arrebatarán cosas para equilibrar tu balanza, de forma que puedas iniciar un nuevo ciclo. El truco aquí es aceptar ese juicio y el resultado, aprender las lecciones, tanto si son buenas como malas, y avanzar. Es importante aprender a no juzgarte a ti mismo con demasiada dureza o demasiada indulgencia, sino a valorar tus acciones pasadas dejando de lado las emociones, y aprender de ellas, aceptar lo que se ha conseguido de esas acciones, y después avanzar con un sentimiento de renovación.

Si el juicio o el cambio que llega es duro, siempre habrá un regalo oculto en esa dificultad: alguien que te ayuda, una guía, cobijo, o compasión. En realidad no es un castigo, sino un aprendizaje, si prestas atención verás que te llega aquello que necesitas recibir para aprender y avanzar en ese aprendizaje. En cambio, si el juicio o el cambio producido es especialmente bueno, siempre habrá alguna pequeña cosa que será negativa, para recordarte sobre la fragilidad humana. No caigas en una actitud demasiado complaciente. Disfruta de los frutos de tu trabajo, pero sabiendo que no siempre será todo así de bueno, y que si tomas malas decisiones, los resultados serán muy distintos.

Significado esotérico

La carta del Juicio está estrechamente conectada con la de la Justicia, y con el concepto egipcio del equilibrio conocido como Ma'at. La carta de la Justicia valora tu cosecha y la pesa, y la carta del Juicio decide qué acto del destino será necesario para equilibrar esa cosecha. La cosecha son las acciones de nuestra vida, y los temas de la cosecha, la balanza y el equilibrio han desempeñado un papel fundamental en la mayoría de tipos de magia durante milenios.

La cosecha de los actos es cribada, lo que sería como decir que aquellas acciones más importantes, ya sean buenas o malas, que nos aportan un desarrollo y aprendizaje muy valiosos, se separan de aquellas acciones que no generan ningún aprendizaje. Esas acciones cosechadas y cribadas se sopesan con el puro equilibrio, y ningún humano tendrá una balanza de su vida totalmente equilibrada. Esta es una versión inferior a la de las escalas y el pesaje en el Inframundo.

Si al pesar los actos hay un déficit, la Rueda del destino comenzará a girar para desencadenar eventos en tu vida que te den la oportunidad de mejorar tu cosecha. Si lo que ocurre es que hay un exceso, la Rueda del destino te dará la oportunidad de distribuir ese exceso. Este proceso, desde una perspectiva esotérica, es lo que se refleja en la carta del Juicio.

Podemos generar ese proceso en nuestra vida actual realizando el pesaje y el cribado de nuestras acciones nosotros mismos, revisando nuestros actos pasados y la respuesta que dimos a los mismos, y viendo qué fue lo que aprendimos de valor, y lo que fue una pérdida de tiempo. Haciendo eso nosotros mismos lo que conseguimos es que el proceso interior no necesite desencadenarse. Cuanto más desarrolles esos profundos procesos interiores y los lleves a tu propio ámbito de influencia, más aprenderás sobre el poder, la evolución, y sobre ti mismo.

También es conveniente tener en cuenta que esto no va de actos buenos y actos malos, sino sobre los que son necesarios y los que no lo son. Va sobre el orden, no sobre el caos. Algunas acciones destructivas son necesarias y son parte del orden, y si se realizan con total conocimiento de esa necesidad, sin emociones, autointerés o autoengaños, pueden ser acciones que conducen a algo positivo. Esta puede ser una idea difícil de digerir para aquellos que han crecido en una cultura en la que solo cuentan las acciones buenas, donde lo único importante es la felicidad y la juventud. Es lo que yo conozco como la magia de Disney, donde la luz y el amor son lo único que importa. La luz constante mata tanto como la oscuridad total. Detrás de las cartas de la Justicia y el Juicio se encuentra el profundo poder esotérico del equilibrio puro, y en que actuemos de forma que nuestro objetivo mientras ascendemos por la Montaña de la Adversidad sea el de conseguir el equilibrio puro. Esto provoca que maduremos a nivel mágico, y la evolución tanto de nosotros mismos como de aquello a lo que estamos conectados. Y esto genera una buena cosecha de acciones que serán cosechadas y recogidas en la balanza de Ma'at.

> Muchos de los que viven merecen la muerte. Y muchos de los que mueren merecen la vida. ¿Puedes devolvérsela? Entonces no tengas prisa por dispensar la muerte en un juicio, ya que ni el más sabio puede ver todos los finales.
>
> — J. R. R. Tolkien[1]

---

[1]Tolkien 2005, ch. 2.

21 El Mundo

Palabras clave

Culminación, el yo, satisfacción, oportunidad, seguridad, estabilidad, prestigio.

"El mundo está a tus pies". Este podría ser un dicho perfecto para representar la carta del Mundo. El Mundo nos habla de una lucha victoriosa contra tu propia ignorancia y tus debilidades, tu supervivencia a lo que la Torre y el Diablo te trajeron, y tu introspección y determinación para reconstruir, para triunfar a pesar de todas las dificultades. Todos esos problemas fueron pesados y cosechados por el Juicio, y a cambio recibiste el Mundo.

Significado mundano

Cuando esta carta aparece en una lectura mundana, representa el mundo del sujeto de la lectura. Puede representarte a ti mismo en una lectura personal, y también puede representar tu hogar, tu mundo, tu trabajo, tus intereses, y todo lo que conforma lo que tú eres y lo que haces.

También puede indicar éxito, y la seguridad y la satisfacción que de este se deriva. Cuando aparece esta carta en una lectura, está diciendo que tu mundo está bien, que no importa que te preocupes, ya que tus cimientos, tu mundo, es sólido.

En una tirada de si o no, el Mundo es un gran sí, un éxito que no será pasajero. Si aparece en una lectura sobre la salud, y se usa la tirada de la salud, indicará que todo está correcto y sano en la parte del cuerpo que esté representada por la posición en la que caiga esta carta. Si aparece en la carta que indica la conclusión, significará que se goza de una muy buena salud.

3. Significados de los Arcanos Mayores

En función de la pregunta, la carta puede indicar que la persona o el sujeto de la lectura está protegido hasta cierto punto. En las imágenes de la carta del Mundo, las cuatro criaturas sagradas[1] rodean a la figura central, como si fueran guardianes. Si en lo que respecta al patrón de tu destino, estás donde debes estar, y haciendo lo que debes hacer, entonces es posible que recibas algún tipo de protección. Es uno de los regalos del destino.

En algunas ocasiones la carta puede tener un significado literal. Me he encontrado con que la carta del Mundo en numerosas ocasiones me estaba hablando de mi jardín, o de los terrenos que me rodean. Es conveniente saber esto si estás haciendo una tirada para encontrar algo o a alguien perdido: el Mundo puede indicar que están en casa, o cerca de casa. Están en su mundo.

Significado esotérico

Los significados mundanos se pueden aplicar en una lectura esotérica, aunque la carta del Mundo tiene connotaciones mucho más profundas. Puede significar, de forma literal, el regalo del mundo. A lo largo de las varias etapas del desarrollo mágico somos sometidos a un proceso de pulido. Llega un tiempo en la vida y el desarrollo del adepto en el cual a este se le presenta una elección, la del Juicio. Puedes bajarte de la rueda de hámster que es la vida, y continuar tu viaje en el Inframundo, o puedes elegir tomar un descanso, dejar de lado la profundidad de los patrones mágicos, y llevar una vida normal durante una temporada. Esa vida es la que está representada por el Mundo: eliges la vida, y como parte de esa elección, tendrás que ser capaz de recoger todas tus habilidades mágicas, tus patrones, y guardarlos. Es algo parecido a una hibernación, pero también es como el caldero de la regeneración.

---

[1]*Revelación* 4:6-8.

21 El Mundo

Esta es una etapa importante en la evolución mágica de una persona. ¿Puedes juntar todo lo mágico y permitir que fluya a través de lo mundano? ¿Puedes convertirte en magia? Ese es el momento en el cual el mago deja de realizar actos mágicos específicos, pero deja que su magia y que la magia del universo, fluyan de forma espontánea como parte de su vida cotidiana. El Mago está en el centro de la carta del Mundo: rodeado por una soga trenzada, como una orla.[1] Indica protección, eternidad, el ciclo solar, y los límites del mundo. En las cuatro esquinas están las cuatro criaturas sagradas, los ángeles guardianes, y en el centro está el mago místico, o El Que Se Desarrolla, y que sostiene dos varas: el poder en la vida y en la muerte.

El significado más profundo de la carta del Mundo es que el mundo, como la conciencia activa que es, te acepta como mago o místico, y te protege.

Durante tu vida estás en el jardín,[2] caminando a través de lo mundano, haciendo cosas mundanas, mientras que todo el poder del universo fluye a través de ti para producir los cambios necesarios. Este es el momento en el cual te conviertes en uno con el mundo. No vives en el mundo, tú eres el mundo. Hay muchos entresijos mágicos a explorar dentro de ese concepto!

En una lectura esotérica puede tener el mismo significado que en una lectura mundana, pero también te estará diciendo que sea cual sea la situación o la acción sobre la que estés leyendo, es parte del orden de tu mundo. Está bien, es equilibrada, y es como debería ser.

---

[1] El shen del Antiguo Egipto es un símbolo formado por una cuerda ovalada con los extremos anudados, también conocido como cartucho, y que proporciona una protección circular al nombre del rey, que va dentro de ese círculo, quedando protegido y asociado con el sol.

[2] El paraíso metafórico.

3. Significados de los Arcanos Mayores

> Debemos cerrar nuestros ojos e invocar una nueva forma de ver, una vigilia que es un derecho de nacimiento, pero de la que solo unos pocos hacen uso.
>
> — Plotino[1]

---

[1] O'Brien 1964, p. 42.

4. Los Arcanos Menores

Mientras los Arcanos Mayores nos hablan de los poderes o energías principales y de los principios de la humanidad, el destino y el avance, los Arcanos Menores nos hablan de las idas y venidas de los asuntos del día a día y sobre cómo se manifiestan esos poderes.

Los significados de los Arcanos Menores son simples, y van directos al grano, aunque pueden tener distintos matices en función de cada tarotista. A lo largo del tiempo te darás cuenta de que ciertas cartas tienen significados especiales para ti, que parecerán contradecir los significados oficiales. Esto es normal a medida que cada tarotista desarrolla su propio lenguaje interno. Esto sucede no deseando que una carta signifique otra cosa distinta, o ignorando las advertencias más directas, sino que sucede cuando una carta aparece de forma repetida en determinadas circunstancias. Si guardas un registro de tus lecturas, y las revisas pasado un tiempo, podrás ver patrones de comportamiento emergiendo de determinadas cartas.

Los Arcanos Menores, además de sus significados individuales, también tienen características generales, determinadas por los elementos y los números. Si te quedas atascado en el significado de una carta en particular, céntrate en los significados del elemento y del número de la carta para entender qué es lo que esa carta está tratando de decirte. A continuación tienes un desglose de esas características:

4. Los Arcanos Menores

Elementos

Aire

Frío, aliento, palabras, espada, este, comienzos, tormentas, inteligencia, aprendizaje, guerra táctica, objetivos, enemigos, conocimiento, magia ritual.

Fuego

Calor, el bastón o vara mágica, creatividad, futuro, sur, inteligencia, destino, desarrollo, sabiduría, lucha honrada, inspiración, medicina, ira, magia chamánica.

Agua

Inmaterial, recipiente, oeste, cambiante, emociones, sueños y visiones, algo que se desvanece, peleas, espíritu, intuiciones, psíquico.

Tierra

Solidez, escudo, norte, depósito, sustancia, habilidades prácticas, anclaje, pasado, enterrado, ancestros, crecimiento, enredo, conflicto, magia natural.

Números

Cada número tiene una cualidad o un significado adivinatorio. Entender el significado de los números te permitirá expandir tu comprensión del significado de una carta.

As

Los ases son poderes que intermedian entre los Arcanos Mayores y Menores. Estas cartas son más importantes que el resto de Arcanos Menores, pero no son tan importantes como los Arcanos Mayores. Un as da más poder a las cartas que lo rodean, y enfatizan la fuerza del elemento al que representan. Por ejemplo, el As de Bastos trae mucho elemento fuego a una situación: esto podría ser bueno, o malo.

Dos

Es un número de polaridad, conflicto, y poderes equiparados que se equilibran entre ellos. Es un poder de dualidad, de conversación y de acciones polarizadas.

Tres

Es un número de acción, donde la polaridad de dos produce un tercero. Tanto si esta acción es buena o mala, genera algo, y por lo tanto es un número que habla de producir algo.

Cuatro

Es un número de estabilidad, donde los cuatro elementos y las direcciones se unen en equilibrio. No se crea ni se destruye nada, simplemente es. Por lo tanto el cuatro es un número de inmovilismo y paralización del tiempo.

Cinco

Es el número de la humanidad y de las dificultades. El número de los retos diarios que hay que superar para sobrevivir y prosperar.

Seis

Es el número del pasado, de las memorias, las herencias, y de cómo el pasado afecta al presente y al futuro.

Siete

Es el poder de la evolución de la mente y el alma, el número del autodesarrollo y del proceso de maduración.

Ocho

Es el número del despertar divino, de hechos que nos despiertan, nos sacan del sopor diario y nos hacen querer buscar significados más profundos.

Nueve

Es el número de la causa y del efecto, donde nuestros hechos pasados, para bien o para mal, desencadenan actos en nuestro presente y nuestro futuro, de manera que quizás aprendamos. "Por sus frutos les conoceréis"

Diez

Es el número de la conclusión del círculo, donde el ciclo del destino en el que estamos llega a su fin. El refrán del número diez es "esto también pasará"

Espadas: aire, este

As de Espadas

Ley, enemigo, conflictos, cambio difícil, gran responsabilidad, pérdida.

Dos de Espadas

Ofrecimiento pacífico, amistad que se desarrolla con un antes enemigo, debate contencioso pero productivo, discusión intelectual, escritura.

Tres de Espadas

Divorcio, separación, ruptura de alguna cosa, enemigo, desilusión, conflicto, pérdida.

Cuatro de Espadas

Enfermedad, agotamiento, retirada, reclusión, necesidad de silencio y descanso, espera.

Cinco de Espadas

Retrasos, incumplimiento o fallo temporal, calmarte tras una batalla, peleas, descrédito, pérdida de reputación, prueba de determinación, no ceder ante la derrota.

Seis de Espadas

Recorrido, viaje inesperado, alejarse de las dificultades, dejar atrás el pasado, viajar por el agua, guardar el conocimiento en un lugar seguro para el futuro.

4. Los Arcanos Menores

Siete de Espadas

Evitar el desastre, intervención divina, ayuda de un espíritu, estrategia exitosa, ayuda legal, necesidad de reforzar la seguridad del hogar.

Ocho de Espadas

Atrapado, enemigo, miedo a actuar, la indecisión empeora una situación, encarcelamiento, enfermedad pulmonar, injusticia, acoso, calumnias, lucha contra la adversidad, tomar acciones que alivian una situación.

Nueve de Espadas

Odio, ataque, enemigo, sospechas, pena, sufrimiento, dolor.

Diez de Espadas

Derrota, colapso, la oscuridad que precede al amanecer, tocar fondo, pérdida total, sufrimiento intenso.

Sota de Espadas

Luna nueva, niño difícil, enemigo secreto, comunicaciones secretas, hostilidad oculta.

Caballo de Espadas

Persona joven en la que no se puede confiar. Persona sin emociones pero que aparenta normalidad, tiene intenciones dañinas, es manipulativa y tiene malas intenciones. Puede ser violenta y despiadada.

Reina de Espadas

Mujer de mente fuerte, territorial y combativa, de aguzado sentido jurídico, impasible y muy inteligente, egoísta, centrada y que puede convertirse en un enemigo devastador.

Rey de Espadas

Abogado u hombre de autoridad en leyes, el ejército, en educación superior o en tecnología digital. Puede ser alguien de ayuda o un enemigo en función de la situación. En el papel de persona que ayuda, esta persona lo hará porque lo considerará su deber. Como enemigo, no parará hasta haberte destruido o hasta que se destruya a sí mismo.

Bastos: fuego, sur

As de Bastos

Inicio creativo, inspiración, éxito, respuesta inmune, guía, calidez, superar las dificultades, la llama única, una puerta.

Dos de Bastos

Dificultades creativas o en los negocios, debates y colaboración, discusiones emocionales que al final son productivas, equilibrio de poder.

Tres de Bastos

Buena suerte, avanzar un proyecto de la idea inicial a la ejecución, unos buenos fundamentos, recursos creativos.

4. Los Arcanos Menores

Cuatro de Bastos

Interacciones sociales, felicidad, amistad, se junta todo lo que es necesario desde un punto de vista creativo.

Cinco de Bastos

Superar diferencias creativas o en los negocios, obstáculos que pueden ser fácilmente superados con pensamiento crítico y reflexión.

Seis de Bastos

Victoria, éxito después de las dificultades, llegar a un feliz compromiso. Tener precaución con la autocomplacencia.

Siete de Bastos

Cuidar tu tierra, mantener tu crecimiento, no rendirse ante adversidades, la determinación al final conduce a la victoria, enfermedad menor.

Ocho de Bastos

Comunicación, velocidad, inspiración, aprendizaje rápido, explosión de energía, fiebre leve.

Nueve de Bastos

Desgaste en la batalla, dificultades, problemas, advertencia sobre deshonestidad, injurias, traición.

Diez de Bastos

Cargas, retirada, retroceso, abandonar un conflicto, problemas, fiebre intensa, cargas energéticas que deben ser asumidas, compartir cargas.

Sota de Bastos

Buenas noticias financieras o creativas, comunicación favorable, estudiante creativo y con potencial, el comienzo de un proyecto escrito, primer cuarto de luna, hadas, el sol naciente.

Caballo de Bastos

Persona joven, de personalidad creativa, abierta y honesta, a veces puede ser inestable, un sólido y buen amigo, adolescente e inexperto, amante caprichoso o inconstante, de temperamento fiero cuando le presionan, personalidad competitiva.

Reina de Bastos

Mujer. Maestra, pensadora influyente, artista creativa, madurez y sabiduría que provienen de la experiencia, sinceridad, temperamento volátil que puede llegar a ser peligroso si se cruza con algo.

Rey de Bastos

Hombre familiar, hombre de negocios, confiable y de ayuda, pero que puede ser peligroso si se enfada, una persona con poder propio de la que se puede aprender, una persona con experiencia que dará consejos, profesor.

4. Los Arcanos Menores

Copas: agua, oeste

As de Copas

Felicidad, amor, sanación, buen resultado.

Dos de Copas

Amistad, asuntos amorosos, felicidad, mejor amigo, comunicación feliz o agradable, conexión con la naturaleza.

Tres de Copas

Satisfacción, realización, felicidad tras concluir algo, éxito creativo y reconocimiento.

Cuatro de Copas

Estabilidad emocional en la vida cotidiana actual, puede indicar complacencia emocional, puede ser una advertencia para no dar por seguro el amor de los seres queridos.

Cinco de Copas

Inseguridad emocional o inmadurez, debilidad emocional, pesimismo infundado, decepción emocional, no ver las cosas con claridad. El amor está, pero no se ve.

Seis de Copas

Amabilidad, inocencia, idealismo, recuerdos felices, acontecimientos pasados, ingenuidad.

Siete de Copas

Glamour, no ver el auténtico tesoro que tienes delante de ti, habilidad psíquica, el comienzo de una aventura, despertar mágico.

Ocho de Copas

Sobrecarga emocional, salir de la zona de confort, el comienzo de la Cruzada en Solitario, insatisfacción con la vida o con las relaciones, buscar lo desconocido.

Nueve de Copas

Seguridad emocional, buenos presagios, temporada satisfactoria, paz.

Diez de Copas

Felicidad, satisfacción, realización, éxito después de la adversidad, paz, amor duradero, celebración.

Sota de Copas

Luna llena, amor o apoyo, carta, niño dulce, nuevo proyecto que necesita protección, ideas creativas.

Caballo de Copas

Persona joven muy emocional, puede deprimirse fácilmente, crea mucho drama, romántico y poco realista, artístico y musical, tendencia a mentir para manipular a los demás.

Reina de Copas

Mujer dócil y tierna, llora con facilidad, amorosa y pasiva, le gustan las cosas bonitas, puede ser un poco cerrada de miras, irreflexiva y rencorosa cuando se cruza.

Rey de Copas

Hombre de buen corazón, a menudo soltero, artístico, puede ser religioso, o tener un cargo religioso, como un sacerdote, en ocasiones puede ser muy emocional, pero es generoso y tiene un buen corazón.

Oros: tierra, norte

As de Oros

Éxito material, ganancias financieras, solidez, fundamentos, un bloqueo en el camino que te protege, sustancia, ancestros, escudo, fortaleza física.

Dos de Oros

Equilibrio entre el dinero que entra y el que sale, necesidades financieras no excesivas, mantener el equilibrio, ayuda cuando es necesaria, mover las cosas hacia adelante, satisfacciones sencillas, acción/reacción, equilibrio de poderes, manteniendo la integridad física, dar y recibir.

Tres de Oros

Empleo, trabajo, productividad que trae ganancias económicas, crear algo físico (una escultura, arte, muebles, o un libro), trabajo físico que produce algo, proposición laboral o de negocios.

Cuatro de Oros

Seguridad financiera, puede indicar exceso de cautela o acumulación o acaparación, comida o fiesta familiar, estabilidad.

Cinco de Oros

Pérdida, dificultad financiera pero sin llegar al desastre, pérdida de energía física, dificultades que se pueden superar, esfuerzos.

Seis de Oros

Cobrar deudas, recibir pago por un trabajo realizado, pagar tus deudas, la balanza se equilibra, préstamo que hay que pagar, disputas financieras.

Siete de Oros

Satisfacción, finalización de un trabajo o proyecto, ganancias del trabajo duro, mejora de la situación financiera, un regalo inesperado o extraordinario.

Ocho de Oros

Artesanía, talento artístico, dominio de un arte o artesanía que trae prosperidad, un trabajo bien pagado, los frutos de un trabajo, autodesarrollo práctico.

Nueve de Oros

Felicidad, satisfacción, recursos, fructificación, embarazo, buena cosecha, ganancias materiales derivadas de un esfuerzo pasado, seguridad, un regalo.

Diez de Oros

Crecimiento excesivo, gran regalo, coagulación, propiedad, recursos a largo plazo, recursos que lastran.

Sota de Oros

Cuarto menguante, carta o mensaje sobre asuntos financieros, niño fuerte, nuevo crecimiento, jardín, pequeño obsequio.

Caballo de Oros

Persona joven muy trabajadora, que no se enfada con facilidad, que no es creativa y que disfruta de los placeres físicos, puede ser pasivo-agresivo y abusivo cuando alguien le enfada.

Reina de Oros

Madre tierra, mujer acaudalada, prefiere la familia y cuidar de su jardín antes que socializar o a su carrera profesional, puede ser posesiva y dominante, le gusta controlarlo todo, protege fuertemente a su familia, no es fácil de presionar, es muy práctica y estable y dispone de una serena confianza.

Rey de Oros

Hombre de provecho, trabaja en las finanzas o agricultura, es digno de confianza y muy trabajador, maduro y sabio, protege lo suyo y no espera ser desobedecido.

5. Interpretación

> Feliz es la persona que ha aprendido la causa de las cosas y que ha puesto bajo sus pies todo el miedo, el destino inexorable, y las ruidosas luchas del infierno de la codicia.
>
> — Virgilio[1]

Interpretar una lectura del tarot no es tan fácil como al principio pueda aparentar, y es normal que la gente se pase años practicando con el tarot e intentando entender lo que están viendo, lo que puede llegar a ser bastante frustrante. Espero que este capítulo ayude a la gente a evitar parte de esa frustración. Si comprendes el proceso, y cómo enfrentarte a él de la forma adecuada, serás capaz de desarrollar unas sólidas habilidades adivinatorias que podrás aplicar no solo al tarot, sino también a otras formas de adivinación. Solo recuerda que el tarot es una verdadera forma de arte, y como todas las artes, requiere de tiempo, paciencia, y mucha práctica.

Vocabulario

Lo primero que hay que tener en cuenta, es que el tarot tiene un vocabulario que está limitado a setenta y ocho cartas o significados. Imagina que tuvieras que transmitir a alguien un mensaje importante, y en ocasiones complejo, y que para ello únicamente dispusieras de setenta y ocho palabras diferentes. Esto puede ser una ardua tarea, y cuanto más complejo sea el tema en cuestión, más difícil será. Cada palabra deberá tener más de un significado, y para descodificar tu mensaje, el lector tendrá que

---

[1] Durant 1928, p. 138.

5. Interpretación

adivinar el significado de cada palabra en función del contexto del asunto, de la pregunta formulada, y del resto de palabras.

Enfrentarse al tarot como si este fuera un código o un puzzle hace que tus procesos de pensamiento se alejen de lo conversacional, y se acerquen hacia un reconocimiento de patrones, lo que te permitirá hacer uso de un pensamiento lateral y creativo. La clave es ser neutro en tus interpretaciones, y no dejar que tus emociones sean las que generen esos significados, cosa de la que hablaremos un poco más adelante.

Para poner un ejemplo, vamos a pensar en una imagen que transmite los siguientes conceptos: embarazo, pies, pequeño, fragilidad, confort, y nuevos comienzos. Yo usaría la imagen de unos patucos de bebé. Vamos a ver el tipo de preguntas donde esa imagen concreta proporcionaría una respuesta definida:

- "¿Estoy embarazada? "¡Patucos!" Sí, lo estás.

- "¿Cuál es la causa de la enfermedad de mi cuerpo?" "¡Patucos!" Mira a tus pies: algunas veces un pequeño corte puede desencadenar una infección que puede pasar desapercibida.

- "¿Soy lo suficientemente fuerte como para hacer este trabajo?" "¡Patucos!" No, tu energía es frágil, como la de un bebé.

- "¿Qué sería mejor para mí, quedarme en esta situación, o cambiar a una nueva situación?" "¡Patucos!" Será mejor tomar un nuevo camino. (Bebé/nuevo/pies/camino).

- "¿Encontraré a mi gato en un edificio grande o pequeño?" "¡Patucos!" En uno pequeño.

- "¿Debería quedarme en la gran compañía para la que trabajo, o aceptar la oferta de la pequeña startup?" "¡Patucos!" Acepta la oferta de la startup (bebé/nuevo/pequeño).

Vocabulario

Con estos ejemplos puedes ver como una sola imagen puede ser utilizada para dar respuesta a una gran variedad de temas siendo lo suficientemente específica como para ser útil. Así es como básicamente funciona la adivinación por medio del tarot. Algunas barajas están diseñadas para ser específicamente difusas o vagas, de forma que solo actúen como un catalizador de los pensamientos del lector de cartas, y algunas barajas son lo suficientemente específicas en sus significados como para ser útiles para la adivinación.

La baraja tradicional del tarot, la Rider-Waite, está en un término medio entre esos dos puntos. Una de las razones es porque la Rider-Waite se diseñó con dos objetivos: la adivinación mediante las cartas y la exploración esotérica. Algunas veces los dos diferentes vocabularios se solapan, lo que puede ser de ayuda al hacer una lectura difícil, pero otras veces puede dejar al lector sumido en la confusión. Es muy importante que comprendas las dinámicas que operan a través de la adivinación, ya que eso cambiará la forma en la que abordas la interpretación y la comprensión.

La mejor forma de aprender el vocabulario, es conocer las cartas. Sácalas, ordénalas por familias, observa las imágenes y los números y conoce sus personalidades. Echa un vistazo a todo libro que venga incluido con una baraja, y fíjate en las imágenes. Elige una palabra clave o dos para cada carta en función de la información que tengas, y escribe esa palabra clave en la carta (o en un trozo de cinta adhesiva pegado a ella). Aprender los significados de cada carta es similar a la forma en la que un niño aprende a leer, reconociendo palabras de una en una, y sin quizás poder leer la frase entera a la primera. No te líes con los aspectos místicos o mágicos de la carta, de momento comienza con aprender los significados más superficiales.

El tarot y la adivinación en general pueden ser como muchas cosas de la vida: al principio son desalentadoras y terroríficas, pero una vez comienzas a desarrollar la habilidad y empiezas a aprender de tus propias experiencias, te das cuenta de que no todas las cosas malas son realmente tan malas. Aprender el tarot es como aquel niño que por primera vez comienza a hacer algo por sí mismo. Puede ser estresante y al principio cualquier cosa puede parecer una amenaza. Pero a medida que aprendes a interpretar, te sentirás más cómodo con tus lecturas, y podrás verlas, descifrarlas y leerlas como haces cualquier otra cosa de tu día a día.

Elegir una baraja

A la hora de elegir una baraja, no te dejes seducir por las más llamativas. Las cartas repletas de símbolos, letras y números raros pueden emanar un halo de misterio muy tentador, pero también pueden ser cartas totalmente inservibles para la adivinación.

Yo hago a mis estudiantes comenzar con la baraja Rider-Waite, porque tiene suficiente simbolismo esotérico (alguno del cual está oculto de forma muy inteligente) además de un número suficiente de imágenes mundanas como para hacer de ella una baraja útil pero sin que sea demasiado fácil. Los aprendices tienen que trabajar mucho para encontrar el sentido a las cartas, lo que les ayuda a desarrollar sus habilidades interpretativas y les enseña a detectar patrones coherentes. Una vez dominan la base, pueden comenzar a trabajar con otras barajas.

Si te sientes atraído por barajas no tradicionales, insisto en que no te dejes seducir por el trabajo artístico de las barajas. Algunas de ellas son preciosas, pero son totalmente inservibles dado que no incluyen ningún tipo de conocimiento mágico. Otras están tan sumergidas en la psicología que también son totalmente inútiles. A la hora de decidirte por una baraja u otra piensa en su vocabulario. ¿Dispondrá esa baraja de un vocabulario amplio y coherente?

Antes de adquirir los conocimientos necesarios para diseñar mis propias barajas con imágenes útiles, solía hacer mis propias barajas usando tarjetas en blanco en las que escribía palabras clave. Cada carta tenía un color y una palabra clave, y en alguna ocasión un dibujo garabateado. Trabajar con una baraja de ese tipo me enseñó a centrarme en los significados sin perderme en el glamour de las imágenes y es un excelente ejercicio que deberías probar.

La visión limitada del tarot

Una vez has entendido las limitaciones que hay al intentar comunicar y descifrar un mensaje usando solo setenta y ocho palabras, tienes que entender también cómo funciona la adivinación. El cerebro humano puede procesar información a una velocidad increíble, y estamos tan acostumbrados a eso que ni siquiera pensamos en la cantidad de información que recibimos y procesamos en un solo segundo o a lo largo del día, ni de dónde procede esa información. Comprender este proceso te ayudará a saber cómo abordar la adivinación.

Digamos que en la calle ves a una mujer mayor que se ha caído y está en el suelo: de repente tu atención se centra. Tus ojos la miran a ella y a lo que hay alrededor: ¿La empujó alguien, o se cayó? ¿La está ayudando alguien? ¿La vas a ayudar tú? Decides que la vas a ayudar, y que para eso tienes que cruzar una carretera con mucho tráfico. Tus ojos y oídos están atentos a las señas que los coches que se aproximan te transmiten, calculas si van muy rápido y cuál será el momento adecuado para cruzar.

A medida que te aproximas a la mujer mayor puedes oír que habla de forma incoherente, y te preguntas si tendrá demencia o habrá sufrido un accidente cerebrovascular. Pero cuando te acercas a ella lo suficiente notas que huele a alcohol, a sudor, suciedad y orina. Tu cerebro decide que es una alcohólica que se ha caído y no se puede

5. Interpretación

levantar. Alguien ha llamado a una ambulancia, y no hay nada más que puedas hacer, así que te vas.

En esa escena has usado tus ojos, tus oídos y tu nariz para obtener información, y tu cerebro ha estado muy ocupado ordenando, cruzando información, analizando y generando decisiones, todo mientras cruzabas una calle repleta de gente y coches. Tu cerebro tomó una decisión social y emocional basada en la empatía, la responsabilidad social, la causa y el efecto, y lo sopesó frente a la necesidad y el comportamiento social.

Los varios "sensores" de tu cuerpo captaron una gran cantidad de información que fue procesada e interpretada para generar una conclusión o resultado.

Más tarde lees en el periódico que una mujer con cáncer terminal que había quedado fuera del sistema de salud y protección social, ha muerto en la calle. Era esa mujer. Lees un emotivo reportaje que cuenta cómo esta mujer, al no poder permitirse el tratamiento médico, había caído en el alcoholismo para mitigar el dolor. Su viejo corazón ya no fué capaz de soportar más el alcohol y el cáncer, y murió sola, con dolor, sobre el charco de su propia orina en medio de una transitada calle.

Tu cerebro procesa esa información y comienza a reconsiderar sus conclusiones iniciales. Empiezas a preguntarte qué habrías hecho si hubieras sabido toda la historia, y te cuestionas lo que hicistes en esa situación. Esto es lo que suele ocurrir en los sucesos cotidianos. Esta historia te habrá parecido un poco larga e irrelevante, pero tiene mucho que ver con el tarot, y a continuación te explico la razón.

El tarot trata sobre las historias de la gente, y en cómo nos aproximamos a esas historias. Sin embargo, cuando usas una baraja del tarot, aunque puedes ver el presente, el pasado y el futuro (a diferencia de en la escena de la mujer en la calle) no tienes ojos,

La visión limitada del tarot

ni orejas, ni nariz, ni un cerebro procesando toda la información que recibe. Tu cerebro solo tiene setenta y ocho imágenes que transmiten un significado limitado.

Y así es como funcionan todas las "visiones internas": cuando tienes una visión del futuro, solo estás viendo una parte de él, tienes una visión limitada. Plantéatelo de esta forma: Imagina que hay una pared entre la situación de la mujer en la calle y tú. El muro tiene un par de agujeros por los que puedes mirar, pero solo te permiten ver una parte de lo que está ocurriendo. No puedes tocar, oler, sentir ni oír. Solo puedes ver. Así es como funciona la habilidad psíquica, y también es así como funciona el tarot.

Pero con el tarot puedes hacer más agujeros en el muro. Por eso la adivinación mediante las cartas, algo que puedes entrenar, es una habilidad mucho más útil que confiar únicamente en tu "visión interior" psíquica natural.

La visión interior te proporciona una fotografía instantánea de un hecho, pero el tarot te permite explorar esa foto para obtener más información. Una vez tienes una foto borrosa de una situación, como por ejemplo, la de la mujer en el suelo, puedes usar el tarot para obtener más información, realizando preguntas clave y usando tiradas específicas.

Podrías preguntar: "¿Estará bien la mujer en caso de que no la ayude?" No. "¿Está enferma la mujer?" Si. Entonces puedes preguntar: "¿Se está muriendo?" Si. En ese caso podrías preguntar: "¿Le hará bien si me siento a su lado y me quedo con ella mientras se muere?" Si. Obviamente, no vas a poder hacer una serie de lecturas del tarot en medio de una situación en la calle, pero espero que entiendas lo que estoy intentando explicar: El Tarot, usado de la forma correcta nos puede proporcionar una gran cantidad de información bastante detallada.

5. Interpretación

A medida que adquieras experiencia en la lectura de cartas, o que experimentes visiones o recibas destellos de inspiración, aprenderás a interpretar lo que estás viendo usando tu experiencia pasada así como la lógica, el análisis, y la regla de oro que dice que la explicación más sencilla suele ser la correcta. Es mucho más fácil hacer esto para otros, ya que de esta forma no estás involucrado emocionalmente en el resultado de la lectura. Cuando tratas sobre un asunto propio, es más fácil perder los papeles debido a las emociones. Por ejemplo, si las cartas dicen "ve más despacio, te vas a poner enfermo, quizás una infección leve", tu parte emocional dirá "¡Pandemia! ¡Oh Dios mío, vamos a morir todos!" Supongo que con este ejemplo lo entiendes mejor.

La primera vez que una persona se acerca al tarot, se encuentra sobre un terreno nuevo e inexplorado, y normalmente se deja llevar por sus emociones, dejando de lado las duramente conseguidas habilidades de análisis y valoración. Comprender el proceso de la interpretación del tarot sirve para dejar de lado esa emotividad que no sirve para nada, pasando a desarrollar un proceso por el cual esa nueva habilidad se unirá a las habilidades de análisis y valoración de las que actualmente dispones. En el capítulo dedicado a la interpretación de tiradas veremos ejemplos prácticos de lecturas y las diferentes formas de interpretarlas, y entre ellas las interpretaciones generadas por el pánico y sobre lo que puede salir mal.

Toma nota y aprende

Me introduje en la lectura del tarot cuando era joven, en la década de los 70, pero llegó un momento en el que necesitaba aprender de verdad sobre el tarot. Pedí ayuda en voz alta, y a los pocos meses alguien me dijo: "las cartas son mucho más complicadas de lo que te imaginas. Si quieres aprender de verdad, anota cada lectura importante que hagas.

Cuando ocurra el hecho sobre el que has preguntado, consulta tus anotaciones y verás que es lo que las cartas te estaban intentando decir".

Este fué el mejor consejo que podía haber recibido, y así comencé a tomar nota religiosamente de todas las lecturas que iba haciendo. Y como no, los hechos sobre los que yo había leído, solían suceder de una forma distinta de la que yo esperaba según mi interpretación de las cartas: las cartas me estaban enseñando significados que no estaban en el pequeño librito de interpretaciones que usaba por referencia, las cartas tenían significados paralelos. Las cartas siempre acertaban. Lo que fallaba era mi capacidad para interpretarlas.

Continué leyendo y anotando, reflexionando y tomando notas durante años. Lentamente construí un vocabulario más amplio, a medida que cada carta me iba revelando sus varios significados. Algunas cartas parecían tener significados exclusivos para mi como lectora de cartas. De forma gradual, las cartas y yo encontramos una buena forma de comunicarnos. Y aún, casi cuarenta años después, sigo con el mismo proceso, ya que es algo que nunca acaba, más especialmente ahora que diseño mis propias barajas, las cuales se alejan del formato de tarot tradicional. Es algo parecido a encontrarse con viejos amigos, y volverlos a conocer poco a poco, ya que distintas partes de su personalidad se van mostrando de forma gradual.

Te recomiendo que te hagas con un cuaderno, y escribas y/o fotografíes todas las lecturas importantes que realices. Apunta la fecha, y sobre todo, escribe la pregunta exacta, tal y como la planteastes. Anota también tu interpretación. Una vez los hechos sobre los que has preguntado se desarrollen, revisa tus notas cuidadosamente. Tómate el tiempo necesario para reflexionar sobre cada carta, y compara tu interpretación con cómo se desarrollaron

5. Interpretación

los hechos en realidad. Esto te enseñará más de lo que podrá nunca enseñarte un curso de tarot online.

Cómo formular una pregunta adecuada

El primer obstáculo de una buena interpretación del tarot son las preguntas mal formuladas. Si se hacen preguntas abiertas y vagas, las respuestas serán también abiertas y vagas.

Cuando alguien nos pregunta algo, procesamos una gran cantidad de información extra para poder entender a qué se está refiriendo realmente, lo que nos facilita la tarea de dar una respuesta adecuada. De la misma forma que en la escena de la mujer que vimos en el apartado anterior, el cerebro, que es una máquina alucinante, completará la información que falta por nosotros. Puede encontrar significados dentro de un batiburrillo de datos, y usar la lógica y la experiencia para llegar a una conclusión final.

Cuando usas el tarot, no disponemos de ninguno de esos procesos. Volvemos a la limitación del vocabulario y a la limitación que nos pueda suponer la pregunta. Cualquiera que haya preguntado algo a algún sistema de inteligencia artificial, sabrá de lo que hablo.

Aquí tienes otra analogía. Imagina que un valioso anillo ha caído en un pequeño estanque y necesitas recuperarlo. Si le dices a alguien: "hay algo valioso en un estanque, por favor, sácalo de ahí" y no le das más detalles, entonces esa persona se arremanga, se mete en el estanque y empieza a rebuscar. El estanque está algo turbio y no puede ver, así que tiene que ir a tientas. Esa persona no sabe lo que has perdido, si es grande o pequeño, blando o duro, y empezará a preguntarse qué sería para él algo valioso. Igual dirá que por ejemplo, una cartera. Mete sus manos en el agua turbia y a revolver entre los sedimentos esperando encontrar algo que al tocarlo parezca una cartera. Tocará rocas, guijarros, hojas, grumos de barro, cosas pequeñas y otras más grandes, pero nada que se le parezca a una cartera. Después de un rato, desiste.

Si en lugar de eso le hubieras dicho, "se me ha caído un anillo en el estanque, ¿Lo puedes sacar?"entonces esa persona se hubiera centrado en sentir o tocar algo pequeño con forma de anillo. Al meter sus manos en el lodo, habría ido directo al fondo, buscando tocar cosas pequeñas y de forma redondeada, sabiendo que debe ir con cuidado y ser delicado. Seguramente hubiera sacado con las manos el lodo del fondo del estanque y lo hubiera puesto en el suelo, para poder revisar si el anillo estaba ahí. Al final es posible que lo acabara encontrando.

Con el tarot sucede lo mismo, independientemente de si preguntas por algo o por alguien, necesitas preguntas concretas para obtener respuestas claras. Trataremos el tema de ese algo o alguien más adelante: de momento nos centraremos en ver cómo deben estar estructuradas las preguntas. Veremos los errores típicos que se producen a la hora de formular preguntas, solucionar el problema averiguando qué es lo que realmente quiere saber el consultante, y después trabajaremos para saber cómo debe ser la pregunta.

Análisis de la formulación de una pregunta

Pregunta incorrecta: "muéstrame mi vida en general"

¿Que quiere saber realmente esa persona? ¿Quiere saber sobre su vida entera? ¿Sus relaciones? ¿El trabajo? ¿El autodesarrollo? ¿Sobre eventos concretos? Digamos que la persona quiere saber sobre los eventos más importantes que ocurrirán en su vida durante el próximo año.

Pregunta correcta: "Muéstrame las cosas más importantes que es posible que me ocurran durante los próximos doce meses"

5. Interpretación

La pregunta inicial era demasiado abierta, y conduciría a una lectura que hablaría del resto de la vida de esa persona. La pregunta correcta da un límite de tiempo, y concreta más, ya que pregunta por los eventos más importantes. Normalmente las cosas que más nos inquietan, y para las que necesitamos estar preparados es para las cosas inesperadas. Con una buena tirada podremos tener un resumen general que nos indicará los eventos más importantes, y además en qué áreas de nuestra vida se manifestarán: trabajo, relaciones, salud, etc. Una vez identificada el área de tu vida que será afectada por ese evento importante, puedes hacer lecturas más concretas para obtener más información. La pregunta planteada también usa la palabra "posible". Esto hace que en la lectura se muestren no sólo los eventos que están fijados por el destino, sino también aquellos que es posible que ocurran si continuamos con nuestra vida tal y como tenemos en mente. Si recibimos advertencias con tiempo suficiente, podemos cambiar esos eventos potenciales. Hablaremos del destino fijo y el potencial en un capítulo posterior.

Pregunta incorrecta: "¿Estoy enfermo?

Lo que realmente se quiere saber es si esa persona tiene cáncer (o algún otro tipo de enfermedad que le preocupe).

Pregunta correcta: "¿Tendré una enfermedad cancerígena activa en mi cuerpo en los próximos doce meses?"

De nuevo la pregunta incorrecta era demasiado amplia, y además especificaba un tiempo muy concreto, el de ahora mismo. Esta persona está estresada porque sospecha que puede tener cáncer y necesita una respuesta clara para decidir qué hacer. Pero también podría estar incubando un catarro, o una infección menor, y la respuesta que obtendría sería un "si, estás enfermo". Dado que esa persona formuló la pregunta en base a un presente inmediato, la respuesta solo sirve para ese presente, no para dos meses más adelante, por ejemplo. Algunas veces tenemos el instinto de que algo anda mal, pero lo podemos estar percibiendo meses antes de que ocurra. La pregunta correcta se refiere a la enfermedad específica sobre la que esa persona está preocupada, y la define como "enfermedad activa": el cáncer es una mezcla rara de diferentes trastornos, todos los cuales implican una proliferación de células. Probablemente haya muchas ocasiones en las que tal proliferación de células comienza, para ser inmediatamente paralizada por nuestro sistema de defensas. El término "enfermedad activa" en la mente del lector de cartas define lo que consideramos el cáncer: proliferación activa de células cancerosas que harán que nos pongamos enfermos.

Pregunta incorrecta: "¿Me quiere?"

Lo que esa persona quiere saber es si su pareja no la dejará.

Pregunta correcta: "¿Seguirá mi pareja estando conmigo en una relación de pareja (o viviendo conmigo) de aquí a doce meses?"

Esta es una pregunta cargada de implicaciones, ya que no es siempre el amor lo que hace que una relación funcione, o que dos personas permanezcan juntas. Y esto también deja la puerta abierta a que tipo de amor se espera. Lo que el consultante quiere saber en realidad es si su pareja permanecerá junto a él/ella, con lo que el amor no tiene por qué ser parte de la consulta: puedes amar a alguien, pero puedes no querer tener una relación con esa persona. La pregunta correcta debe estar sujeta a un límite temporal, ya que las relaciones raramente duran toda la vida: la pregunta inicial era demasiado general y no tenía un límite temporal.

5. Interpretación

Algunos puntos a tener en cuenta

Para formular una buena pregunta que sirva para obtener la información que necesitas, piensa en los siguientes puntos:

1. Incluye una franja de tiempo adecuada, que no sea demasiado amplia de forma que la lectura pueda centrarse en la información más pertinente.

2. Piensa en lo importante, en el meollo de la cuestión y pregunta sobre eso: no te pierdas preguntando por detalles secundarios.

3. Piensa en lo que realmente necesitas saber de la situación propuesta.

4. Usa una tirada que te de la información que necesitas. Si necesitas una respuesta de sí o no, entonces elige una tirada sencilla que te de eso. Si necesitas una visión general, o necesitas saber las causas de una situación, entonces usa una tirada que te muestre diferentes aspectos de tu vida: el hogar, la salud, el trabajo, y demás.

5. Si una lectura te genera más preguntas de las que responde, entonces para la próxima pregunta haz un filtrado y céntrate en lo que necesitas saber.

El tiempo y sus límites

Ya hemos visto el disparate que supone realizar preguntas abiertas o demasiado generales sin indicar una franja de tiempo. En lo que al tarot concierne, el "ahora" es un fugaz segundo: así que si preguntas por algo que esté ocurriendo ahora, lo más probable es que no obtengas una respuesta acertada. En vez de eso, especifica una franja de tiempo para la cual necesites información: hoy, las próximas horas, la próxima semana, etc.

Cuando haces muchas lecturas a corto plazo, puede ocurrir que hechos pequeños pero difíciles, aparezcan representados con cartas desastrosas, lo que puede aterrorizar al lector inexperto. Cuantas más lecturas hagas sobre una cosa, más concreto será tu enfoque, y será más probable que salgan cartas importantes representando eventos pequeños pero incómodos. Si esto te ocurre, es conveniente ampliar la franja de tiempo en un par de meses. Muchas veces, el "desastre" se reducirá a una dificultad menor o se desvanecerá completamente.

También hay otra dinámica interesante en relación a la adivinación y el tiempo de la que me he dado cuenta durante los años: la adivinación te informará del siguiente gran evento o hecho que vaya a ocurrir, sin importar la franja de tiempo que hayas especificado. Por ejemplo, digamos que haces una lectura general sobre tu vida para los próximos doce meses, y aparece una carta importante. Si resulta que nada importante está predestinado a ocurrir durante estos próximos doce meses, pero en dos años va a darse un cambio muy importante en tu vida, entonces es posible que esa carta importante esté haciendo referencia a eso, incluso aunque se salga del plazo de tiempo definido en la pregunta.

Esto está claro que puede ser algo que confunda bastante, pero yo al final he sido capaz de adivinar cómo precisar qué es lo que va a ocurrir haciendo un seguimiento muy cuidadoso de la lectura. Aquí tienes un ejemplo:

Una lectura general a 12 meses tiene la carta de La Torre en una posición de "camino futuro". Esto podría significar que la Torre estará activa durante los próximos 12 meses o más allá de ese plazo de tiempo. El siguiente paso sería hacer una lectura usando una tirada que hable de los diferentes aspectos de la vida: relaciones, trabajo,

5. Interpretación

salud, recursos, el hogar, etc. La carta del 10 de Espadas cae en la posición que habla del hogar. Esa carta tiene un significado similar al de la Torre, y en caso de que el resto de las cartas de la lectura que hablan de otros aspectos de la vida sean cartas que indican que todo está bien, entonces ya tendríamos localizado el ámbito de nuestra vida donde se sucederán los problemas.

El siguiente paso es hacer una tirada de si o no con una tirada adecuada para ese tipo de pregunta. La pregunta formulada sería:"¿La Torre golpeará a mi hogar en los próximos 12 meses?". La respuesta es el 4 de Copas. Esto indica que no. En este contexto, para tener una respuesta afirmativa, debería aparecer una carta indicadora de desastre. Ahora necesitas adivinar en qué año, y después en qué mes, ocurrirá ese problema. Puedes usar una tirada para estimar en qué año ocurrirá, usando una tirada de cuatro cartas, una por año, para establecer un plazo de tiempo de cuatro años. Si la carta de El Diablo aparece en la carta que hace referencia al segundo año, siendo las otras tres cartas benignas, entonces ya sabes que el problema ocurrirá en dos años. El siguiente paso es repetir la tirada haciendo una lectura de 12 meses, usando 12 cartas, para saber en que mes de ese segundo año ocurrirá el problema. Si el destino ya está fijado (tratamos los patrones del destino más adelante), entonces podrás identificar el mes problemático. Si el patrón del destino aún no ha sido fijado, es posible que te encuentres con dos o tres meses problemáticos que ya podrás tener en cuenta. En este aspecto, el tarot vendría a ser el equivalente a hacer más agujeros en la pared de forma que puedes ver un poco mejor que hay al otro lado.

Puedes ir un poco más lejos, para entender la naturaleza de ese problema. De nuevo, si el patrón del destino ya ha sido ubicado en algún momento, será más fácil adivinar cuál será el problema concreto. Si aún no ha sido ubicado en un momento futuro, entonces será más complicado poder obtener una idea de la naturaleza exacta del problema. Esto puede hacerse con una tirada que busca las causas, con una posición para cada uno de los problemas que puedan ocurrir: un robo, un intruso, fuego, un desastre natural, etc. También incluye posiciones benignas para crear un equilibrio en la lectura. (Todas estas tiradas se encuentran explicadas en el capítulo de las tiradas.)

Un ejemplo breve de esto se dió cuando una vez un miembro de la familia tuvo un fuerte presentimiento de que algo malo iba a suceder en su casa. Esta persona hizo varias lecturas y detectó que esto venía dado por una intrusión en su hogar. Se hizo con cerraduras y pestillos extra para las puertas, comprobó las ventanas y todo lo demás. Todo parecía estar en orden, pero la advertencia seguía apareciendo en las lecturas. Una semana más tarde, salió de la casa quedando todo cerrado, y habiéndose dejado las llaves dentro. Siempre dejaba abierta una pequeña ventana de la cocina, que creía que era demasiado alta y demasiado pequeña para que nadie pudiera entrar a la casa por ahí. Dio la vuelta a la casa y fue a mirar esa ventana, y descubrió que había dejado una escalera de mano apoyada en la pared trasera de la casa. En menos de cinco minutos había conseguido entrar en la casa a través de esa ventana, y había descubierto que la lectura era correcta y que la casa no era tan segura como ella pensaba. Solucionó ese problema inmediatamente y las advertencias dejaron de aparecer en las lecturas.

Algunas veces, el punto débil que permite que algo malo ocurra puede ser tan simple como eso, y a menudo es bastante fácil solucionarlo. Y esto me conduce al siguiente apartado de este capítulo: los ciclos del destino. Comprender los ciclos del destino y cómo funcionan puede ser de gran ayuda para que el lector use el tarot de la forma adecuada. Aunque este suele ser un asunto que solo suelen tener en cuenta los esoteristas y magos, creo que es fundamental y ofrece una información muy valiosa a cualquier tarotista.

5. Interpretación

Ciclos y patrones del destino

El destino es un tema complejo, tanto que incluso ni el mejor mago que pueda haber entre nosotros será nunca capaz de comprender realmente el alcance y la complejidad del mismo. A pesar de eso, los magos han estado trabajando con los patrones del destino durante miles de años, y gracias a eso están en una buena posición para comprender al menos sus dinámicas básicas.

Un patrón del destino se forma como respuesta a una acción. Su alcance puede ser largo, complicado y amplio, o puede ser corto y simple. Un patrón del destino puede formar, cambiar, ramificar, y conectar con otros patrones del destino. Dentro de un patrón del destino a menudo hay cruces o conexiones entre un tiempo y un evento que crean lo que yo llamo "puntos calientes": una convergencia o conexión entre la energía y el potencial que pueden manifestarse en un cambio o evento importante.

Los patrones del destino suelen ser orgánicos y variables hasta el momento en que uno de ellos se ha fijado en un sitio. Una vez que eso ocurre, el comportamiento de ese patrón o evento es prácticamente inamovible. Esto puede suceder años antes de ese evento, o tan solo una hora antes. Aún así siempre hay lugar para la elección individual, incluso ante un destino totalmente fijado: cómo actúas y cómo reaccionas es lo que determina cómo llegarás a ese punto del destino: de la forma fácil, o la difícil.

También me he dado cuenta tras años de trabajar como maga y como tarotista, que a menudo la gente suele tener un destino dominante en su vida, pero dentro de ese destino, hay muchos patrones del destino que se mueven y cambian constantemente en función de las acciones y las decisiones de esa persona. Así que el destino te proporciona el camino de la vida desde A hasta B, pero como llegues al punto B puede ser de diferentes formas.

Ciclos y patrones del destino

Cuando usamos el tarot para la adivinación, lo que estamos haciendo básicamente es mirar a esos patrones del destino y a los potenciales puntos calientes. Esto nos puede mostrar las pequeñas carreteras que son atajos, los puntos muertos, los posibles baches y obstáculos del camino y las diferentes opciones de ruta que podemos tomar. A partir de ahí podemos tomar decisiones informadas: dentro de nuestro destino, nosotros decidimos qué es lo que hacemos y lo que no, y tales decisiones a menudo suelen cambiar de forma dramática el patrón del destino.

Una de las cosas que he aprendido a través de la experiencia directa con la adivinación y los patrones del destino, es que no es aconsejable tratar de evitar absolutamente todos los baches que nos podamos encontrar en el camino. Los choques, desacuerdos y pequeños problemas normalmente tienen un cometido, no sólo en relación con nuestro destino, sino porque también nos hacen madurar y volvernos más fuertes, de la misma forma que un sistema inmune inmaduro evoluciona y se fortalece a fuerza de tener que luchar con virus leves. Es conveniente enfrentarse a algunos buenos baches en el camino, sin embargo, hay otros que es mejor evitar.

Como lector del tarot, podrás obtener una idea de cuáles hay que evitar, y para cuales deberás apretar los dientes y pasar por ellos. Esto se hace ampliando el límite temporal de una lectura. Si ves un desastre potencial en el corto plazo, puedes hacer una lectura preguntando por cuáles serán las consecuencias a largo plazo (cinco o diez años) si no evitas ese desastre. Si el resultado a largo plazo es bueno, entonces seguramente lo mejor sea no evitar ese problema, y además estando ya advertido, podrás prepararte para superarlo de la mejor forma posible. Para comparar, también puedes preguntar por las consecuencias o el resultado a largo plazo en caso de hacer todo lo que esté en tu mano para evitar ese problema. Si ese resultado es mejor, entonces puede que merezca la pena intentar evitar el

5. Interpretación

problema. Pero siempre asegúrate de incluir en la pregunta el "todo lo que esté en tu mano" "o todo lo posible por tu parte" y de que estás dispuesto a hacer todo eso. Después deberás hacer lecturas para ver qué es lo que puedes hacer para mejorar los efectos de ese evento.

Puedes esquivar algunas balas, pero no podrás esquivar otras, por más que lo intentes, y cuando eso aparezca de forma clara en una lectura, al menos estarás avisado y podrás prepararte para el golpe y ser lo más proactivo posible. De esta forma lo superarás sin daños y a partir de eso surgirá el mejor patrón del destino posible. En la actualidad (2020) estamos sufriendo la pandemia de la Covid-19. En el 2019 empecé a recibir avisos de que me tenía que preparar para algo grande y malo que estaba por llegar. Por más que preguntase por el evento desde varios enfoques, o intentase averiguar qué podía hacer para evitarlo, seguía saliendo en las lecturas. Lo que quedó claro de todas esas tiradas es que debía de hacerme con un stock para tres meses de comida y otras cosas básicas, además de suficiente cantidad de medicamentos, hierbas,y mucha lejía.

En aquel momento supuse que a lo que se referían las cartas era al desastre del Brexit que comenzaba a asomar por el horizonte, ya que esto supondría no poder acceder a algunos alimentos y medicinas. En las noticias también hablaban de problemas potenciales como por ejemplo, con respecto al agua, en caso de salir de Europa sin un acuerdo. Pero las cartas no hablaban de esto, sino de la pandemia. Así que ten en cuenta siempre que puede ocurrir que no seas capaz de definir el problema exacto al que te vas a enfrentar, pero si que puedas adivinar qué es lo que necesitas para prepararte y superar ese problema. Lo más importante cuando se lee sobre algún desastre, es tomárselo con calma e intentar dejar las emociones de lado, lo que nos lleva a un tema muy importante en el tarot: las emociones.

Las emociones

Las emociones son una parte fundamental del ser humano, y nos ayudan a sobrevivir como especie. Pero en ocasiones pueden interferir en tus asuntos y obstaculizar tu trabajo si este es peligroso, o en el caso de que seas un cirujano por ejemplo. Las emociones también pueden interferir con la magia. La adivinación es una de esas áreas de la magia donde las emociones son contraproducentes. Si reaccionas emocionalmente a una lectura, es menos probable que puedas realizar una interpretación veraz y equilibrada. Los tarotistas tienden a atraer a entidades como los parásitos que se alimentan de la energía emocional. Estos seres pueden interferir con tu razonamiento e incluso empujarte a interpretar de forma errónea las cartas, haciendo que tú mismo te asustes para que ellos dispongan de más comida energética.

Cuando nos adentramos en lo desconocido, reaccionamos emocionalmente. El Tarot es la zona cero para ese tipo de reacciones. Cuando vemos la Torre y creemos que siempre significa muerte y destrucción total, cuando también puede indicar la pérdida de un trabajo que te da sustento económico pero que te destruye poco a poco. Pasar por la carta de la Torre significa que eres liberado de una situación de la que sentías que no podías escapar; y una vez el polvo se ha asentado, aparece una alternativa vital mucho mejor y más saludable.

¿Quién te habla?

En la sección anterior que trata sobre las emociones, he mencionado a los parásitos. Estos seres son bien conocidos por los magos, y lo mejor es hacer todo lo posible para evitarlos. Esto trae otra cuestión sobre el tarot sobre la que a menudo me preguntan: ¿Quién o qué es lo que te habla a través del vocabulario del tarot?

5. Interpretación

No existe una respuesta fácil para esto, ya que hay muchas respuestas posibles, todas ellas válidas. El tarot es un portal, y lo que te habla a través de ese portal puede variar mucho dependiendo de quién seas tú, de lo que hagas, y de cómo y por qué lo estés haciendo.

El Yo

Una de las principales líneas de comunicación en el tarot viene de tu subconsciente, que te habla a través de las cartas. Esta es normalmente la primera voz que emerge en una persona que comienza a leer el tarot. La mente consciente pasa por alto una gran cantidad de información que el subconsciente si que es capaz de captar, y esa información puede ser filtrada y organizada para disponer de una fuente de información que nos guíe. El tarot proporciona un vocabulario y una interfaz externa que permite que esa comunicación ocurra.

Más allá del subconsciente se encuentra el Yo más profundo, el alma atemporal, tu yo verdadero. Hay una fase en el entrenamiento mágico en la que se aprende a conectar y comunicarse con ese yo más profundo. Este es el "yo" que decide venir a este mundo, y es el "yo" que sobrevivirá a la muerte de esta vida.

Esta no es una parte de ti con la que puedas mantener una conversación, ya que es una parte de tu ser que se encuentra muy alejada, a diferencia del subconsciente, que puede presentarse e iniciar una conversación contigo a través de medio externo. Ese yo más profundo no emerge como el subconsciente durante tus lecturas del tarot, sino que lo hace cuando te involucras fuertemente con un camino de vida o desarrollo mágico o místico, cuando te encuentras bajo un riesgo mortal, o cuando debes tomar una decisión crítica que afectará al resto de tu vida.

Además de esto también hay otras voces que pueden dirigirse a tí a través de las cartas que vamos a ver en el siguiente apartado. Este apartado es más adecuado para magos, ya que entra dentro de lo esotérico, aunque el resto de los lectores también se beneficiarán de él, ya que a buen seguro después de leerlo tendrán bastante sobre lo que pensar.

Voces esotéricas

Cuando eres un mago, el alcance de tu consciencia llega mucho más allá de las cosas mundanas de tu vida diaria. Esto hace que te hagas visible a muchos tipos de consciencias que tienen sus propios intereses y planes. Esto es algo que como mago debes tener muy en cuenta y vigilar.

El objetivo de este libro no es entrar en detalles en este tema, ya que no podemos hablar sobre significados esotéricos, motivos y detalles en unos pocos párrafos. Así que para los magos que estén leyendo esto, he resumido lo más brevemente posible algunas de las "invasiones" más frecuentes que pueden producirse a través de la lectura de cartas. Los que lo deseen podrán investigar más sobre esas posibilidades por ellos mismos.

Algunas veces esos seres pueden manipular no solo las cartas que saques en una tirada, sino también la forma en como las interpretas: ellos pueden interferir con tu mente. Esto me ha ocurrido en algunas ocasiones, cuando estaba realizando lecturas importantes. En ese momento sentí que no debía confiar en el resultado de las cartas, así que decidí hacer una tirada del si o no y preguntar a mi yo más profundo "si esa tirada era verdad". La respuesta fue "no". Como sospechaba, algo había manipulado mis lecturas para empujarme a actuar de una determinada forma.

5. Interpretación

Nunca antes había oído hablar sobre este problema en ningún texto mágico, y en aquellos momentos yo era bastante joven, así que le pregunté a una maga más mayor en quien yo confiaba mucho. Ella asintió y me dijo: "si, eso puede ocurrir: tienes que tener mucho cuidado con ciertas lecturas y concentrarte en a quién estás dirigiendo tu pregunta. Hasta ese momento nunca había pensado en a quién dirigir mi pregunta, solo me preocupaba de concentrarme en la pregunta.

Como resultado de esa experiencia y conversación, decidí que a partir de ese momento, siempre que tuviera que hacer lecturas mágicas de importancia, dirigiría las preguntas a algo en lo que sé que puedo confiar: La Biblioteca Interior.

La Biblioteca Interior

La Biblioteca Interior es un término que los magos usan para definir a una consciencia colectiva de conocimiento y experiencia humana que se extiende a lo largo de los milenios. Es la suma total del conocimiento de aquellos individuos cuyo conocimiento se une a esa consciencia colectiva tras su muerte. Con el tiempo, la humanidad ha visualizado ese conjunto de conocimiento como una biblioteca. Lo que también he podido descubrir es que a menudo el conocimiento futuro aparece en este patrón o biblioteca tiempo antes de que se manifieste en el mundo físico.

Los magos acceden a la Biblioteca intencionadamente, tanto para aprender como para depositar conocimiento. En algunas culturas, la Biblioteca se representa como un bosque, en otras como un simple libro, y en otras, como un conjunto de gente que proporciona consejos. Lo que me ha quedado claro tras muchos años de trabajar con esta interfaz es que la forma en la que se nos presenta o la visualicemos depende mucho de cómo imaginemos que se almacena ese conocimiento. Este patrón ofrece una inmensidad que puede ser explorada por los magos, de forma que no solamente pueden trabajar con ella, sino que también pueden investigar lo que es, intentar entender cuál es su razón de ser, y descubrir cuales son sus potenciales.

Muchas personas no interactúan de forma intencionada con esta estructura inmaterial, sino que acceden a ella de forma natural o inconsciente. Cuando has trabajado con la Biblioteca durante unos cuantos años, podrás ver las típicas señales de sus interacciones con aquellos que de una forma natural conectan con la Biblioteca, ya que esta orienta los trabajos de esas personas. Nikola Tesla era un científico muy famoso que estoy segura de que conectaba con la Biblioteca sin ser consciente de ello. Soñaba y se despertaba con un concepto o idea totalmente formado, sin tener que pasar por el proceso habitual para recopilar la información necesaria. Stravinsky, un compositor de música, hacía exactamente lo mismo. Ante los ojos de un mago, esta es una señal típica de que alguien está accediendo a la Biblioteca Interior en sueños.

Algunas veces, cuando leemos las cartas, especialmente si la lectura trata sobre un evento crítico o sobre un aprendizaje fundamental, el lector puede conectar de forma inconsciente con la Libreria Interior, y esa comunicación se realiza a través del vocabulario de las cartas. Ese tipo de lecturas generan una sensación muy característica, y la mayoría de las veces son extremadamente acertadas.

Parásitos y la higiene en la lectura de cartas

Los parásitos son el problema más grande de todas las lecturas. Los parásitos son seres no físicos que se alimentan de la energía vital de las criaturas físicas para subsistir. No son algo extraño o maravilloso,

5. Interpretación

no son una rara fuerza alienígena, sino que son algo común parte en la vida diaria, y están por todo, como las pulgas y las garrapatas. Si sabes lo necesario sobre ellos, de la misma forma que evitas las garrapatas, podrás hacer tus lecturas sin que estos seres interfieran demasiado. Tienes que tener en cuenta que las lecturas pueden ser como un banco de alimentos para ellos, y que cuando haces una lectura, te conviertes en alguien visible a nivel energético. Sería como caminar por en medio del bosque o de una zona de hierbas en pantalón corto: es bastante probable que te pique un bicho o se te pegue una garrapata si no vas con cuidado.

Los parásitos se sienten atraídos por la emoción, motivo por el cual hay que ir con cuidado con las emociones al leer las cartas. Muchos lectores de cartas tienen una reacción emocional inmediata cuando en una lectura aparece algo malo. Si no paran inmediatamente esa reacción, las emociones toman el control de la situación, y se comienzan a realizar lecturas de forma obsesiva para obtener más información sobre el tema tratado, estarán bajo el riesgo de sufrir a un parásito que se alimente con frenesí de esas emociones. El lector en esa situación será manipulado emocionalmente para interpretar la lectura de la forma más negativa posible. Esto genera una rueda en la que las emociones cada vez son más intensas, lo que genera más comida para el parásito. Esto se aplica para cualquier tipo de lectura que genere una respuesta emocional: relaciones, trabajo, seguridad, salud…. Si la infestación llega a ser lo suficientemente grande, llegará un momento en el que no solo la interpretación de las cartas estará manipulada, sino que también lo estarán las cartas en sí mismas, ya que las cartas que salgan, lo harán debido a que el parásito las manipula para generarte el mayor pánico posible.

Este es un riesgo común de la lectura de cartas, algo que los magos y todo el que lea las cartas debe tener muy en cuenta desde el principio a fin de poder poner remedio. La manera de hacerlo es bastante sencilla, pero requiere disciplina. A continuación tienes unos cuantos métodos para limitar o eliminar este tipo de infestaciones de tus lecturas:

- Si tienes que leer sobre algo que te toca muy de cerca o que te afecta tanto como para no poder concentrarse de forma adecuada, pide a otra persona que haga la lectura por ti.
- Mantén tus emociones bajo control. Tanto realizar la pregunta, como barajar e interpretar los resultados deben poder hacerse con calma y lógica, no desde la emoción y el pánico.
- No hagas muchas lecturas sobre un tema en el que estés muy involucrado a nivel emocional. Decide con cuidado que es lo que necesitas saber, y que es lo que puede ser dejado al destino. No repitas una y otra vez la misma pregunta con el objetivo de obtener una respuesta más positiva.
- Cuando hayas hecho una lectura, especialmente si esta es muy emocional, pon tus cartas dentro de una bolsa de plástico, añade un paquete de sal de cocina, ciérralo y agítalo bien. Después lávate las manos con jabón líquido, un poco de sal, y agua. La sal rompe las conexiones energéticas y limpia la suciedad energética que pueda quedar en las manos después de hacer lecturas. Yo me lavo las manos después de cada sesión, y siempre limpio la bajara con sal tras una lectura difícil.
- Si tu trabajo es leer las cartas de forma profesional, lávate las manos y limpia tu baraja después de cada cliente. Meter las cartas en sal es lo mejor, y el humo de franquincienso la segunda mejor opción.
- Si te ganas el sueldo leyendo el tarot, no caigas en la trampa de hacer demasiadas lecturas para un mismo cliente. A menudo

5. Interpretación

esas personas están obsesionadas con algo y son excesivamente emocionales, por lo que es posible que estén infestadas de parásitos. Si no tienes cuidado, esa infestación se puede extender a ti.

El sentido común es la clave de muchos problemas en las lecturas. En relación a la higiene energética, aplica los mismos principios de tu higiene diaria a tu rutina de trabajo. Si le das la mano a mucha gente, necesitarás lavártelas. Si tu trabajo es limpiar alcantarillas, necesitarás ducharte después de cada jornada laboral. Leer las cartas para otras personas es como limpiar alcantarillas: estas metiendo tus manos, tu mente y tu energía en las aguas turbias de la vida energética y emocional de las personas.

Tus responsabilidades al leer para otros

Cuando lees para otros, ya sea de forma profesional o no, tienes que tener en cuenta unos principios de responsabilidad, no solo por la persona para la que lees, sino también por tu bienestar y salud energética, para mantenerte a salvo de quedar atrapado en el destino de otras personas. Muchos lectores profesionales tienen su propio código de conducta y son muy conscientes de su responsabilidad personal. Pero para aquellos que no actúan así, o que no han pensado sobre ello, aquí hay unos cuantos puntos a tener en cuenta:

- Sinceridad. Si no entiendes una lectura, dilo. No te la inventes. Nadie está al 100% todo el rato, y algunas veces el tema sobre el que se está leyendo puede resultar ser bastante más complicado de lo que parece. Esto puede generar lecturas que no hay quien entienda, no solo porque el tema sea demasiado complejo como para entenderlo en una sola tirada, sino porque muchas veces el cliente está formulando la pregunta equivocada. Una vez hayas admitido que no tienes ni idea de lo que va la lectura, puedes ir explorando la situación con cuidado para saber qué es lo que está ocurriendo. Este proceso no puede ocurrir si no reconoces que no entiendes una lectura.

- No tomes decisiones por los demás en base a los resultados de una lectura. Tu trabajo como tarotista es presentar lo que ves, no decir lo que deberían hacer. Puedes tomar decisiones para ti en función de tus propias lecturas, pero no hacer eso para otros. Dejar que alguien te cargue con esa responsabilidad puede provocar que te enredes en su propio patrón del destino y que tu energía sea absorbida para trabajar en el destino de esa persona. Esta es una de las razones por las que los lectores de cartas profesionales suelen sufrir de fatiga crónica, la otra es estar parasitado.

- No leas para quien no quiera saber su futuro o para quien no pueda afrontarlo. En alguna ocasión alguien ha venido a mi para pedirme una lectura y al poco rato me ha dicho "no estoy seguro de si lo quiero saber". En esos casos siempre dejo la baraja y paro la lectura. Si la gente quiere saber algo, entonces debe querer también afrontar la responsabilidad que eso conlleva.

- No hagas lecturas sobre otras personas a menos que tengas una buena razón para ello. En el tarot es muy importante respetar la privacidad de las personas. Es fácil caer en el chafardeo o inmiscuirse en la vida privada de las personas con las cartas del tarot, por lo que no deberían ser usadas para adivinar nada de nadie sin una buena razón. Cuando se trata de la familia, usa el sentido común: si hay una emergencia potencial, úsalo. Cuando no sea así, no espíes a tu familia. Y lo mismo se aplica en lecturas sobre otras personas: la adivinación puede tener todo tipo de

5. Interpretación

consecuencias, tanto a nivel energético como en la dinámica de la vida, así que usa el tarot de una forma ética y razonable.

- No leas para parejas cuando las dos partes están presentes: pueden salir a la luz verdades incómodas, como aventuras extramaritales que pueden dañar muy seriamente la relación.

- Cuando necesites practicar, usa figuras públicas. Ellos, dada la naturaleza de su trabajo, han decidido hacer su vida pública. Puedes hacer lecturas sobre ellos, y con retrospectiva podrás saber si las cartas te estaban diciendo lo correcto.

Leer sobre la muerte

En muchas ocasiones puedes que te pregunten sobre si una persona va a morir. Por supuesto que esa persona morirá en algún momento de su vida, solo es una cuestión de cuándo y dónde. El noventa y nueve por ciento de las veces esas preguntas no son necesarias y no deberían ser aceptadas, tanto por tu salud psíquica como por la de quien te haga la pregunta.

Ver una potencial muerte en el tarot no es tan fácil y directo como mucha gente pueda pensar, ya que hay muchas variables, no sólo con respecto al destino, sino también con respecto al vocabulario. La carta de la muerte no siempre significa la muerte, al contrario, en la mayoría de lecturas sobre muertes, la carta de la muerte no aparece. Así que no es un tema al que deba enfrentarse un lector ocasional o alguien que comienza a leer las cartas, sino que es algo para lectores con mucha experiencia en trabajar con un vocabulario de cartas propio y que sean muy psíquicos. Incluso en ese caso, un cambio masivo e irreversible en la vida de una persona podría pasar a primera vista por una lectura que indica la muerte física, así que hay que ser muy cautos y muy rigurosos al enfrentarse a algo así.

Si una persona está muy convencida de que va a morir de una manera inminente debido a una enfermedad, y quiere saber si hay alguna forma de evitarlo, entonces vale. Pero ten en cuenta que ese tipo de lecturas pueden ser complejas, y que necesitarás ir con cuidado al explorar las diferentes alternativas. Algunas veces verás caminos que alejarán a esa persona de la amenaza, o que la amenaza quedará cerca de esa persona, pero que no se llegará a manifestar, en esos casos podrás advertir a esa persona adecuadamente.

En caso de que la muerte parezca algo probable, puedes preguntar por plazos de tiempo, dejando de un lado las emociones. Es lo que hice con mi madre cuando estaba muriendo de cáncer. Pude adivinar en qué mes sería más probable que ella muriera, pero ten en cuenta que esos plazos pueden variar, con lo que deberás ir revisándolo. Darle a mi madre un plazo aproximado supuso que ella tuviera información suficiente como para arreglar sus cosas, y dejarlo todo preparado. Murió la última semana del mes que en las cartas aparecía como el más probable de su muerte.

Cuando tenía treinta y muchos años realicé muchos trabajos mágicos con gente que estaba muy enferma, y revisaba la evolución de estas personas con lecturas, a través de las cuales se hizo evidente una cosa, y es que no todas las tiradas que hablan de que alguien va a morir tienen la carta de la muerte, es más, ni siquiera incluyen un patrón común que hable de la muerte.

En un par de ocasiones, trabajando con pacientes que estaban en coma (a los que intentaba llegar en visión, cosa que solía ir bastante bien), si hacía una lectura sobre ellos y su muerte, obtenía lecturas en las que estas personas de repente se volvían a encontrar sanas, felices, equilibradas y regeneradas. Al principio creía que esto era debido a que había hecho una mala lectura, así que la volvía a repetir, obteniendo el mismo resultado. Cuando esto me ocurrió varias veces y

5. Interpretación

reflexioné sobre ello, me di cuenta de una cosa. La lectura me estaba hablando de cómo se encontraría esa persona después de su muerte. Esto era algo recurrente cuando leía las cartas para personas que estaban en coma o en la última fase de un cáncer terminal, y este tipo de lecturas sólo sucedían cuando la persona no tenía ninguna posibilidad de sobrevivir, por eso al principio me confundía tanto obtener este tipo de respuestas "felices". La muerte de personas en esta situación, la transición de la vida física a la vida no física era un proceso suave y renovador. Esto se reflejaba en las lecturas con los conceptos de nacimiento y regeneración.

Para concluir, no importa lo experto o lo novato que seas, el tarot es un arte que te llevará toda una vida dominar, y ni aún así, ya que cuando creas que lo has dominado, aparecerá otra fase nueva de aprendizaje. La clave para conseguir dominar el tarot es tomárselo como un proceso de evolución, un aprendizaje que nunca acaba, y por supuesto practicar mucho, recuerda que la práctica hace al maestro!

El Señor de quién es el oráculo de Delfos no pronuncia ni tampoco oculta su significado, sino que lo muestra con un signo.

Y la Sibila, que con sus labios convulsos profiere graves palabras, sin adorno ni perfumes, traspasa cientos de años con su voz, gracias al Dios que está en ella.

— Heráclito[1]

---

[1] Russell 2004 [1946], p. 70.

6. Tiradas

La mitad del éxito de una lectura acertada depende del uso de una buena tirada cuyas cartas se dispongan en unas posiciones que sean específicas para los varios aspectos de la pregunta sobre la que vas a tratar.

En este capítulo vamos a estudiar diferentes tiradas. Las explicaciones en detalle sobre cada una de estas tiradas, y los ejemplos sobre cómo funcionan y cómo deben ser interpretadas se encuentran en el capítulo sobre la interpretación de las tiradas.

Elegir la tirada idónea

Lo principal para que una tirada sea eficaz y acertada es su patrón subyacente. ¿Qué significa esto? La adivinación mediante las cartas es una forma de magia, y la magia funciona conectando con patrones energéticos a través de los cuales la energía, el potencial, y la información pueden fluir de una forma estable y predecible.

Cuando haces una pregunta y comienzas a barajar las cartas, y puedes visualizar que tipo de tirada vas a usar, los patrones energéticos comienzan a generar una especie de canales a través de los cuales puede fluir la información. Las posiciones de una tirada en realidad incluyen dos capas: dos patrones. Uno es el patrón energético, y otro es el que incluye las posiciones de las cartas para aspectos específicos de la vida: la familia, el trabajo, la salud, la evolución personal, el pasado, presente, futuro, etc.

Una tirada, ya sea mundana o mágica, debería tener posiciones que se interrelacionan, lo que muestra al lector las causas y los

6. Tiradas

efectos, y que enseña cómo se desarrollan algunos patrones del destino. Recuerda que el tarot, y cualquier tipo de adivinación mediante las cartas, lo que muestran son las probabilidades del destino, y cuanto más compleja sea la tirada, más deberían estar interconectadas todas las posiciones de las cartas.

Por ejemplo, en la tirada general que se explica más adelante, la primera posición es la de la familia. De ahí es de donde venimos, y lo que nos afecta en profundidad, nos demos cuenta o no. La posición número siete, que está ubicada justo debajo de la primera carta, son los conflictos. Esas dos cartas pueden leerse de forma conjunta, ya que el origen de los conflictos está en cómo nos relacionemos con cada una de esas dos cartas, y leyendo esas dos cartas en conjunto podremos comprender mejor la naturaleza de esos problemas, y también nuestra respuesta programada a esos conflictos. Como adultos, tenemos un conjunto de respuestas programadas que aprendemos cuando somos niños de los adultos que nos rodean. Darnos cuenta de la naturaleza y del origen de nuestras respuestas y adaptarnos para cambiar esas respuestas puede llevarnos muchos años.

Para una pregunta mundana y sencilla puede ser suficiente usar una tirada con un patrón simple, pero cuando hay que tratar cuestiones más serias que traten sobre magia, sobre el destino, y sobre cómo este puede desarrollarse a lo largo del tiempo, necesitaremos tiradas con patrones más complejos que puedan facilitar el flujo de información. Es algo similar a lo que ocurre con los circuitos eléctricos.

El patrón energético y de las posiciones de las cartas permite un flujo de información coherente, y hace posible que se abran canales de comunicación por los que puede fluir la información, es como construir una carretera para que pueda pasar un coche.

A pesar de que en las últimas décadas el tarot ha llegado a la cultura popular, la mayor parte del conocimiento necesario para que este funcione de forma correcta se ha quedado por el camino. La gente saca un par de cartas al día, sin ningún tipo de intención ni concentración. Unas veces funciona, pero la mayoría de las veces no. El éxito de ese tipo de lecturas depende exclusivamente de la persona en concreto que saca las cartas, y casi siempre el resultado que dan es inútil y falto de información. Al final esto se convierte en un hábito, como pueda ser el de lavarse los dientes, llegando a ser más una necesidad personal, sin que pueda considerarse como adivinación real. No hay nada malo en esa forma de usar las cartas, y mucha gente lo hace así, pero si de verdad quieres o necesitas usar la adivinación para obtener información sobre alguna cosa, necesitas tratar el tarot de una forma más adecuada.

En este capítulo trataremos sobre una gran variedad de tiradas. Algunas son para tiradas mundanas, otras son para temas esotéricos, preguntas mágicas, y otras son tiradas secundarias para concretar algo sobre un evento específico u obtener información adicional. En el capítulo que trata sobre la interpretación de las tiradas, veremos esas tiradas en acción, y los métodos de interpretación adecuados para cada una de ellas.

Tiradas para cuestiones cotidianas

Las tiradas mundanas son útiles para tratar temas del día a día. Puedes usarlas para obtener una visión general de algo durante los próximos doce meses, para obtener una respuesta que sea un sí o un no, para encontrar un objeto perdido, para adivinar cuándo sucederá algo, para ver de qué recursos dispones, y demás. Los magos también pueden usarlas para estudiar detalles específicos de un evento.

6. Tiradas

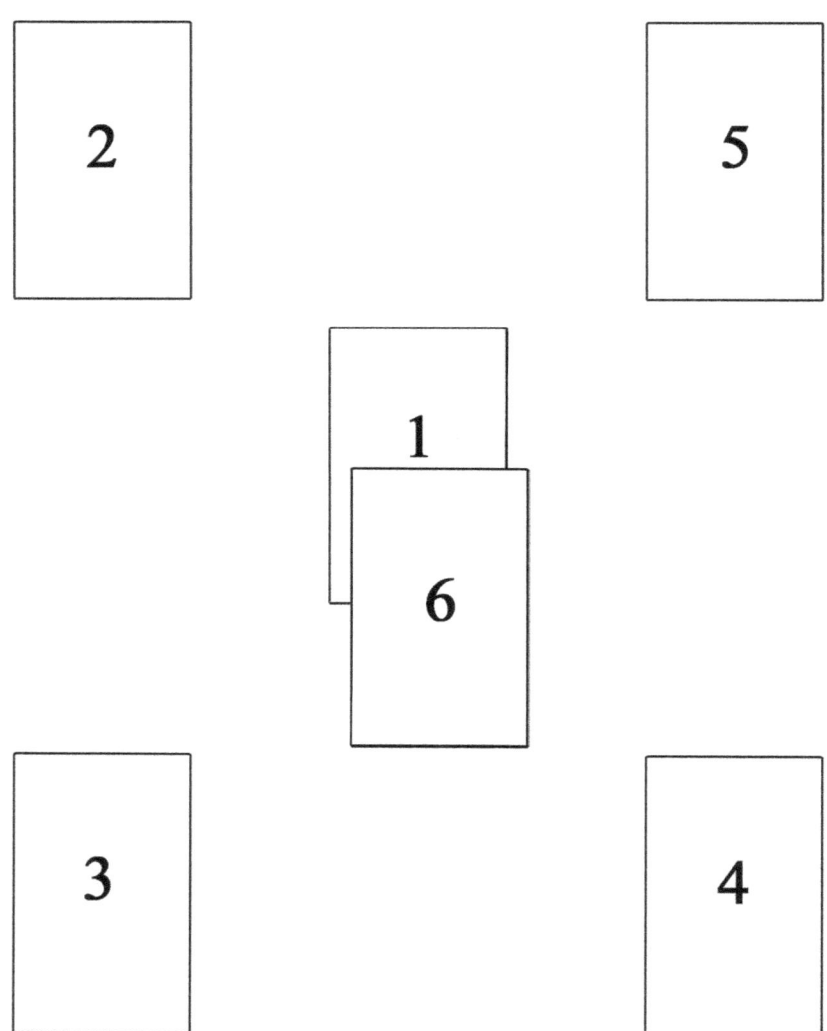

Figura 6.1: Tirada sencilla del si o no.

Tirada sencilla del si o no

Esta tirada es perfecta si necesitas una respuesta directa. Sin embargo, y dado que esta es una tirada centrada en algo muy concreto, tu pregunta deberá ser muy específica, no debe formularse de una forma vaga. Para saber cómo realizar una pregunta concreta, puedes consultar el capítulo sobre interpretación de las tiradas.

1. Indica de qué trata la pregunta.

2. El pasado relevante: lo que ocurrió en el pasado que ha conducido al evento por el cual estás preguntando.

3. Dificultades a superar.

4. Ayuda que recibes.

5. El resultado futuro: a qué conducirá la respuesta.

6. La respuesta.

6. Tiradas

Tirada del Árbol de la Vida

La tirada del Árbol de la Vida se basa en las dinámicas del mapa cabalista de la creación. Se puede usar tanto para lecturas mundanas como esotéricas. Es un patrón mágico estable con muchas capas, y para aquellos que estudian magia esta tirada puede ser muy útil, especialmente al tratar temas mundanos. Dado que el patrón de la tirada es un mapa de la creación, se puede usar para hacer preguntas que requieran de una respuesta de sí o no, ya que además de responder a la pregunta de esa manera, ofrece detalles del por qué de esa respuesta.

A continuación se detallan los significados de cada posición para tratar una pregunta sobre un tema mundano. Si la pregunta se formula con la intención de obtener un si o no como respuesta, entonces la respuesta vendrá dada por la carta que cae en la posición número diez, y el resto de la lectura explicará por qué se produce esa respuesta.

1. De qué va el tema o la situación tratada.

2. Aspecto positivo que ayuda a crear o formar esa situación.

3. Algo que está oculto, o algo pasado que ha influido en esa situación.

4. Qué hace falta para que evolucione esa situación.

5. Lo que está desapareciendo o se aparta de esa historia.

6. Algo fundamental, la clave de esa situación.

7. Lo que hay que limitar, o lo que necesita disciplina para que esa situación prospere o tenga éxito. Esta posición está regida por las emociones.

Tirada del Árbol de la Vida

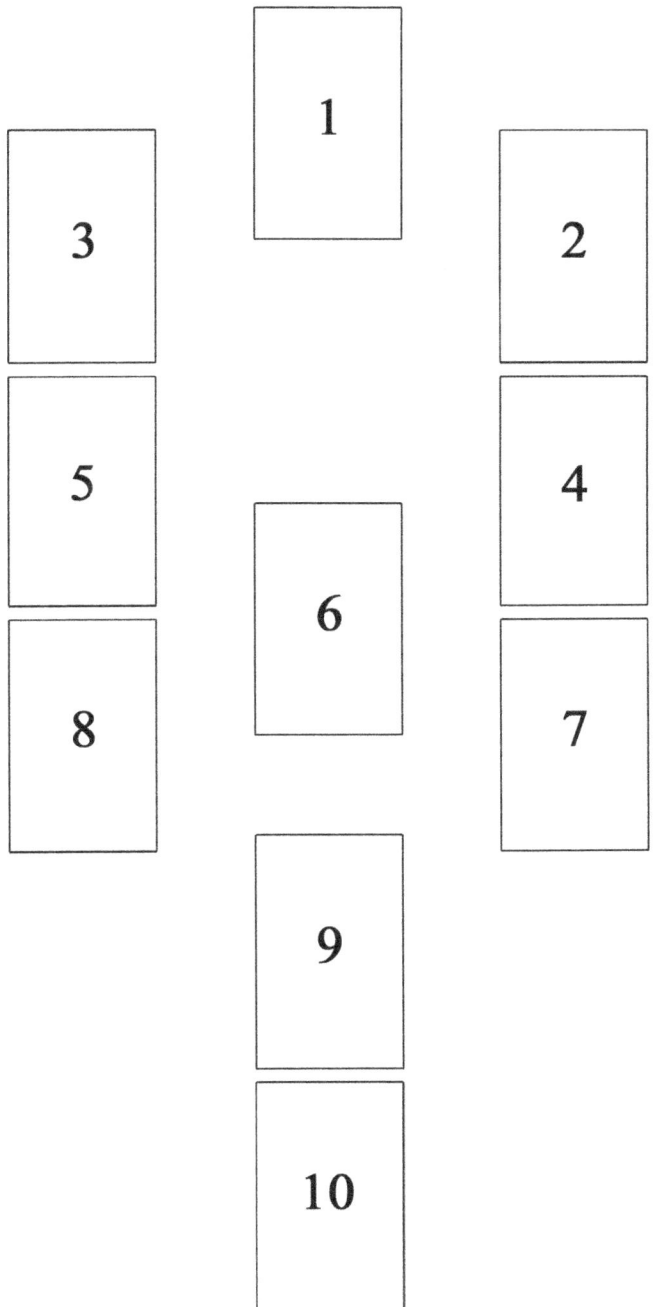

Figura 6.2: Árbol de la Vida.

8. Lo que hay que soltar o relajar para que fluya. Está posición está regida por la mente.

9. La razón o la dinámica que hay detrás de la respuesta.

10. La respuesta.

Tirada general

Es adecuada si quieres obtener una idea general sobre la vida de una persona durante un periodo de tiempo determinado, normalmente de doce meses, aunque puede ser utilizada para cualquier otro periodo de tiempo. Esta tirada usa muchas cartas, y tiene trece posiciones, de forma que se pueda obtener la mayor cantidad de información posible.

Puede usarse usando solamente las trece posiciones, y en caso de que necesites mucha más información, puedes usar el método de separar la baraja que se explica a continuación.

Este consiste en separar los Arcanos Mayores de los Menores. En primer lugar barajas los Arcanos Mayores mientras formulas tu pregunta, y colocas las cartas que salgan en las trece posiciones. A continuación, barajas los Arcanos Menores mientras realizas la misma pregunta, y las cartas que salgan las colocas de la misma manera, en las trece posiciones, poniendo los Arcanos Menores sobre los Mayores, pero colocando las cartas de forma que puedas ver qué Arcano Mayor está bajo el Arcano Menor que has colocado encima, tal y como puedes ver en la figura 6.3

Las dos cartas que caen en una misma posición se leen de forma conjunta. El Arcano Mayor es la causa o el poder que hay detrás de la situación, y el Arcano Menor indica la forma en la que se manifestará ese poder o energía. Veremos esto de forma detallada en el capítulo de interpretación de las tiradas.

Tirada general

Figura 6.3: Usando el método de separar la baraja: la carta menor está sobre el Arcano Mayor.

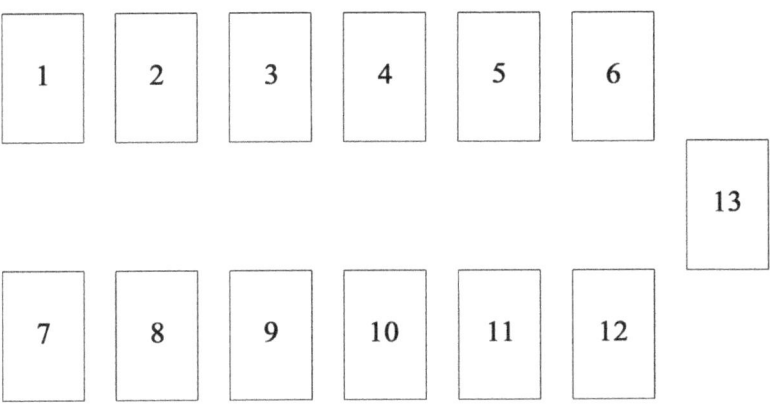

Figura 6.4: Tirada general.

6. Tiradas

1. Hogar / familia: Esta es tu zona cero, tu hogar, tu círculo más cercano, con el que te identificas, tu linaje, etc.

2. Relaciones: No solo las relaciones amorosas, sino que aquí también se incluyen los amigos más cercanos y compañeros importantes, como por ejemplo, el socio de tu negocio.

3. Creatividad: Esta posición representa lo que a nivel creativo es lo más importante para tí. Por ejemplo, si eres padre o madre, normalmente serán tus hijos. Pero también se referirá a todo aquello que tu crees y te apasione: artes, diseño de productos, jardinería, baile, programación, etc.

4. Ciclo del destino actual: El destino es una rueda en constante movimiento. En nuestro camino por la vida pasamos de un ciclo a otro. Esta posición te indica cual es tu ciclo actual.

5. Salud: Esta posición te indicará tu salud general durante el plazo de tiempo indicado en la lectura.

6. Dones o regalos: El destino pueden machacarnos, pero también nos concede regalos. Esta posición indica la ayuda, recursos, apoyo o protección que el destino pone en tu camino para ayudarte.

7. Conflictos: Aquí se muestran los conflictos visibles, cualquier cosa que esté afectando a tu equilibrio, ya sean conflictos con uno mismo, con otras personas, situaciones conflictivas, o comportamientos autodestructivos.

8. Enemigos ocultos: Algunos amigos o compañeros te sonríen a la cara, pero te pegan la puñalada por la espalda. Aquí también se muestran los peligros ocultos: un cable dañado, un peligro que no se ve, etc. Es la posición que te indica lo que no ves, pero que supone un peligro para ti.

9. La Trituradora: Indica cualquier tipo de dificultad que no debe ser evitada, sino a la que hay que enfrentarse para volverse más fuerte, más sabio, o como camino hacia el éxito.

10. Recursos: Pueden ser ingresos, energía, comida, etc. Esta posición te ofrece un panorama general sobre los recursos de los que dispones durante el tiempo establecido en la lectura, de forma que puedas saber si vas a disponer de lo que necesitas.

11. El Deshilachador: Aquí se muestra lo que será tu punto débil durante el periodo de tiempo determinado por la lectura. Lo que necesita ser identificado y eliminado, ya sea un mal hábito, pereza, procrastinación, o algo que ya no tiene ninguna función en tu vida.

12. El Arrebatador: Esta posición muestra algo que te será arrebatado, de forma que puedas avanzar en tu camino. No consiste en soltar o dejar algo voluntariamente, como ocurre con el Deshilachador. En este caso, el Arrebatador te muestra lo que el destino va a quitar de tu camino, ya sea una relación, un mal trabajo, o algo a lo que te aferras de forma insana.

13. El Camino Adelante: Aquí se muestra el futuro general a corto plazo para el plazo de tiempo definido para la lectura. También puede indicar el rumbo que está tomando tu destino, incluyendo y pudiendo ir más allá de ese plazo de tiempo.

Tirada de los eventos

Esta tirada es adecuada para ver cómo se desarrollará un evento o situación concreta. Si una persona quiere provocar que suceda algo, o ha provocado que algo se ponga en marcha, como por ejemplo un cambio de trabajo, una mudanza, un divorcio, etc, esta tirada proporcionará información sobre cómo se va a desarrollar ese evento, y de qué manera afectará a esa persona.

También puede utilizarse para adivinar el resultado probable de una elección: como qué ocurrirá si se toma cierta decisión. Esto le permitirá saber al consultante que ocurrirá en caso de elegir entre varias alternativas, o qué pasará si se decide por una cosa u otra.

1. La situación actual.
2. Lo que ahora ya es parte del pasado pero que ha contribuido a la situación actual.
3. Lo que ha provocado la situación actual.
4. Lo que la situación te trae.
5. Lo que la situación te quita.
6. Cómo se desarrollará ese evento.
7. La conclusión de esa situación.

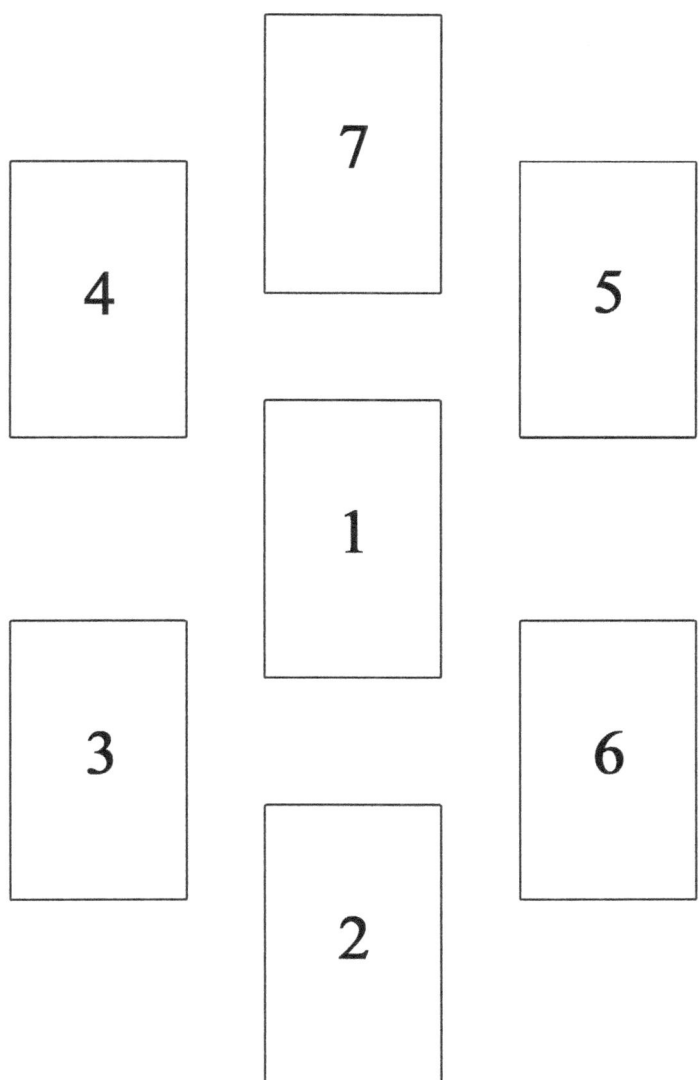

Figura 6.5: Tirada de los eventos.

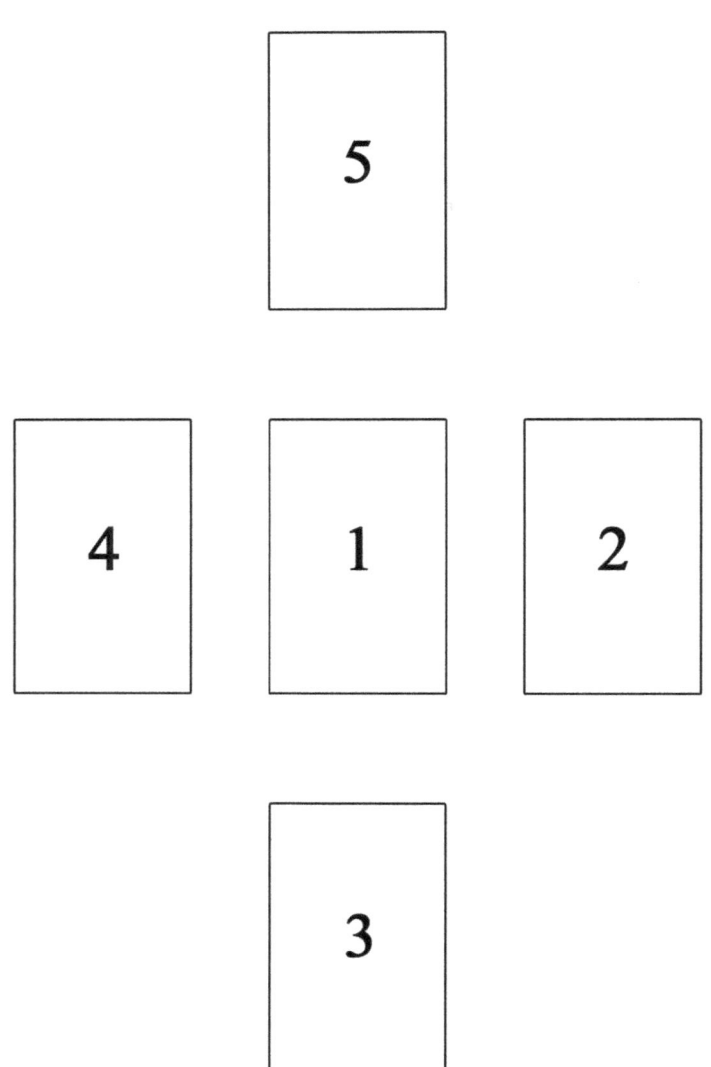

Figura 6.6: Tirada direccional.

Tirada direccional o para la localización

Esta tirada es útil si necesitas encontrar algo perdido. Yo la he utilizado para encontrar a niños perdidos, mascotas o llaves, entre otras cosas. Se basa en los puntos cardinales, y se puede usar de forma repetida para ir delimitando un área de búsqueda, aunque en este caso puede resultar un trabajo muy laborioso.

1. Centro
2. Este
3. Sur
4. Oeste
5. Norte

Hazte con un mapa de la zona sobre la que vas a realizar la búsqueda. Divide el mapa en cuatro secciones, en base a los puntos cardinales. Esto puedes hacerlo tanto mentalmente, como dibujando sobre el mapa unas líneas. Si la búsqueda se va a realizar en un edificio, dibuja un mapa del mismo y marca los puntos cardinales.

La pregunta debe ser precisa, algo parecido a "muéstrame en qué dirección, con un radio de x metros, encontraré mi pasaporte". La carta que indique dónde está lo que buscas, será una carta que hable de éxito, con lo que si en la tirada no aparece ninguna, deberás volver a realizar la pregunta ampliando el radio de búsqueda.

Supongamos que al hacer la tirada, esta te indica que está en la zona este, en ese caso volverías a repetir la lectura, centrándote solo en esa zona este, y procediendo a dividirla como hiciste la primera vez, en base a los cuatro puntos cardinales, reduciendo el área de búsqueda cada vez más. Esto se repite hasta acotar una zona en la que podrás ponerte a buscar. En una ocasión perdí una iguana y usé este proceso para encontrarla. Fui reduciendo la zona a buscar hasta que llegue a dejarla en unos seis metros cuadrados, pero aún así no daba con ella, hasta que al final la encontré escondida entre unos arbustos, así que una vez delimitada la zona, busca con cuidado y en profundidad.

Tirada de los recursos

Esta tirada estudia tanto tus recursos energéticos propios como los externos. Es una herramienta muy útil cuando no estás seguro de en qué concentrar tu energía, o en el caso de que sientas que una parte de tu vida está bloqueada o detenida. Esto suele ocurrir si algún aspecto de tus recursos energéticos es excesivo o está mermado, cualquiera de los dos extremos, o en caso de que algún recurso deba ser puesto en espera, de manera que pueda apoyar a otro recurso interior que necesite refuerzos.

La tirada es un reflejo del principio mágico de los recursos energéticos personales. Cada persona dispone de varios "recipientes" que guardan la energía interior y permiten que esta sea un recurso accesible. Algunas veces uno de esos recipientes está proveyendo de energía a algo de lo que no eres consciente, e intentar sacar más de ahí, cuando la reserva que contiene es limitada, puede suponer que acabe por agotarte.

La tirada tiene forma de arco, y consta de tres columnas. La columna de la izquierda se refiere a tu lado práctico, la columna de la derecha se refiere a tu lado espiritual, psíquico, tu yo interior, y la columna del centro se refiere al núcleo de tu ser. Tu energía interior / espiritual cambia continuamente debido a las cosas que haces o que tengas, vendría a ser como un tiempo meteorológico, pero en este caso sería un tiempo energético, exclusivo para ti. Usando esta tirada puedes ver que es lo que tienes, y aquello en lo que estás en déficit, y hacer tus planes según esa información. Asegurate de que indicas

Tirada de los recursos

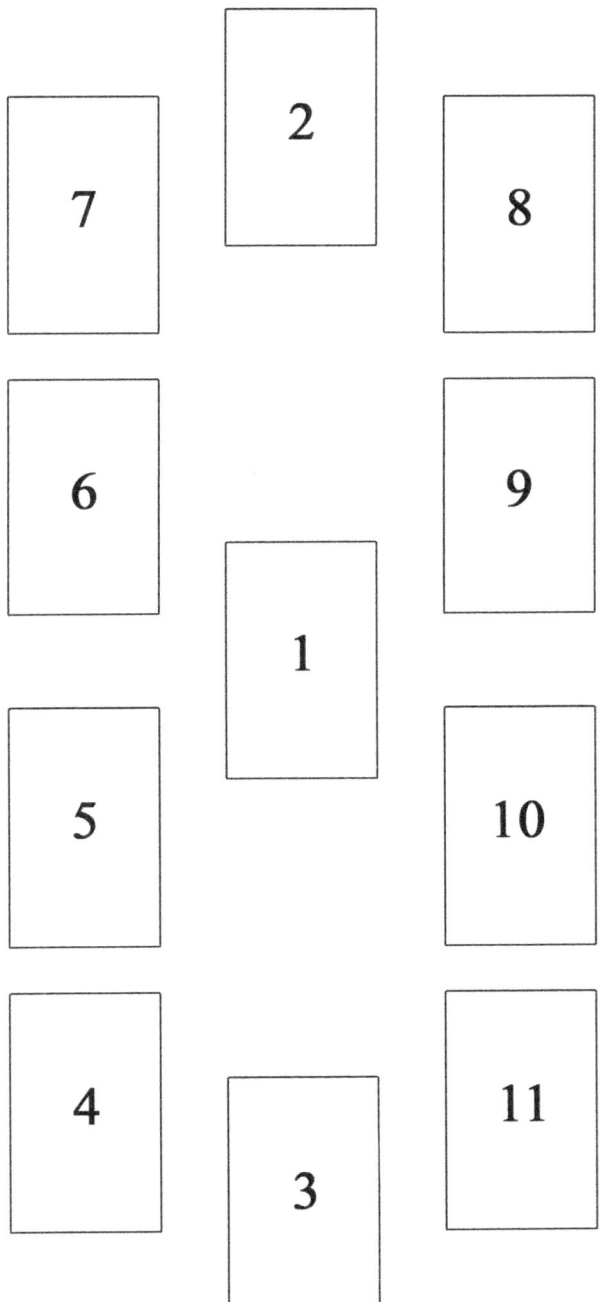

Figura 6.7: Tirada de los recursos.

6. Tiradas

un plazo de tiempo en la tirada, como por ejemplo: "muéstrame mis recursos internos y externos para los próximos tres meses". Recuerda que cuanto más amplio sea ese espacio de tiempo, más general y menos detallada será la respuesta.

Para ayudarte a interpretar esta tirada, dispones de ejemplos y explicaciones en el capítulo de interpretación de las tiradas.

1. El Yo: Cómo están tus recursos energéticos a nivel general.

2. Equilibrio: Si actualmente estás en equilibrio, en relación con tu gestión de los recursos energéticos.

3. Fuerza vital: Tu fuerza vital general, las fluctuaciones. Este es tu recurso energético más importante.

4. Amor y emociones: Estabilidad emocional y relaciones amorosas.

5. Dinero, fondos y propiedades: En qué situación están tus recursos financieros.

6. Salud: La salud de tu cuerpo físico.

7. Creatividad: Tu energía creativa, que puede incluir embarazos.

8. Comunicación: Tu energía para dar y recibir comunicaciones claras.

9. Intuición: La energía de la que dispones para llegar a tu intuición profunda, los sueños y tu "radar interior".

10. Adivinación: Tu energía para adivinar el futuro usando un método como las cartas o las runas.

11. Magia / misticismo: Tu energía para estudiar o realizar actividades mágicas, o profundizar en la parte mística de la vida.

Tiradas secundarias

Las tiradas secundarias se utilizan de una forma ligeramente distinta a las tiradas generales. En una tirada general, cada carta en su posición te indica algo. En una lectura secundaria, solamente son relevantes ciertas cartas y posiciones. En este caso la tirada no se lee como un todo, sino que buscas determinados tipos de cartas, y la posición en la que caiga esa carta concreta te informará sobre la causa, cómo se desarrollará, o cuándo sucederá algo.

Tirada para determinar una fecha

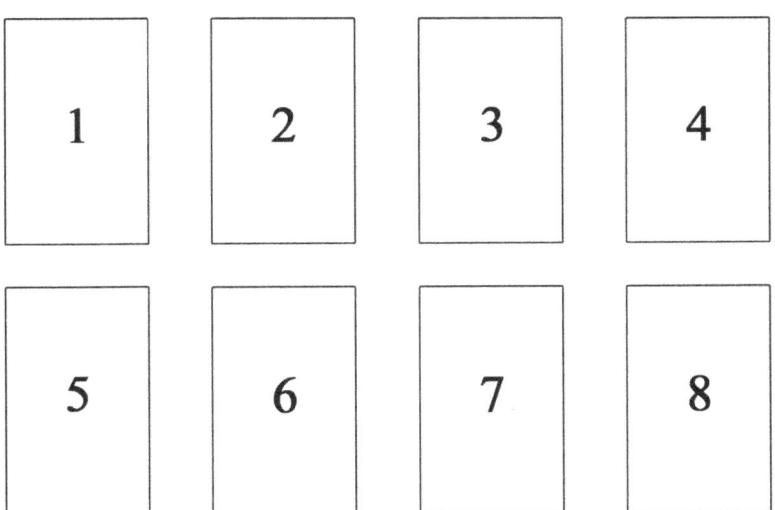

Figura 6.8: Tirada para determinar una fecha.

Esta tirada sencilla sirve para determinar la fecha probable de un evento, o para saber en la semana o mes en la que algo pueda estar o no estar activo. Puede usarse para mirar algo a años vista, pero cuanto más lejos tratemos de llegar, menos acertado será el resultado: el destino puede cambiar. Así que trabajar a semanas vista puede dar una lectura acertada, pero en caso de que queramos verlo por años,

6. Tiradas

la lectura tendrá más posibilidades de ser errónea, a menos de que estemos viendo un evento que haya sido fijado por el destino. Algunas cosas se pueden ver años antes de que ocurran, mientras que otras se forman pocas semanas antes de que ocurran.

He usado esta tirada recientemente, para identificar las semanas de riesgo en la zona donde vivo durante la pandemia del Covid-19, y poder saber cuando tendría más riesgo de contagiarme en caso de ir a zonas públicas. Como en todas las lecturas, necesitas plantear una pregunta específica y concreta si quieres obtener una respuesta acertada. La forma de interpretar la lectura la encontrarás en el capítulo de interpretación de las tiradas.

Esta tirada no basa la disposición de sus cartas en ningún patrón mágico: es una simple secuencia de cartas basada en el tiempo. Decide qué intervalos de tiempo vas a utilizar. Pueden ser días, semanas, meses, o años, y qué unidad de medida. Yo suelo usar siempre el siete como unidad de medida: siete días, siete semanas, siete meses, etc, pero tú puedes hacerlo como quieras, siempre que plantees tu pregunta con intención y concentración, y que uses siempre la misma unidad de medida: de esta forma aprendes a crear un patrón de comportamiento que se convertirá en tu método de adivinación.

Para este ejemplo he usado las semanas, pero cámbialo por días, meses, o años en caso de que lo necesites.

1. La primera semana: siete días a partir del día en el que haces la lectura.
2. Segunda semana.
3. Tercera semana.
4. Cuarta semana.
5. Quinta semana.

6. Sexta semana.

7. Séptima semana.

Tiradas sobre la causa, manifestación y solución

Las dos tiradas siguientes son tiradas secundarias, lo que significa que se usan específicamente para identificar la causa de un evento potencial (y quizás con efectos desastrosos), y encontrar soluciones útiles para el mismo. Cuando una lectura general señala un evento potencialmente malo, como por ejemplo en el caso de la Torre, pero no queda claro de a qué tipo de acontecimiento se está refiriendo, qué es lo que lo provoca, y de qué forma se manifestará, entonces una lectura secundaría será capaz de proporcionar más información.

La tirada sobre la manifestación / causa estudia cómo se manifestará un problema en el futuro: ¿Una enfermedad? ¿Un accidente? La tirada incluye posiciones para indicar si ese problema o calamidad es autoinfligido. Al usar esta tirada hay que buscar cartas que reflejen la carta que indicó ese problema en la tirada general. Así que, si por ejemplo en la tirada general la carta que indicaba el problema era la Torre, en esta tirada habrá que buscar cartas que sean destructivas. En caso de aparecer más de una carta destructiva, habrá que buscar las conexiones o relaciones entre las dos posiciones en la que caen esas cartas destructivas. Las cartas benignas indicarán posiciones irrelevantes: no hace falta leerlas ya que no son lo que estás buscando.

La tirada sobre la solución incluye posiciones que reflejan el tipo de enfoque que ayudaría a resolver algunos asuntos. En esta tirada solo se interpretan las cartas que sean positivas, que indiquen éxito o sanación, y sus respectivas posiciones, y no se tendrán en cuenta el resto de cartas.

6. Tiradas

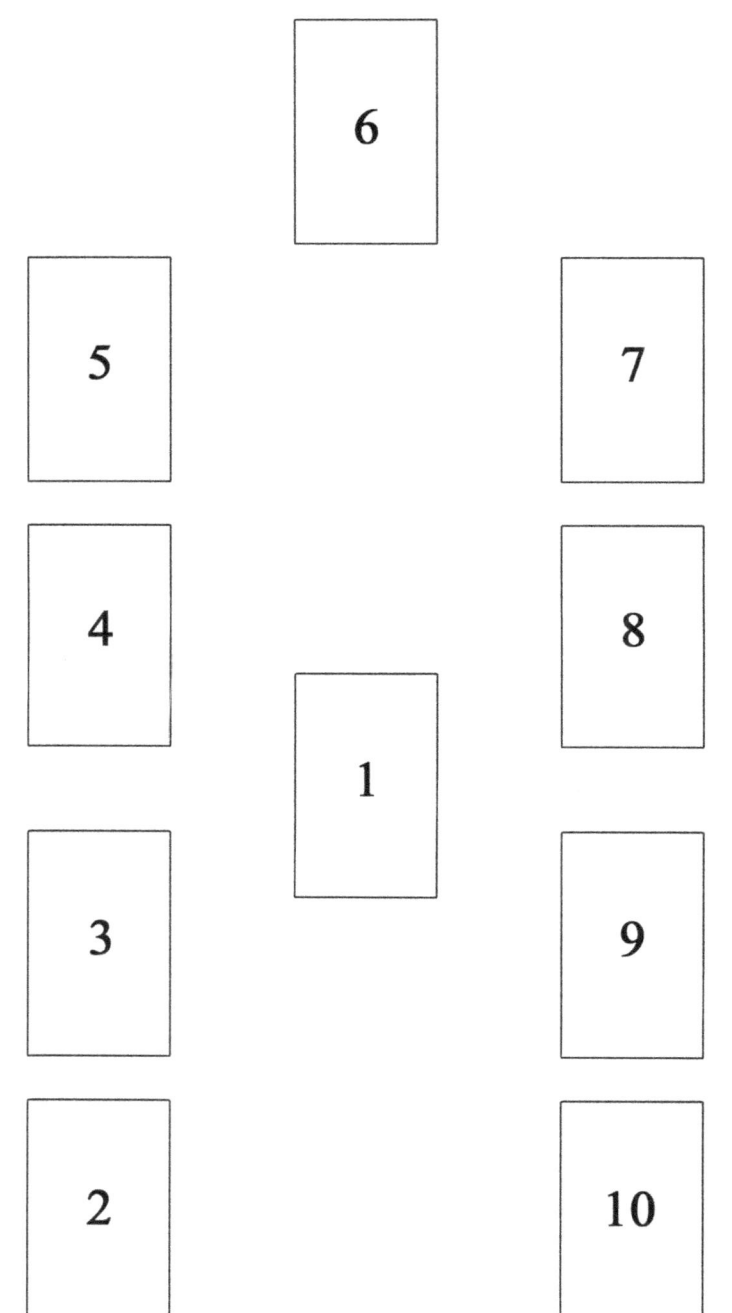

Figura 6.9: Tirada de la manifestación / causa.

Como en todas las lecturas, es muy importante cómo formules tu pregunta. El capítulo de la interpretación de las tiradas contiene algunos ejemplos sobre cómo trabajar con estas tiradas.

Tiradas sobre la manifestación/causa

1. El acontecimiento en sí mismo.

2. Un evento natural (p. ej. corrimientos de tierra, agua, terremotos).

3. Un accidente.

4. Un problema económico (p. ej. ingresos, deudas, ahorros, posesiones).

5. Enfermedad o heridas.

6. Un problema autoinfligido.

7. Problema mental o emocional.

8. Un problema en la relación con alguien.

9. Un ataque. Puede ser cualquier cosa hecha de forma agresiva para dañarte: abuso emocional o físico, robo, fraude, etc.

10. La Balanza de la Justicia (p. ej. ir a juicio, temas legales, restituir algo)

Tirada sobre la solución

La solución a un problema, aunque suele ser difícil de encontrar, normalmente está relacionada con la causa que origina ese problema. Esto es debido a que en algunas ocasiones, el caos que experimentamos en nuestra vida es debido al resultado de nuestras acciones

6. Tiradas

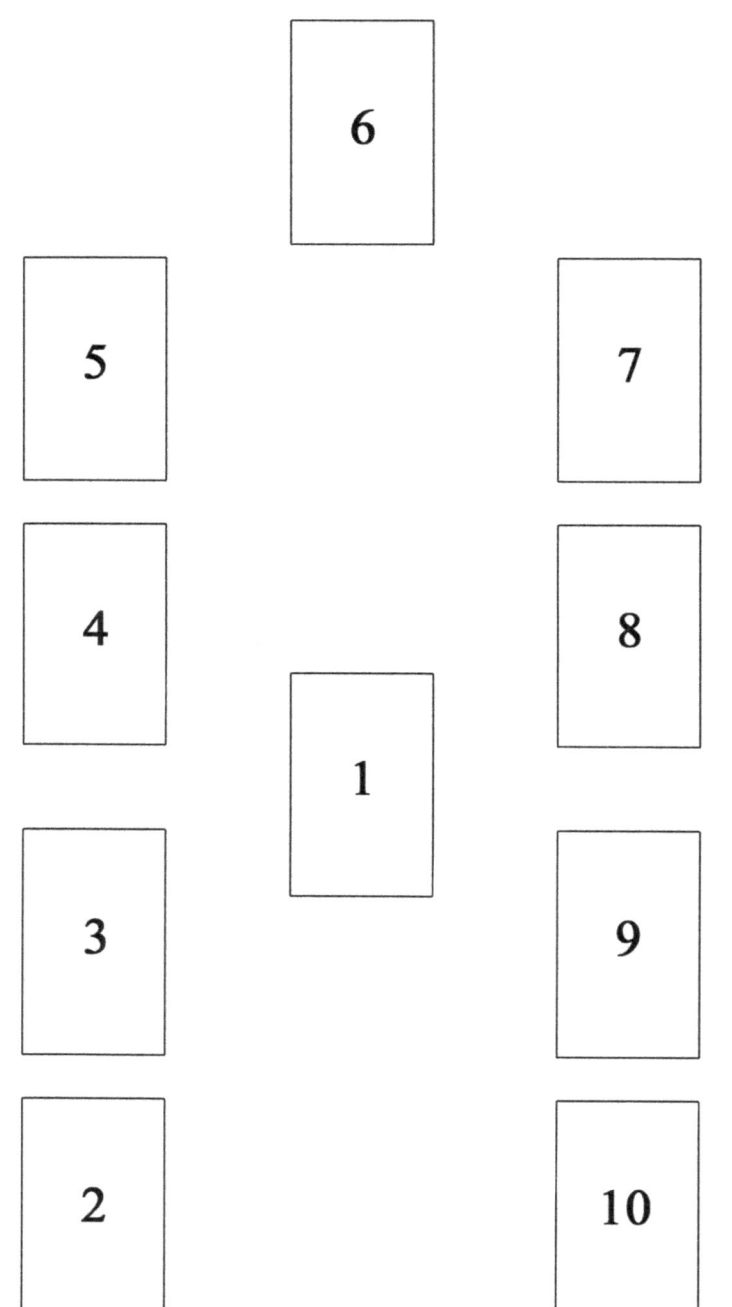

Figura 6.10: Tirada sobre la solución.

pasadas, que crearon algún tipo de déficit funesto. En otras ocasiones, la situación se solucionará por sí sola, solo será una cuestión de tiempo. A veces las cosas malas ocurren y lo único que se necesita es dejar que ocurra. En estos casos la paciencia es la clave.

Otras veces la solución está justo delante de nuestras narices, pero no somos capaces de verla. Quizás la bronca que has tenido con tu pareja y que surgió durante un paseo no tiene su causa en vuestra relación, sino en alguna otra cosa que le esté ocurriendo y no sepas, o quizás por algo que te ocurra a ti. El estrés puede tener efectos muy negativos en relación a nuestra capacidad para gestionar situaciones, así que en ocasiones la solución del problema está en temas más profundos que aquellos que somos capaces de ver a simple vista.

En esta tirada tienes que buscar cartas que hablen de éxito, estabilidad, o sanación. Las posiciones en las que caigan esas cartas te ofrecerán soluciones posibles, y la carta positiva que sea más prominente, será aquella que represente la mejor solución.

1. El evento.

2. Desarrollo pasivo: deja que la situación transcurra por sí misma: el tiempo y el destino harán su trabajo.

3. Acto aleatorio: una acción no planeada, aleatoria, o producto de la inspiración harán que se produzca la solución.

4. Económica: la solución está en el dinero o en algo material.

5. Salud: la solución vendrá de centrarse en mejorar la salud.

6. Responsabilidad: asumir la responsabilidad de algo que hicimos hará que se produzca la solución al problema.

7. Mente fría: calma, imparcialidad, la solución vendrá de actuar, comportarse o negociar dejando de lado las emociones.

8. Compasión: generosidad, amabilidad, comprensión y compasión serán lo que provoquen la solución.

9. Luchas: defiende lo tuyo y no te rindas: esto será lo que produzca la solución al problema.

10. Paga tus deudas: pagar deudas pendientes, traspasar tu abundancia material, o devolver lo que no es tuyo será la solución.

Tirada de la salud

Esta tirada solo es útil para sanadores y personas que sepan cómo funciona el cuerpo. Puede usarse para ver la salud actual de una persona y poder localizar las causas subyacentes de un problema de salud. También puede ser usada por sanadores para comprobar la eficacia potencial de un tratamiento, y detectar los posibles problemas que pueda generar ese tratamiento. Por ejemplo, supongamos que un sanador quiere usar ciertas hierbas para curar a un cliente, pero tiene dudas sobre la efectividad o sobre la tolerancia del cliente a ese tratamiento. En este caso la tirada puede dar información sobre los efectos a largo plazo del tratamiento.

    Esta tirada tiene en cuenta la energía y el destino que juegan un papel en esa situación concreta, también estudia los patrones de salud que se están formando pero que aún no se han manifestado en el cuerpo, informa sobre las partes del cuerpo que actualmente están reaccionando a algo, y sobre la forma en que la persona procesa sus emociones, y como estas puede afectar a la salud general del cuerpo. También nos hablará sobre partes específicas del cuerpo, para ayudarnos a detectar el origen de cualquier problema.

1. La primera posición nos indica lo que va a afectar o llegar a la salud en el futuro. Lo que se muestra aquí es algo que se está

Tirada de la salud

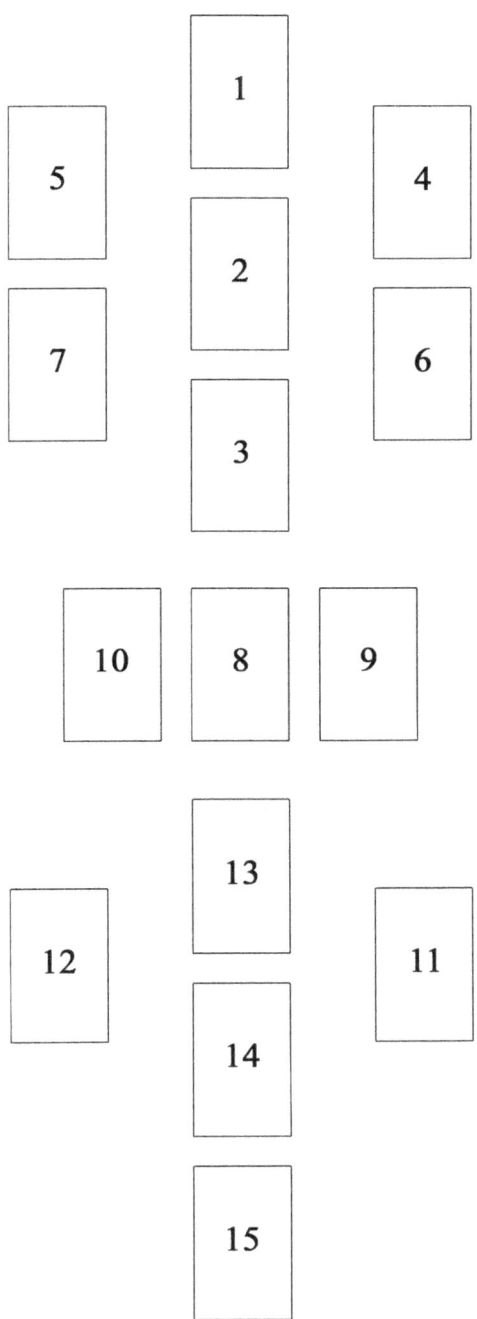

Figura 6.11: Tirada de la salud.

comenzando a formar. También puede indicar cualquier tipo de influencia mágica o que provenga de los mundos interiores. Si la única carta negativa de la lectura está en esta posición, significa que el patrón destructivo aún se está formando y puede ser evitado o eliminado, ya que aún no ha alcanzado a la estructura energética de esa persona: aún no está "fijado en el destino".

2. La segunda posición indica lo que ya se ha formado, en términos de destino / futuro, pero que aún no se ha manifestado en el cuerpo físico. Si en la enfermedad o situación hay algún elemento de carácter energético o espiritual, se mostrará aquí. Esta posición es el umbral entre el cuerpo energético y el cuerpo físico. Como ocurre con la primera posición, las cosas que aparezcan aquí pueden ser evitadas antes de que se manifiesten en el cuerpo, pero si no se controlan, puede ser que lleguen a descender al cuerpo físico y causar síntomas.

3. La tercera posición nos dice lo que ocurre en la zona de la cabeza. Incluye el cerebro, los senos, las glándulas linfáticas, las glándulas endocrinas,[1] los oídos, nariz, ojos, y la garganta (incluyendo la glándula tiroides). Básicamente, incluye todo lo que hay desde la base del cuello hacia arriba.

4. La cuarta posición nos habla sobre la energía sólida que entra en el cuerpo. Cualquier cosa que bebas, comas, fumes o ingieras, aparecerá aquí, y el tipo de carta que caiga en esta posición indicará si afecta a tu cuerpo de una forma positiva o negativa.

5. La quinta posición habla sobre el estado de tus emociones: cómo se siente la persona, y cuál es su estado mental. A menudo las emociones son un buen indicador de lo que está ocurriendo en el cuerpo. Las emociones pueden afectar al sistema inmune, y

---

[1] El hipotálamo y las glándulas pineal y pituitaria.

cuando estés estudiando un tratamiento, asegúrate de que este produce energías emocionales favorables. Si una persona tiene dolor físico, también saldrá en esta posición.

6. La sexta posición muestra lo que el sistema inmune primario está haciendo. Si está luchando contra algo o funcionando de forma exagerada, aparecerá aquí. Lo que metemos en nuestro cuerpo, lo que ingerimos, fumamos, bebemos, etc, tiene un efecto directo sobre la primera línea de nuestro sistema inmune, y por eso esta carta está ubicada justo debajo de la posición de la energía sólida. Observa la relación entre las dos cartas: si algo que ingieres (comida, drogas, etc) está causando, contribuyendo o agravando una enfermedad o está afectando al sistema inmune de alguna manera, entonces tanto la posición cuarta y sexta mostrarán cartas agresivas o agravantes.

7. La séptima posición nos habla sobre el sistema inmune profundo, que también se ve afectado por la situación emocional, y por eso esta posición está justo debajo de la quinta posición. Esta carta también nos indica cómo está el sistema inmune secundario que se encarga de atrapar y destruir aquellas amenazas que ya han sido vencidas. Cuando el consultante está en una fase en la que se supera la enfermedad, las cartas agresivas normalmente se mueven de la posición seis (respuesta inmune primaria) a la posición siete. Ahí es donde la enfermedad se procesa y suspende. El estado emocional de la persona afectará a la efectividad de este proceso, y si ha sufrido mucho últimamente, entonces esta parte del sistema inmune es posible que esté afectada. Esta posición también nos indica cómo está funcionando el sistema inmune. Nos dice si sus respuestas son equilibradas: si está funcionando como debería y no está atacando a su propio cuerpo. En el caso de las enfermedades inflamatorias, cuando

hay alguna activa, se mostrará en ambas posiciones, la sexta y la séptima.

8. La octava posición nos habla del centro del cuerpo, que cobija los órganos vitales: corazón, pulmones, estómago, páncreas, hígado y riñones. Si hay algún problema con alguno de estos órganos, se indicará aquí. Si aparece en esta posición una carta agresiva de importancia, entonces será necesario hacer más lecturas para ver qué órgano es el que está afectado (usando la tirada del si o no).

9. La novena posición nos habla de los órganos sexuales masculinos, la testosterona y la vejiga. Las mujeres también tienen testosterona, así que si la lectura es sobre una mujer y en esta posición aparece una carta difícil, entonces será necesario revisar en profundidad su sistema endocrino y equilibrio hormonal. Si en lecturas separadas ambos parecen estar bien, habrá que hacer una lectura para ver cual es su respuesta hormonal al estár junto a hombres.

10. La décima posición nos habla de los órganos sexuales femeninos y la vejiga. De igual manera, los hombres también tienen estrógenos, así que si la lectura es sobre un hombre y en esta posición aparece una carta difícil, habrá que mirar su sistema hormonal. Una carta difícil en esta posición también puede indicar la presencia de una persona del sexo opuesto que es hormonalmente disruptiva.

11. La undécima posición habla sobre el sistema digestivo y muestra cómo están procesando el intestino delgado y el grueso todo lo que viene de la carta cuatro. Esta zona del cuerpo puede ser leída junto a las posiciones tres y cinco (la cabeza y las emociones): hay una relación directa entre la salud digestiva y la salud

mental y emocional. Por ejemplo, los neurotransmisores como la serotonina tienen un papel fundamental en el estado de ánimo, el estado muscular y la digestión. A menudo las enfermedades crónicas mostrarán su origen en las posiciones once, tres y cinco. En esos casos, la solución está en la salud del tracto digestivo y el colon.

12. La duodécima posición nos indica lo que ocurre cuando dormimos y cuando soñamos. La calidad de nuestro sueño tiene efectos en la salud de otras partes del cuerpo, así que si hay un problema serio en esta posición, habrá que ver que está ocurriendo en el resto de la lectura.

13. La decimotercera posición habla del sistema óseo esquelético. Incluye huesos, músculos y nervios. Cualquier reacción inflamatoria, problema en el sistema nervioso periférico, o impacto sobre los músculos o huesos, aparecerá aquí. Si tanto en esta posición como en la tres (cabeza/cerebro) aparecen cartas difíciles, lo más probable es que esto indique que hay un problema en los nervios. Si hay cartas agresivas en esta posición y en la once (digestión), puede que indique una enfermedad inflamatoria activa debido a una infección o a un desequilibrio bacteriano, o que haya una inflamación del intestino.

14. La decimocuarta posición habla sobre la piel. La piel es el órgano más externo, y el más grande de nuestro cuerpo. Si la única zona que indica un problema en una lectura de salud es la piel, entonces lo más seguro es que el problema se solucione solo. Las lesiones en la piel, dejando de lado cortes, infecciones o infestaciones, suelen ser un síntoma de alguna otra cosa que esté ocurriendo en el cuerpo, como reacciones alérgicas a la comida, o enfermedades inflamatorias.

15. La decimoquinta posición nos habla del futuro inmediato de nuestra salud. Si aparece una carta negativa, habrá que trabajar para sanar al cuerpo y reequilibrarlo. Lee esta carta en relación al plazo de tiempo establecido en la lectura: si la lectura trata sobre las tres semanas siguientes, y en esta posición hay una carta difícil, vuelve a hacer la lectura, pero esta vez con un espacio de tiempo de seis semanas, para ver si el cuerpo necesita un poco más de tiempo para curarse. Si en esas seis semanas sigue saliendo una carta difícil, deberás reconsiderar las acciones que estás tomando.

Tiradas esotéricas

Las tiradas esotéricas son para magos, místicos, etc, que deseen obtener una vista general sobre su camino o su desarrollo; para preveer las implicaciones a largo plazo de un determinado trabajo mágico, para comunicarse con espíritus, seres o ancestros, o para ver el estado de un patrón del destino y comprobar si están trabajando de la forma adecuada. Las tiradas esotéricas le permiten al mago ver en profundidad el pasado, el presente y el futuro de forma que pueda adaptarse, prepararse y cambiar para evolucionar como mago y como ser humano.

A medida que vayas trabajando con este tipo de tiradas te darás cuenta de que funcionan con un patrón similar, que es el patrón mágico de la existencia y el contacto. Es un patrón que se usa en rituales y meditación, y funciona con las dinámicas de la vida, el tiempo, el poder divino, los contactos interiores, y la magia.

Un consejo que quiero dar antes de que alguien se adentre en las lecturas esotéricas, en concreto en relación a las lecturas sobre el destino: no las hagas si no eres capaz o no quieres enfrentarte a lo que describen. Las lecturas mágicas profundas a menudo nos arrojan cosas para las que no estamos preparados. Pueden ser contrarias a lo que nos contamos a nosotros mismos, y si estás muy encajonado en una idea emocional, afrontar una perspectiva distinta puede ser desorientador o conflictivo.

Una de las cosas que se requieren para ser un mago o un místico es la capacidad y la voluntad de conocerte a ti mismo. Debes afrontar lo que hay, no lo que te gustaría que hubiera.

Tirada del patrón del destino

Esta tirada trata sobre el patrón del destino actual y ofrece detalles sobre las dinámicas subyacentes con las que se debe trabajar, en qué estado está ese patrón, y cual es su mayor potencial. La gente a menudo piensa en el destino como un camino continuo a lo largo de la vida: pero no es así. La vida está formada por pequeños caminos a los que los magos llaman "patrones". Cada patrón de destino tiene un inicio y un final, y está formado por eventos, poderes, e intersecciones donde la persona toma elecciones y acciones. Estas decisiones y acciones deciden cómo llegará ese patrón a su destino, y cómo conectará con el patrón siguiente. Está dinámica de caminos y patrones constituye el poder subyacente que hay trás la carta de la Rueda. La Rueda gira y provoca un nuevo patrón de destino, o cambia la dinámica dentro del patrón actual.

Usando esta tirada un mago puede obtener una vista general del punto en el que se encuentra de un patrón de destino, saber a qué debe prestar atención, qué necesita dejar ir, y le da una idea de en lo que puede evolucionar en ese ciclo si transcurre por él haciéndolo lo mejor posible. Mucha gente deja que sea el destino el que le transporte, pero un mago es responsable de hacer lo mejor con lo que el destino le ponga en su camino, en caso de que desee evolucionar y crecer tanto como mago como ser humano.

6. Tiradas

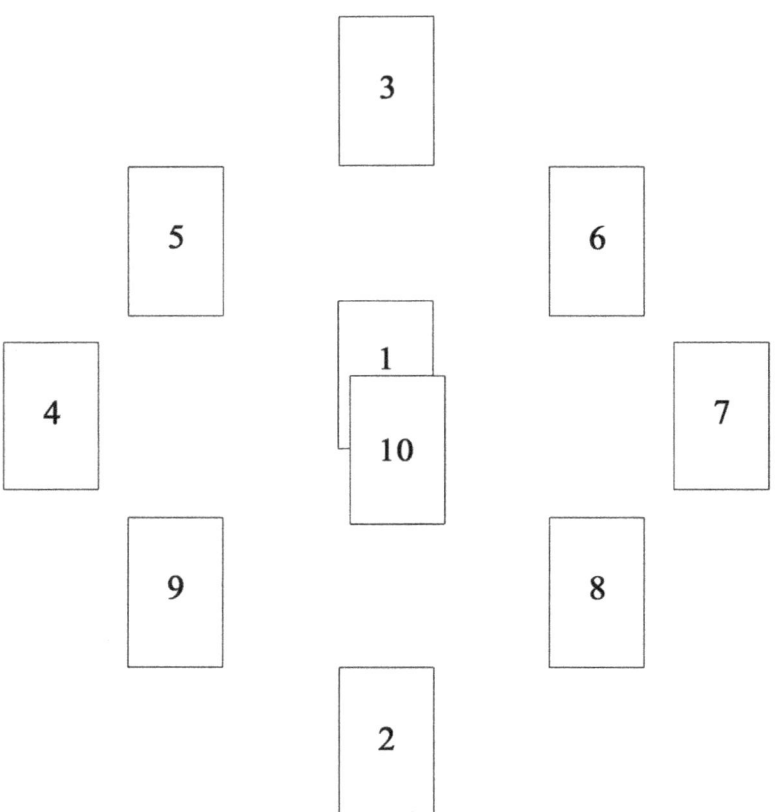

Figura 6.12: Tirada del patrón del destino.

Tirada del patrón del destino

1. Patrón del destino actual.

2. Lecciones aprendidas. Lo que ha quedado atrás pero que tiene una influencia en el presente.

3. El máximo potencial posible del resultado de este patrón del destino: si lo haces bien, esto es lo que conseguirá este patrón.

4. Semillas que deben ser cuidadas: aquello que se ha sembrado para el futuro y que debe ser cuidado.

5. Montañas a subir: dificultades a superar para llegar al éxito.

6. Lo que hay que dejar ir para conseguir el potencial de ese destino

7. Cosecha: lo que has conseguido hasta este momento.

8. El Ángel de la Severidad: esta posición te dice si alguna de tus acciones ha puesto tu patrón del destino o tu evolución en peligro. Cualquier cosa que aparezca en esta posición está profundamente conectada con tus acciones, decisiones, etc. No es debido a nada externo que esté fuera de tu control.

9. El Ángel de la Compasión: esta posición te dice la ayuda que recibes gracias a las acciones, decisiones y reflexiones realizadas hasta este momento.

10. Influencia: Esta carta se cruza con la primera, y muestra que es lo que te está influyendo. Normalmente suele ser un contacto interior, un ser, o un profesor físico. Si sale una mala carta, deberás reconsiderar a la persona de quién estás recibiendo consejo.

6. Tiradas

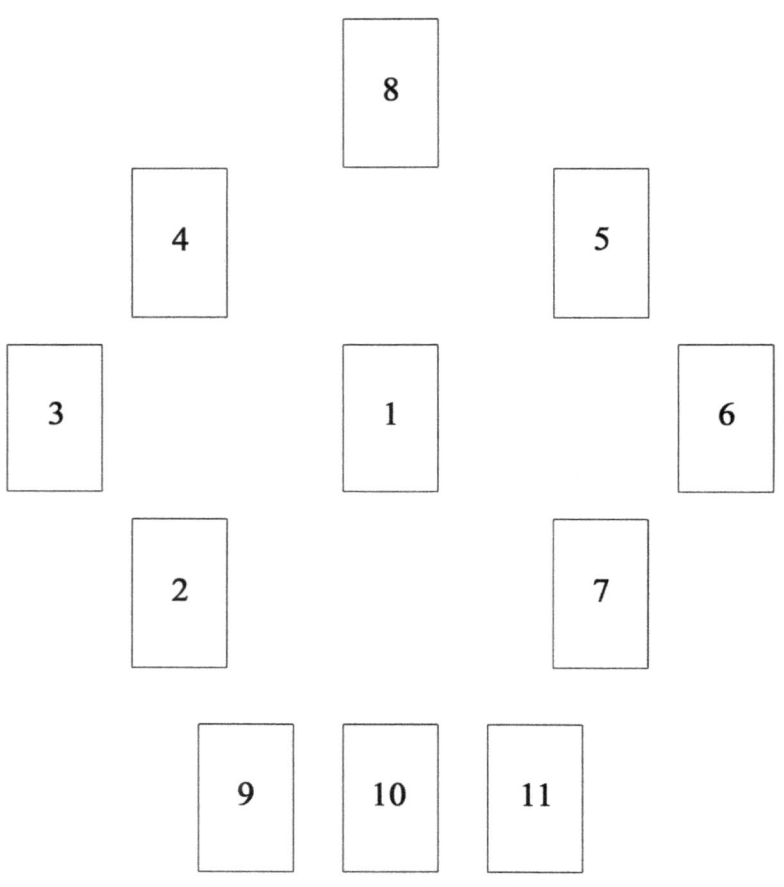

Figura 6.13: Tirada angelical.

Tirada angelical

Esta tirada esotérica te informa sobre ti, y realiza un análisis sobre tu yo más profundo, así como sobre tu yo mundano. También te proporciona un canal mediante el cual comunicarte con tu guardián personal, conocido en magia como el Santo Ángel Guardían. Las posiciones están conectadas con las herramientas mágicas, que además son seres en sí mismos, y con seres angelicales que trabajan junto al mago o místico.

Si prestas atención, verás que los poderes y las posiciones están conectadas con las de la tirada del Patrón del Destino. Debido a esto puedes hacer las dos lecturas y luego compararlas. Una te hablará del patrón del destino, y la otra te hablará de los poderes profundos que sostienes ese patrón.

La tirada angelical te ofrece una vista general del lugar en el que se encuentra el mago en términos de desarrollo y trabajo mágico, te dice qué poderes hay alrededor de él, y cuales fluyen a través de él, y por eso esta tirada puede usarse tanto para obtener una vista general del punto de tu desarrollo en el que te encuentras, como para ver cómo te está afectando o te afectará un determinado camino mágico, trabajo, entrenamiento, o proyecto mágico.

También se puede usar para estudiar una determinada estructura mágica o religiosa: el mismo patrón mágico fluye tanto a través de construcciones como de sistemas religiosos o mágicos. La lectura te mostrará las dinámicas de poder, y los puntos fuertes y débiles que hay en un sistema, lugar o persona.

1. **Yo.** La posición que habla sobre la persona, el lugar o sistema sobre el que se está leyendo.

2. **Chesed.** Este poder divino/angelical ilumina el camino adelante, así que esta posición indica si se nos está otorgando esta luz, y si es así, cómo se está formando el camino.

3. **Limitador.** Esta posición indica lo que se ha activado para ralentizar o limitar el camino adelante, de forma que lo que tenga que ser aprendido o lo que deba ocurrir, pueda hacerlo. El poder del Limitador está conectado con Chesed: también está conectado con la espada mágica. Protege y limita de forma que el mago no sea destruido debido a un crecimiento excesivo.

4. **El Bastón.** El bastón está conectado a la vara mágica del mago. Es el poder de la serpiente dual que abre las puertas del conocimiento y la sanación/medicina. La carta que cae en esta posición indicará al lector que deberá aprender o qué evolución le espera en el futuro. Es el siguiente paso que hay que dar en el camino.

5. **El Farol.** El farol es el aprendizaje y la evolución que ya se ha conseguido, y que ilumina el camino adelante. Es la versión humana de la luz que el ángel de Chesed sostiene para que puedas ver el camino. La luz de la posición de Chesed es la ayuda que el destino divino te ofrece. La luz del farol, es aquella que tú has creado gracias a tu desarrollo. Al final las dos luces deberán estar tan equilibradas como sea posible. Si se complementan la una a la otra sabrás que lo que sea que estés haciendo servirá para muchas cosas buenas, ayudando tanto a tu camino como a todas aquellas cosas a las que afectes con tu trabajo.

6. **El Cáliz.** El cáliz es la herramienta mágica de la cosecha, y está conectada con la copa mágica. En la posición del Cáliz se

encuentra el trabajo o aprendizaje que ya se ha realizado, y que va a ser trillada como el grano, de forma que este pueda ser separado de la paja: el trabajo o el desarrollo en proceso de maduración. Los granos puros al final se convertirán en la luz del farol.

7. **Gevurah.** Esta posición divina/angelical muestra aquello que ha sido apartado de tu camino, ya que no tiene ningún fin y sería perjudicial para tu desarrollo o camino futuro. Lo que caiga en esta posición no debe ser traído de vuelta al presente, sino que debe dejarse ir hacia el pasado.

8. **El Compañero.** Es el Sandalfón, el ángel que te guía en tu camino al futuro. La carta que cae en esta posición te indica, o te aconseja sobre el mejor camino a tomar. Debes tener en cuenta, que independientemente de la carta que aparezca en aquí, el Compañero hará ese camino contigo, dando fé de lo que hagas y aconsejandote en caso de que sea necesario.

9. **SAG: lo que ha sido.** Tu futuro estará orientado si eres consciente de tu pasado. Para bien o para mal, el pasado forma tus cimientos. Las posiciones 9, 10 y 11 deben leerse en conjunto: son el consejo de tu ángel guardián.

10. **SAG: lo que es.** Tu yo actual, tu verdadera situación actual, se refleja en el ángel guardián.

11. **SAG: lo que será.** El guardián te mostrará una imagen sencilla de lo que puedes llegar a ser.

6. Tiradas

Tirada panorámica

He desarrollado esta tirada junto a la Baraja de los Magos de Quareia. Muestra qué es lo que está influyendo en una situación, y qué dinámicas están en juego, en relación al pasado, al presente y al futuro. Muestra los poderes y patrones que fluyen desde los mundos interiores y mágicos, y como llegan a la vida diaria del sujeto de la lectura. Como tal, esta tirada puede usarse tanto para lecturas esotéricas como para mundanas, y como siempre, necesita preguntas bien formuladas y un plazo de tiempo definido.

1. **Los Cimientos.** El cuerpo, la estructura o la tierra.

2. **Unión.** La segunda posición, que cruza a la primera, nos dice con qué poderes o dinámicas personales estamos tratando. Puede mostrar contactos interiores con los que estés hablando o trabajando en el momento de la lectura, o puede ser una posición que indique relaciones.

3. **Padre Estrella.** Lo que está llegando al futuro a largo plazo y que está relacionado con la pregunta: un patrón que aún se está formando en las estrellas.

4. **El Inframundo.** Lo que ya ha pasado, ha descendido a las profundidades, y no volverá más. En una lectura mágica puede indicar que hay una influencia que viene del Inframundo en el caso de que la pregunta trate sobre una estructura, un sistema o un proyecto mágico. Pero lo que aparezca en esta posición no se reflejará en el mundo actual, sino que se tratará de algo del pasado sobre lo que se está construyendo el futuro.

5. **Puerta del Pasado.** Este es el umbral de lo que ahora está en el pasado inmediato. Lo que salga en esta posición

Tirada panorámica

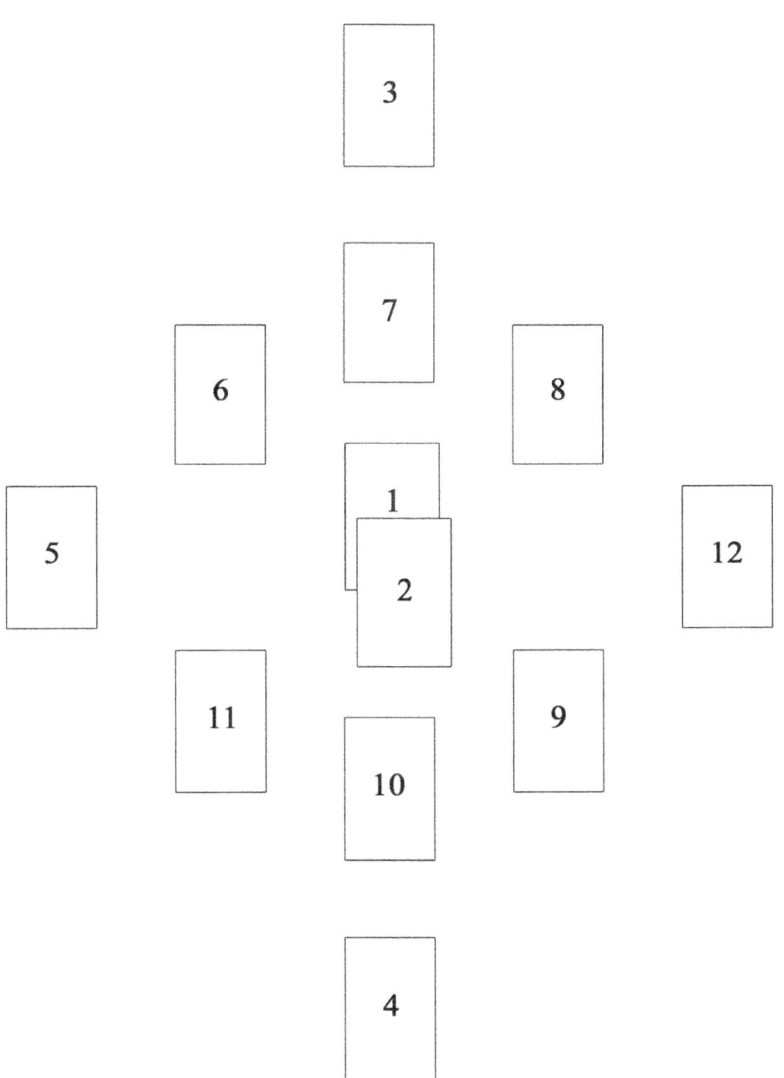

Figura 6.14: Tirada panorámica.

tiene el potencial de volver al futuro en algún momento, pero actualmente es parte del pasado.

6. **Rueda del Destino.** Habla de la acción o el patrón del destino que se está manifestando. Puede ser una dificultad, un ciclo de trabajo mágico, una renovación, etc. Este es el camino en el que te encuentras actualmente, en términos del destino y su desarrollo.

7. **La Muela.** Las adversidades y dificultades que deben ser superadas. En el camino actual del que se habla en la posición seis siempre habrá adversidades, dificultades, y barreras que hay que superar. Estas se muestran en la posición número siete, y habrá que lidiar con ellas y resistir para seguir en la misma dirección en la que te encuentras en tu camino del destino.

8. **El Templo Interior.** Lo que llega a esa situación o patrón del destino desde los mundos o los contactos interiores. Todos los ataques mágicos, contactos interiores, apoyo interior, planes de trabajo, y seres (deidades, etc.) que te están influyendo, se mostrarán aquí.

9. **El Hogar y la Tierra.** Las influencias que afectan a tu hogar y círculo familiar. Esta posición indica lo que está ocurriendo en el hogar, tanto a nivel mundano como desde un punto de vista mágico. Por ejemplo, sin un trabajo mágico está perjudicando o interfiriendo con tu familia o tu casa, o si hay un espíritu problemático en la casa, aparecerá en esta posición. También puede indicar situaciones familiares que estén influyendo en el tema sobre el que se esté leyendo. En una lectura mágica puede referirse a una logia o un templo (un "hogar" mágico), o a un orden (una "familia" mágica), en función de lo que se haya preguntado.

10. **El Deshilachador.** Lo que comienza a decaer o a desaparecer. Cuando algo está en proceso de perder su influencia y se comienza a resquebrajar, aparecerá en esta posición. Está de camino a la Puerta del Pasado, y al final se esfumará en las profundidades. Pero si no eres capaz de afrontar los retos que aparecen en la posición número siete, cualquier dificultad que se muestre en esta posición volverá de nuevo a retarte hasta que te des cuenta y te enfrentes a ello.

11. **El Durmiente.** El sueño y los sueños. Lo que te esté ocurriendo mientras duermes, y aquello con lo que tu mente profunda inconsciente esté lidiando. También puede ser la posición del trabajo en visión en caso de que la pregunta trate sobre un trabajo mágico. A menudo el trabajo en visión puede afectar a los sueños de un mago, así que en la lectura, las dos dinámicas deberán ser consideradas en conjunto.

12. **El Camino Adelante.** El camino a seguir, el resultado a corto plazo para tu pregunta. (Para saber el resultado a largo plazo, consulta la posición número 3).

6. Tiradas

Tirada del Mapa del Yo

Esta es una tirada muy extensa que estudia los diferentes aspectos de una persona mágica, una estructura, o un sistema. En lugar de centrarse en los aspectos prácticos de un tema o sujeto, lo que hace es enfocarse en la manifestación en el mundo físico del alma o de la expresión espiritual. Normalmente se usa para obtener una vista general de la existencia mágica de algo, ya sea una persona o una estructura (como un templo)

Esta tirada tiene tres capas. La primera se centra en la expresión mundana física, la segunda en la expresión mágica, y la capa final en el alma interior profunda. Funciona como una espiral, respondiendo a la pregunta mediante círculos que se expanden. Las posiciones se alinean entre ellas en patrones mágicos que muestran las relaciones entre la manifestación mundana, mágica y espiritual del sujeto o tema en cuestión. Esta tirada no la analizo en el capítulo de las interpretaciones, ya que debe ser el mago el que adivine cómo funciona. Trabajando con esta tirada descubrirás por ti mismo sus patrones mágicos e interconexiones: es un trabajo de descubrimiento.

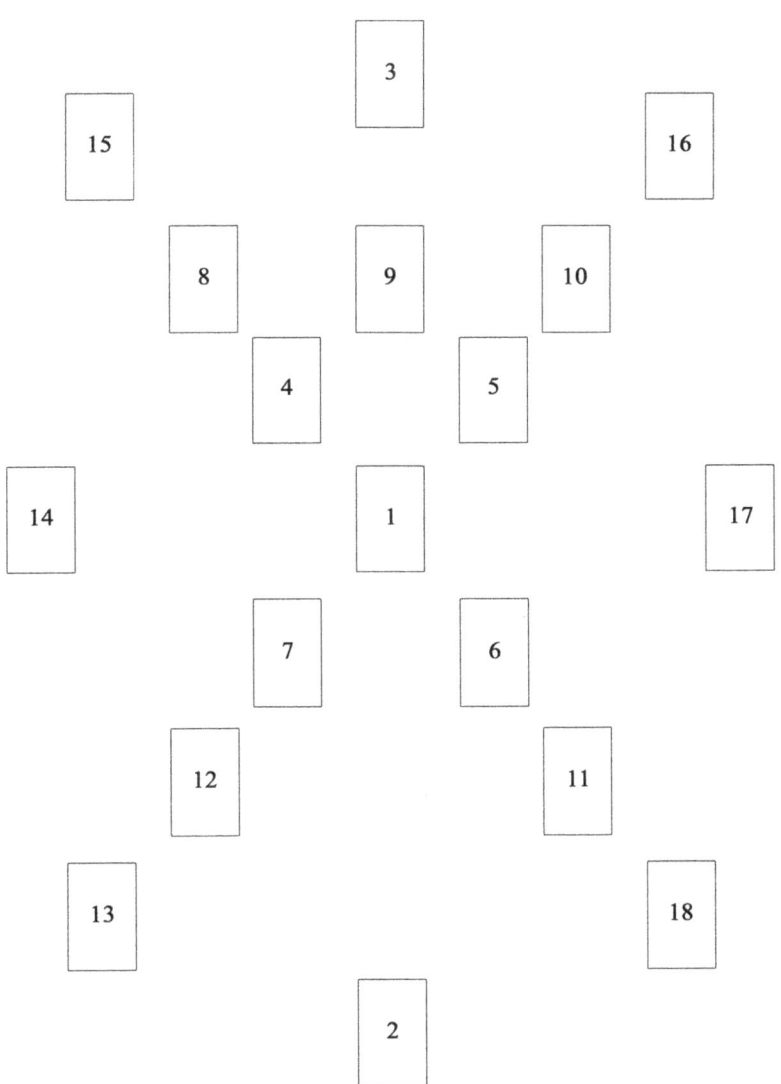

Figura 6.15: Tirada del Mapa del Yo.

6. Tiradas

1. **El Yo.** La zona cero de la pregunta.

2. **Origen.** De donde viene el sujeto.

3. **Destino.** A donde se dirige el sujeto.

4. **Lo mundano positivo.** Lo que contribuye positivamente a la vida mundana y física del alma.

5. **Futuro a corto plazo.** El futuro mundano a corto plazo de ese alma.

6. **Pasado reciente.** Lo que acaba de pasar al pasado, del destino de ese alma.

7. **Lo mundano negativo.** Lo que está afectando negativamente a la vida mundana y física del alma.

8. **Camino espiritual o mágico.** De qué manera influye o ayuda al alma el camino mágico o espiritual que se está siguiendo.

9. **Contactos mágicos.** El tipo de ser que está hablando o ayudando al mago.

10. **Futuro mágico.** Hacia dónde va a conducir ese camino mágico al alma.

11. **Adversario mágico.** El poder que está trabajando en contra del mago. Cada camino mágico para que pueda desarrollarse, debe tener un adversario que actúa como contrapeso. Este adversario nunca podrá ser eliminado, habrá que aprender a vivir con él.

12. **La piedra fundacional.** Qué cimientos sostienen el camino mágico, y si son estables o no.

13. **Los pasos del alma.** Cuál es la lección principal o qué es lo que tiene que conseguir el alma en esta vida. Aunque durante la vida hay muchas lecciones que aprender, trabajos o situaciones por

las que pasar, normalmente en una vida hay un tema u objetivo principal.

14. **El camino del alma.** Qué tipo de camino necesita recorrer el alma durante esta vida para lograr su objetivo.

15. **El patrón del destino del alma.** Qúe tipo de patrón del destino general se ha formado para facilitar que el alma recorra su camino y de sus pasos. El patrón del destino ofrece varios caminos alternativos, y estos influyen en cómo se dan los pasos.

16. **La cosecha del alma.** Que ha conseguido cosechar el alma hasta este momento en la vida. La cosecha son los "granos" de conocimiento y experiencia que se han adquirido hasta la fecha.

17. **La Balanza.** Qué es lo que está desequilibrando la balanza. Qué déficits o deudas necesitan ser reequilibrados. Estos déficits y deudas, aunque estemos hablando del alma, están relacionados directamente con la vida mundana y las acciones que afectan al equilibrio del alma. El equilibrio se refiere a la necesidad, al huso del destino.

18. **Restricción.** Lo que debe ser restringido o moderado tanto a nivel mundano como mágico de forma que no influya negativamente en lo que intentes conseguir en esta vida. La carta que aparezca aquí te mostrará tus propias idioteces, aquellas que pueden deshacerte.

7. Interpretación de las tiradas

En este capítulo veremos las tiradas descritas en el capítulo anterior, cómo funcionan, y cómo interpretar las lecturas mediante ejemplos. Siempre es buena idea tomar nota de tus lecturas más importantes, de la pregunta formulada y de la interpretación, tanto si estás aprendiendo tarot, como si ya eres un lector experimentado. (Hacer una foto de la tirada es una buena manera de asegurarte un registro correcto de las posiciones de las cartas). Más tarde, cuando ya haya sucedido aquello sobre lo que habías preguntado, podrás volver a tus notas, y comparar tu interpretación con lo que te estaban diciendo las cartas en realidad. Aprenderás muchísimo trabajando de esta forma, tanto sobre el funcionamiento de las cartas, como sobre de qué forma necesitas mejorar tus habilidades. Esto es algo que yo aún hago incluso tras más de cuarenta años leyendo las cartas.

En este libro me he limitado a la Rider-Waite ya que es la baraja más utilizada habitualmente entre aquellos que se inician en el tarot, pero recuerda que las tiradas descritas aquí funcionarán con independencia del tipo de oráculo o baraja del tarot que uses.

La forma en la que se organiza este capítulo es la siguiente: En primer lugar mostraré la lectura, y un pequeño resumen de significados generales. Después daré una respuesta completa, que estudiará la tirada en detalle, y mostrará la diversidad de significados que pueden surgir en una interpretación. También se estudiará la tirada desde un punto de vista técnico para aquellos lectores más inclinados a lo mágico o esotérico.

7. Interpretación de las tiradas

Además de estudiar una tirada en acción, y ver cómo se interpreta, también añadiré en algunas de las tiradas un comentario para evitar situaciones de pánico. Cuando se lee sobre algo muy emocional, y es algo que nos afecta a nosotros o a algún ser muy querido, es bastante fácil entrar en pánico ante ciertas cartas difíciles. Si las emociones influyen en la lectura, podemos acabar interpretando una carta como una "plaga", cuando en realidad solo está hablando de un "buen constipado". Por otra parte, también es fácil quitar gravedad a cartas de advertencia o peligro, cosa que también veremos.

Para terminar, acabaré cada análisis con un pequeño resumen sobre cómo transmitir el resultado de la pregunta a la persona que ha solicitado la lectura.

Tiradas para cuestiones cotidianas

La primera parte de este capítulo ofrece ejemplos de tiradas que pueden ser usadas para tratar temas cotidianos. También añado una descripción más técnica sobre los aspectos mágicos y esotéricos de las tiradas para aquellos interesados en estudiar tales cosas.

Tirada sencilla del si o no

Pregunta

"¿Perderé mi trabajo durante los próximos tres meses?"

Contexto

A esta persona se le ha suspendido su contrato de trabajo debido a la pandemia del Covid-19 y está preocupada por quedarse sin ingresos.

Tirada sencilla del si o no

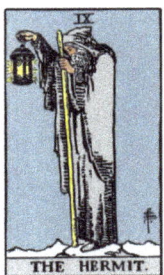

Figura 7.1: Tirada sencilla del si o no.

7. Interpretación de las tiradas

Significado de las posiciones

1. El tema sobre el que trata la pregunta.

2. El pasado relevante. Lo que ocurrió en el pasado que ha derivado en la situación objeto de la pregunta.

3. Dificultades a superar.

4. Ayuda que recibes.

5. El futuro del resultado. A lo que conducirá la respuesta.

6. La respuesta.

Resultado de la lectura

1. 9 de Oros. La pregunta trata sobre la estabilidad financiera.

2. 8 de Oros. El pasado relevante es el oficio y el trabajo de esa persona. Ha trabajado de forma profesional y diligente. Esto tendrá una influencia en el futuro. También habla del trabajo en suspenso. Su trabajo es el pasado reciente.

3. As de Espadas. Esta carta puede referirse tanto a la pandemia como al hecho de encontrarse en ERTE o con el contrato laboral suspendido temporalmente. Su posición bajo el 8 de Oros es la relación entre lo que ocurrió en el pasado y que era de relevancia, y que afectará en la forma en cómo se supera la dificultad. En este caso, el trabajo bien realizado en el pasado ayudará a superar esta situación tan difícil.

4. El Ermitaño. La introspección y el uso de la experiencia pasada y el conocimiento ayudarán a la persona a superar esa situación.

5. Rueda de la Fortuna. Esta carta junto con la del Ermitaño, son los dos Arcanos Mayores que aparecen en la tirada. Son las de

mayor importancia y poder, así que son las de mayor impacto en la respuesta. La Rueda dice que se avecinan cambios. En el contexto de la pregunta, es muy probable que la persona cambie de trabajo.

6. Nueve de Espadas. La respuesta es tristeza y sufrimiento. Como respuesta directa a la pregunta, dice que sí, que es muy probable que esa persona pierda su trabajo en los próximos tres meses.

Respuesta completa

La Rueda y el Ermitaño funcionan juntos: el conocimiento pasado y la experiencia producirán un cambio en la fortuna. Esto viene reforzado por por el 8 de Oros en la posición dos, el pasado relevante. La experiencia laboral pasada y los conocimientos de esa persona darán como resultado un nuevo trabajo que se está formando en su destino, y que estará conectado con sus trabajos y habilidades pasadas. Así que aunque la respuesta a corto plazo es mala, el resultado general es bueno. Y como el resultado futuro es un Arcano Mayor positivo, es probable que el nuevo trabajo sea mucho mejor que el viejo.

Observaciones de cara al estudio esotérico

Las dos cartas de abajo, la 3 y la 4, son las dos "piernas" sobre las que se sustenta la lectura. Las dificultades a superar están en equilibrio con su contrapeso, que está formado por los recursos y la ayuda de la que dispone esa persona a la hora de afrontar esos problemas. En magia esto está conectado con la Muela en la pierna izquierda, y la Era en el pie derecho. Las dificultades que la vida te arroja están en equilibrio con la sabiduría ganada de las experiencias pasadas. Cuantas más dificultades superemos, más experiencia y sabiduría ganaremos, lo que nos permitirá superar nuevos problemas.

7. Interpretación de las tiradas

Las posiciones 2 y 5 son las polarizaciones del tiempo y el destino. Lo que ocurrió en el pasado y cómo lo gestionamos, tiene una influencia en la forma en la que el camino de nuestro destino se desarrolla hacia el futuro. Mirando a las dos posiciones en conjunto podrás saber cómo se desarrollará el futuro camino adelante, y si va a ocurrir algo que reequilibre el destino de esa persona.

Las posiciones 2 y 4 también se pueden leer de forma conjunta. La posición 2 te dice que es lo que ocurrió en el pasado que influirá en el futuro, y la posición 4 te dice lo que has ganado de tus experiencias pasadas. Ambas tienen una influencia directa en cómo se manifestará la carta en la posición número 5.

Cuando la lectura genera miedo

Si el lector únicamente se fija en las dificultades a superar, la respuesta de la tirada y el resultado futuro, seguramente sentirá pánico. El As de Espadas, el 9 de Espadas y la Rueda de la Fortuna pueden parecer que digan "es una situación muy mala, vas a quedarte sin trabajo, y tu fortuna cambiará a peor". Sin embargo, leer esto ignorando que el pasado es la base que construye el futuro, y el pasado en esta lectura es el trabajo duro (8 de Oros) y la sabiduría que llega de la experiencia (Ermitaño). Estos dos regalos tienen un impacto directo en la forma en la que gira la Rueda de la Fortuna, y lo que esta trae.

Siempre que una lectura genere miedo, merece mucho la pena valorar la lectura como un todo, para saber qué experiencias pasadas tendrán una influencia en el futuro. La clave para ello es el título de la posición dos: pasado relevante, no simplemente el pasado. Esta posición describe cómo se desarrollará el futuro en base a los cimientos del pasado sobre los que se construye ese futuro.

INTERPRETACIÓN Y CONSEJOS PARA EL CLIENTE

Efectivamente, es probable que te quedes sin trabajo. Sin embargo, hay algo más que se está formando para ti, tus habilidades y experiencia te traerán un trabajo nuevo. Mi consejo sería comenzar a buscar ya un nuevo trabajo, mientras tu puesto actual está suspendido o en ERTE, y buscar aquellos trabajos que se ajusten no solo a tu puesto o cargo actual. Piensa en las habilidades que has aprendido en el pasado, y en cómo esas habilidades podrían ayudarte a conseguir un nuevo trabajo. Empezar a buscar ahora, antes de que pierdas tu trabajo, te ayudará a que las puertas del destino comiencen a abrirse, y a que se empiecen a formar nuevos caminos ante ti. También te recomendaría limitar tus gastos y ahorrar lo que puedas, de forma que tengas un colchón en el que apoyarte en caso de que pase un tiempo entre la pérdida del trabajo actual y la aparición del nuevo.

Tirada del Árbol de la Vida

PREGUNTA

"Estoy estancado en mi trabajo, me gustaría tener mejores perspectivas laborales. Estaba pensando en volver a la universidad y hacer un máster en mi especialidad. Pero eso supondría un montón de trabajo extra y además me costaría un montón de dinero, y no quiero malgastarlo. Mi pregunta es: será una buena idea para mi futuro a largo plazo volver a la universidad, a la Universidad Davis de California y hacer un máster en veterinaria?"

Nota: fíjate que en la pregunta no se indica un máster en general, sino que se especifica aquel en el que el cliente está pensando. Esto es muy importante. Especificar el nombre de la universidad y el máster concreto dará una respuesta más acertada. Si la pregunta se hiciera de una forma más general, sin especificar la universidad

7. Interpretación de las tiradas

Figura 7.2: Tirada del Árbol de la Vida.

o el máster concreto, y la respuesta resultase ser positiva, entonces habría que hacer lecturas adicionales con la tirada del sí o no, para ver cuál sería la mejor opción para el cliente de entre varios másters y/o universidades.

Significado de las posiciones

1. De qué va la historia.

2. Qué aspecto positivo ayuda a formar la historia.

3. Lo que está oculto, o en el pasado y que tiene influencia en la situación por la que se pregunta.

4. Qué es necesario para que la situación evolucione.

5. Qué se está apartando o retirando de esa situación.

6. El aspecto crucial, la clave de la historia.

7. Lo que necesita ser limitado o disciplinado para que la situación sea un éxito. Esta es la posición regida por las emociones.

8. Lo que hay que relajar o soltar para que fluya. Esta posición es regida por la mente.

9. La razón o la dinámica que hay detrás de la historia.

10. La respuesta.

Resultado de la lectura

1. Siete de Copas. De qué va la historia. En busca de la joya oculta: buscando nuevos horizontes, pero sin saber que opción elegir, o sin estar viendo todas las opciones.

2. Los Enamorados. La historia supone llegar a un acuerdo o colaboración con alguien. ¿La universidad?

3. Caballo de Oros. El pasado relevante está basado en la experiencia como técnico de veterinaria del cliente, un perfil junior.

4. Dos de bastos. Lo que hace falta para que se desarrolle la situación es mirar con cuidado y en profundidad, estudiar las diferentes opciones disponibles.

5. El Mundo. Esta opción supondría apartarse del mundo durante una temporada, socializar poco, no salir, no irse de vacaciones. También podría significar que el curso sería online, no presencial, o que esa opción estaría disponible para el estudiante.

6. El Juicio. Toda la historia depende de una decisión o juicio importante: que la universidad te acepte o no.

7. El Carro. La elección de universidad, el proceso de admisión, todo supondría muchos desplazamientos. También puede significar que se amplíen las perspectivas y esa persona tenga nuevas ideas o pensamiento.

8. El Sumo Sacerdote. No te tomes la solicitud de admisión o los estudios de una forma muy rígida. Para que la admisión tenga éxito, hay que pensar las cosas por anticipado y de forma innovadora, dejando un poco de lado la rigidez intelectual.

9. Tres de Espadas. Puede suponer tanto una separación de su familia como de los sueños.

10. Tres de copas. Celebrando el éxito.

Respuesta completa

Las tres primeras posiciones nos hablan tanto de la situación como de la persona. La primera carta, el Siete de Copas, nos dice que en el fondo la persona no sabe lo que quiere, pero que por lo menos, el tener un objetivo y tomar una decisión (Los Enamorados) hará que deje atrás un pasado débil y avance hacia un futuro mejor. También es posible que la carta de Los Enamorados esté indicando una relación relacionada con esa decisión: si la persona está pensando en formar una familia, o en encontrar una pareja estable, puede que esa sea la razón que hay detrás de la decisión inicial.

A menudo las lecturas te mostrarán las dinámicas subyacentes que hay detrás de la pregunta, incluso antes de que el cliente sea consciente de ellas. Las tres cartas siguientes (posiciones 3, 4 y 5) nos hablan del poder clave necesario para conducir esta situación. En el caso de la lectura, es la carta de El Juicio, es decir, una decisión clave. Dado que el cliente está preguntando si debe ir a la universidad, la carta de El Juicio en el centro de la tirada se refiere no solo a su elección y decisión, sino también a si será aceptada su solicitud de admisión en el curso.

Esa aceptación dependerá de cómo se plantee esa solicitud, que requerirá estar bien pensada y de ofrecer la información que la universidad necesita. El Mundo en una posición de "retirada" es probable que esté indicando que la solicitud para ser admitido en la universidad dependerá o bien de que se trate de un curso online, o que requiera que el cliente acepte aislarse del mundo para estudiar. Leyendo esas tres cartas en conjunto, diría que la universidad basará su decisión para la admisión en el cuidado con que se tramite esa solicitud y lo bien que se argumente, y en los motivos con los que el cliente justifique su interés en hacer el máster, además de lo bien que pueda demostrar que será capaz de estudiar online mientras trabaja y de qué forma podrá financiarlo. Eso significa que la universidad querrá ver una solicitud de admisión muy trabajada, mucho más de lo que el cliente piensa actualmente.

7. Interpretación de las tiradas

El éxito tanto de esa solicitud, como del curso, y el camino futuro necesitan de un pensamiento con visión de futuro, innovación y evolución a través del trabajo duro y concentración (El Carro en la posición de disciplina), así como dejar de lado los pensamientos y formas de trabajo rígidos (El Sumo Sacerdote en la posición del Deshilachador). Es posible que la forma de pensamiento o la metodología actual de la universidad haya cambiado y evolucionado desde que el cliente estudió por última vez.

El Tres de Espadas en la novena posición podría tener diferentes significados en función de la situación individual del cliente. La novena posición en esta tirada tiene una gran variedad de significados potenciales, la familia, el hogar y la tribu, los sueños y los deseos, o lo que se esté formando en la consciencia interior y el destino. La interpretación dependerá de la situación del cliente. Si este vive en familia, ya sea en pareja, o viviendo con sus padres, el curso podría suponer que abandonara esa situación, quizás para estudiar; o que el éxito del curso le condujera a una situación diferente, lejos del hogar. Pero también podría indicar que el consultante desea alejarse de su antigua vida mediante la realización de ese curso.

Dado que la carta de Los Enamorados está situada en un lugar destacado al inicio de la tirada, me preguntaría si esa persona quiere hacer el máster para conseguir una relación de pareja más sólida, o encontrar una pareja estable, ya que en ese caso, el curso es posible que tenga el efecto contrario: el Tres de Espadas indica separación. Y a pesar de eso, el cliente estaría satisfecho con el resultado.

El resultado es positivo, ya que viene indicado por el Tres de Copas. Será aceptado, y será una buena idea de cara a su futuro a largo plazo. Fíjate que el resultado del máster es un Arcano Menor: éxito y celebraciones. Pero el gran peso de la lectura está en las cartas siete y ocho. El curso le hará madurar y cambiará tanto su forma de pensar

Tirada del Árbol de la Vida

como su manera de enfocar ese tema de una manera drástica. Las dos cartas son Arcanos Mayores, y tienen el peso más importante de la parte baja de la lectura, que es la que habla del resultado.

Con todo esto creo que esta persona será aceptada por la universidad para hacer el máster, pero que después se alejará completamente de ese tema y encontrará un camino profesional mejor para él, y sobre el que aún ni ha pensado. Hacer ese curso será un paso vital en ese proceso: si no lo hace, ese buen futuro potencial no se podrá formar.

OBSERVACIONES DE CARA AL ESTUDIO ESOTÉRICO

La tirada del Árbol de la Vida funciona por partes. Las tres primeras cartas nos hablan sobre la historia que hay tras la pregunta, las cartas del medio te indican las dinámicas principales de esa situación, y las cuatro últimas cartas te indican cómo se forma la respuesta, con la última carta siendo la que te da la respuesta.

La tirada también funciona en base a tres columnas, siendo la columna central la que te habla de cómo se crea y se manifiesta una situación. La columna de la derecha te muestra las cartas que a nivel general te indican las acciones positivas que mueven la situación hacia adelante, y la columna de la izquierda te muestra el pasado a grandes rasgos, las dinámicas que están retenidas firmemente, y que hay que soltar o dejar ir. Los dos lados opuestos crean una tensión que permite que el poder o la energía del centro fluya por el Árbol hacia abajo y que mantiene todo estable.

Las tres cartas de arriba y las de en medio son las razones subyacentes, las dinámicas y los poderes más poderosos que hay detrás de una acción o situación, mientras que las cuatro últimas cartas indican cómo se manifiestan esos poderes a nivel práctico y personal. Normalmente no tenemos mucho poder o influencia sobre

7. Interpretación de las tiradas

la parte alta y media del árbol, ya que esas posiciones están afectadas principalmente por el flujo del destino. Pero las tres cartas anteriores a la carta final tratan sobre cómo gestionamos la situación, y sobre eso tenemos el control total. Si alguna de esas cartas (7, 8 o 9) es una carta destructiva, la podremos cambiar si cambiamos nuestro enfoque.

Cuando la lectura genera miedo

Muchos lectores inexpertos se centrarán en la carta del Juicio en la posición central de la tirada, y en el Tres de Espadas en la posición nueve, y leerán la tirada de forma negativa. Es sorprendente ver cómo muchos lectores dejan de lado la carta que habla del resultado, y se centran en las cartas malas que puedan aparecer en otras posiciones de la tirada.

Hay que recordar que tanto en la tirada del Árbol de la Vida como en cualquier otra que tenga una posición determinada para la respuesta, la respuesta vendrá determinada por esa posición. El resto de la lectura te dirá cómo se producirá esa respuesta, y las dificultades potenciales que puedan surgir. Si la respuesta es positiva, pero la forma en la que se produce será demasiado destructiva, significa que el destino actual va en la dirección correcta, pero quizás debas replantearte la forma en la que planeas llegar a ese destino.

Interpretación y consejos para el cliente

Yo recomendaría al cliente que realice con mucho cuidado el proceso de aplicación, informándose a conciencia sobre esa universidad, y averiguando que quiere ver la oficina de admisiones en una solicitud para considerarla positivamente. De esta forma tendrá muchas posibilidades de ser admitido y eso produciría un resultado positivo.

También le sugeriría pensar sobre cómo piensa enfocar el estudio del máster y su futuro en general. Esta persona finalizará el máster con buenos resultados, pero esa titulación no le conducirá a un trabajo en el sector específico que tiene en mente. En lugar de eso, parece ser que el master le preparará y le proporcionará habilidades para algo potencialmente diferente en el futuro, algo que se ajustará más a sus necesidades y a su destino.

También le diría que aunque él piense que la familia y las relaciones son factores muy importantes a tener en cuenta, en lo que se tiene que centrar es en seguir propio camino, en elegir el camino correcto en su vida, de forma individual. Si la relación de pareja o las relaciones familiares están destinadas a permanecer, entonces lo harán. Si no estaban destinadas a permanecer, entonces es posible que se produzcan cambios, pero no hay indicios de que esos cambios vayan a ser negativos, solo serán diferentes.

Tirada general

Pregunta

"Muéstrame los acontecimientos que ocurrirán en mi vida, y lo que sea que necesite saber para los próximos doce meses"

Fíjate en que la pregunta no solo se pide por los acontecimientos que ocurrirán en la vida durante los próximos doce meses, sino que además se incluye aquello que la persona necesita saber para esos 12 meses. Algunas veces surgen cosas en nuestra vida que no son acontecimientos visibles, sino cosas que ocurren sin que nos demos cuenta, o a las que no prestamos atención, pero que son importantes y que deben ser gestionadas en el momento adecuado.

Esta tirada se puede hacer usando una carta por posición, o usando el método de separar la baraja. Voy a usar esta última forma para poder explicarla adecuadamente.

7. Interpretación de las tiradas

Figura 7.3: Tirada general.

Significado de las posiciones

1. El hogar, la familia. Esta es tu zona cero. Tu hogar, tu comunidad más cercana, aquella con la que te identificas, tu línea de sangre, etc.

2. Relaciones. Aquí no se trata sólo de relaciones amorosas, sino de las amistades más cercanas y tus compañeros más importantes, como por ejemplo el socio de tu negocio.

3. Creatividad. Esta es la posición que habla de aquello que es más importante para ti a nivel creativo. Si eres padre, se referirá a tus hijos. También trata sobre aquello que creas y que te apasiona, como por ejemplo el arte, el diseño, la jardinería, el baile, o la programación informática.

4. Ciclo del destino actual. El destino es una rueda en continuo movimiento, y durante la vida vamos de un ciclo a otro. Esta posición te habla sobre el ciclo del destino en el que te encuentras en este momento.

5. Salud. Esta posición te indica tu salud a nivel general durante el plazo de tiempo especificado en la respuesta.

6. Regalos. El destino puede machacarte, pero también te ofrece regalos. Esta carta te habla de las ayudas, los recursos, el apoyo o la protección que el destino pondrá en tu camino para ayudarte.

7. Conflictos. Aquí se mostrarán los conflictos abiertos. La fuente del conflicto puede ser una persona o una situación, puede representar un conflicto interno, o un comportamiento destructivo autoinfligido. Mostrará lo que sea que esté afectando a tu equilibrio.

8. Enemigos ocultos. Algunas veces nuestros amigos o compañeros son muy amables cara a cara, pero por la espalda nos dan la puñalada. También puede ser la posición en la que se muestre un peligro oculto, como un cable en mal estado, algo que no se ve. Es la posición de aquello que no ves pero que te supone un riesgo.

9. La Trituradora: Indica cualquier tipo de dificultad que no debe ser evitada, sino a la que hay que enfrentarse para volverse más fuerte, más sabio, o como camino hacia el éxito.

10. Recursos: Pueden ser ingresos, energía, comida, etc. Esta posición te ofrece un panorama general sobre los recursos de los que dispones durante el tiempo establecido en la lectura, de forma que puedas saber si vas a disponer de lo que necesitas.

11. El Deshilachador: Aquí se muestra lo que será tu punto débil durante el periodo de tiempo determinado por la lectura. Lo que necesita ser identificado y eliminado, ya sea un mal hábito, pereza, procrastinación, o algo que ya no tiene ninguna función en tu vida.

7. Interpretación de las tiradas

12. El Arrebatador: Esta posición muestra algo que te será arrebatado, de forma que puedas avanzar en tu camino. No consiste en soltar o dejar algo voluntariamente, como ocurre con el Deshilachador. En este caso, el Arrebatador te muestra lo que el destino va a quitar de tu camino, ya sea una relación, un mal trabajo, o algo a lo que te aferras de forma insana.

13. El Camino Adelante: Aquí se muestra el futuro general a corto plazo para el plazo de tiempo definido para la lectura. También puede indicar el rumbo que está tomando tu destino, incluyendo y pudiendo ir más allá de ese plazo de tiempo.

Resultado de la lectura

1. El Juicio + Seis de Copas. Durante este año habrá que tomar una decisión sobre el hogar o la familia. El Seis de Copas dice que aunque el consultante es feliz en su hogar o con su familia, esto es más una fantasía y que no se ve lo que realmente hay.

2. El Loco + Nueve de Bastos. Hay una relación estúpida o imprudente que provoca dificultades o conflictos.

3. El Ermitaño + Dos de Espadas. La introspección y la sabiduría se expresan a través del debate o de la escritura.

4. El Emperador + Ocho de Oros. El ciclo actual del destino es un periodo de liderazgo y de trabajo productivo.

5. La Suma Sacerdotisa + Nueve de Oros. La salud durante estos 12 meses será buena. La persona se cuida y disfruta de una buena salud.

6. Templanza + Cinco de Espadas. Los regalos que el destino le ofrece durante este periodo son la atenuación y la protección de aquellas fuerzas que puedan ser desequilibrantes. Los disgustos

y desacuerdos pequeños nos protegen de problemas mayores que se puedan manifestar.

7. El Sumo Sacerdote + Cuatro de Espadas. Conflictos con personas u organizaciones rígidas y cortas de miras, la mejor forma de gestionarlos será dando un paso atrás, retirándose y no diciendo nada.

8. El Carro + Tres de Espadas. Es posible que el coche o lo que sea que use como forma de transporte tenga algún problema no detectado que pueda derivar en un mal funcionamiento. Dado que la posición ocho se refiere a los enemigos ocultos, no estaría de más comprobar el coche o vehículo de transporte y ver si este ha sido manipulado.

9. El Mundo + Cinco de Copas. No caigas en la autocomplacencia. Cuando tenemos todo lo que deseamos, es fácil seguir queriendo más aún o sentirnos en desacuerdo con lo que tenemos. En el ciclo actual es importante que aprendas a ser feliz con lo que tienes y no desear más.

10. El Sol + Rey de Copas. Éxito económico, seguramente relacionado con un jefe u hombre mayor de carácter firme pero amable.

11. Los Enamorados + Cuatro de Bastos. Lo que puede arruinar tu éxito durante este año es celebrar un acuerdo o colaboración y pensar que ya está todo bien: hay que trabajar. No te relajes tras el éxito, ya que eso será tu perdición.

12. La Estrella + Sota de Copas. Lo que se te arrebatará o lo que no cuajará este año será una nueva idea o proyecto, que seguramente no pase de las primeras fases de desarrollo.

13. El Mago + Rey de Espadas. Tu destino te lleva a organizarte y tomar el control, ya que tendrás que defenderte a ti mismo de una persona u organización.

Respuesta completa

Estos doce meses parecen ser bastante buenos en lo que se refiere a asuntos económicos, el trabajo y la salud, pero algo malos en lo que respecta a la familia y las relaciones. Muestra mucha complacencia debido al éxito pasado y actual, y esa complacencia podría arruinar el futuro de esa persona. En algún momento durante los próximos 12 meses, o justo después, esa persona tendrá que enfrentarse a algún proceso legal o bien dentro del entorno de una empresa para rendir cuentas por sus acciones.

Vamos a ver esta tirada en detalle, ya que usa un gran número de cartas, y puede ser muy útil ver cómo las cartas se apoyan e interrelacionan entre ellas.

El primer par de cartas están en la posición de la familia y el hogar. Indican que esa persona está hastiada de su vida familiar, y las fuerzas que hay tras ese aspecto del destino de la persona le están empujando a tomar una decisión. Cuando estés leyendo la posición del hogar y la familia, no te olvides de mirar también la posición de las relaciones y los conflictos para saber qué ocurre ahí también. Algunas veces las cartas de la primera posición se refieren a la estructura física del hogar en lugar de a las personas que forman parte de la familia. Si el resto de las posiciones de la tirada que tratan sobre personas y relaciones parecen estar bien, entonces las cartas negativas de la primera posición estarán indicando problemas con la casa actual o la comunidad donde vive esa persona.

En esta tirada la mayoría de las cartas en posiciones que se refieren a personas, son débiles o problemáticas. Así que es posible que aunque

Tirada general

el ciclo del destino de esta persona pinte muy bien a nivel financiero, a nivel personal se den algunos problemas. La posición de las relaciones tiene las cartas de El Loco y el Nueve de Bastos, y la posición que trata los conflictos y situada bajo la posición de la familia tiene las cartas del Sumo Sacerdote y el Cuatro de Espadas. Esto parece estar diciendo que esa persona podría no tener una relación (El Loco significando nada, cero), lo que genera una situación difícil y no comprendida por un miembro estricto de la familia (¿el padre o la madre?) al que el consultante no es capaz de hacer frente (Cuatro de Espadas), motivo por el cual está pensando en irse de casa (El Juicio + Seis de Copas). Me llama la atención que en la posición de los enemigos ocultos, que también puede indicar cosas ocultas que pueden hacerte daño (no necesariamente un enemigo declarado), están la carta de El Carro y el Tres de Espadas. Y que la posición de los enemigos ocultos está debajo de la posición de las relaciones: las dos están íntimamente conectadas. Esta persona no sería la primera a la que un amante furioso le rompe los frenos o le raja las ruedas del coche.

Los Enamorados en la posición once, que es la que puede dar al traste con tu estabilidad, junto a la carta del Cuatro de Bastos, podrían indicar que la persona desea tener una relación, o quizás un amante, lo que en potencia puede suponer su ruina. Esto me lleva de vuelta a la posición de las relaciones y sus cartas: El Loco y el Nueve de Bastos. ¿Tiene el consultante una aventura amorosa que podría ser su perdición? La carta de Los Enamorados puede hablar tanto de relaciones como de negocios, y esta lectura tiene un componente económico importante, así que yo personalmente iría con cuidado de cara a decidir a qué tipo de aventura se refiere esta carta. Si fuese totalmente necesario saberlo, habría que hacer una tirada del sí o no.

Encuentro muy interesante la polaridad que se da entre la posición tres, de la creatividad y la posición nueve, la de la Trituradora. En la posición tres tenemos al Ermitaño y el Dos de Espadas, y en la posición

7. Interpretación de las tiradas

nueve el Mundo y el Cinco de Copas. El impulso creativo de esta persona está muy medido, pensado y recluido, y se manifiesta a través de las palabras (Dos de Espadas) o a través de armas (en el sentido literal, ya que la carta presenta dos espadas como armas). De forma opuesta en la Trituradora se refleja un descontento o desafección con el mundo.

Después, al estudiar la decimotercera posición, que da el resultado, y que tiene las cartas de el Mago (control) y el Rey de Espadas (régimen o reglas severas, temas legales, o que puede representar a un guerrero curtido). Si hubiera unas cuantas cartas peligrosas en la lectura, sospecharía, y me preocuparía que esta persona estuviera sufriendo de un peligroso sentimiento de descontento o desafecto, a pesar de parecer tenerlo todo. Esto podría expresarse en ataques o conflictos. Sin embargo, no hay evidencias de esa violencia subyacente en la lectura, con lo que diría que las cartas del Ermitaño y el Dos de Espadas se refieren a una persona que usa la escritura como forma de dar salida a una vida en apariencia exitosa pero que en el fondo es insatisfactoria y que desea cambiar.

Viendo los temas generales de la lectura, que son el éxito económico y de los negocios, y un fracaso en las relaciones y desacuerdos o pérdidas en lo creativo o los nuevos proyectos, diría que el resultado de la lectura, la posición decimotercera, indica que la persona decidirá tomar el control de los aspectos más insatisfactorios de su vida, y que el Juicio/decisión que tome en el ámbito del hogar/familia se reflejará en una ruptura implacable de vínculos (Rey de Espadas). El ciclo del destino en el que se encuentra trata principalmente sobre el poder y el dinero y eso de forma inconsciente gobierna sus decisiones, por lo que se deshará o atacará a cualquier cosa que que se interponga a esas dos cosas.

Observaciones de cara al estudio esotérico

Las seis primeras posiciones tienen una relación directa con las 6 posiciones que se encuentran justo debajo. Si usas el método de separación de la baraja, las dos cartas de cada posición serán la causa (Arcano Mayor) y el efecto (Arcano Menor).

Cuando observes las relaciones entre las dos líneas de posiciones, verás como ciertas áreas de nuestras vidas influyen en otras. Por ejemplo, en las posiciones primera y séptima vemos como nuestra conexión e identificación con la familia, un grupo, organización o tribu, es muy a menudo la causa de problemas en nuestras vidas, ya sea de forma directa o indirecta.

También recalca como nuestra educación afecta a la forma en la que gestionamos nuestros conflictos, y a cómo nos desenvolvemos en grupo. Si te fijas en el grupo de posiciones uno, dos, siete y ocho, verás una relación más estrecha en torno a las causas, orígenes, y la expresión de los problemas, enemigos y demás. Esta expresión de la polaridad se da en toda cosa viviente: nos organizamos a nosotros mismos en "grupos" e identidades que respaldan nuestro concepto del yo, lo que nos ayuda a abrirnos camino por la vida

El siguiente grupo de cuatro posiciones, tres, cuatro, nueve y diez, nos habla sobre cómo opera nuestro destino, y si tenemos los recursos suficientes para ser parte activa en ese patrón del destino. Esas cuatro posiciones funcionan en una forma de X: la tres y la diez, y la cuatro y la nueve. La tres, creatividad, y la diez, economía, reflejan los instintos de todo ser a su nivel más profundo: la procreación y los alimentos. La creatividad y la economía son las expresiones modernas de esos instintos primarios básicos. Cuando hay algún problema en una de esas dos dinámicas, hasta la persona más sensata caerá en barrena, ya que ambos aspectos están gobernados por nuestros instintos más básicos de supervivencia.

7. Interpretación de las tiradas

Es conveniente tener en mente esta dinámica en caso de que alguna carta difícil caiga en esas dos posiciones. Independientemente de lo mundanas o esotéricas que sean esas cartas, desencadenarán en ambos casos los instintos más primarios de una persona. En esos casos la lógica sale por la ventana, y es tarea del lector intentar que esa persona no entre en pánico y conducirle hacia una reacción racional.

El segundo brazo de la X comprende de las posiciones cuarta y novena, el ciclo del destino y la Trituradora respectivamente. Si el primer brazo de la X trata sobre nuestros instintos más primitivos, el segundo brazo trata sobre involucrarse con el destino y comprenderlo, y por lo tanto, sobre conocerse a uno mismo. Un brazo de la X es mundano, el otro es esotérico. El ciclo del destino se expresa en la posición cuatro. Está conectado con la Trituradora, que refleja lo que la persona debe hacer o superar para conseguir el mejor aprendizaje y desarrollo posible para ese patrón del destino.

Cada giro de la rueda del destino nos trae retos que nos vuelven más duros y fuertes, y nos quita de encima una capa de tonterías. Si somos conscientes de esos retos y nos involucramos de forma consciente con ellos, y hacemos todo lo posible para superarlos, entonces tendremos muchas opciones de obtener el mejor resultado posible de ese patrón del destino. Si ignoramos esos retos, no aprendemos nada, y podemos acabar cayendo en la misma situación una y otra vez. Esto no es debido a que haya un dios del destino por ahí señalandonos con el dedo. Lo que ocurre es que al involucrarnos con esos retos, aprendemos las cosas necesarias y adquirimos la fortaleza que hace que sea más difícil que volvamos a vernos en la misma situación otra vez más. Al final aprendemos a ver llegar los problemas antes de que estos ocurran y gracias a lo aprendido en las experiencias pasadas, sabemos que hacer en esos casos. Las dos posiciones nos indican cómo retará el destino a esa persona.

El último ciclo de cuatro cartas está formado por las posiciones cinco (salud), seis (regalos), once (Deshilachador) y doce (el Arrebatador). Este es un conjunto interesante de dinámicas en el que a nivel esotérico hay mucho más de lo que pueda parecer a primera vista. La salud es un recurso primordial, pero puede verse negativamente afectado, a menudo de forma inconsciente, por los recursos interiores. De nuevo este conjunto funciona en forma de X: las posiciones seis(regalos) y siete (Deshilachador) reflejan como los recursos que nos llegan (regalos y ayuda) pueden cargarse nuestra estabilidad si no los gestionamos de una forma inteligente.

La posición cinco (salud) a menudo depende de la doce (el Arrebatador). Esto muestra la dinámica por la cual cuando nuestra salud, que es una necesidad básica, necesita ser apoyada por los recursos de nuestro destino, normalmente suele ser a costa de algo. Lo que no es necesario se elimina de ese patrón del destino, de manera que esa energía pueda fluir hacia la salud. Cuando juntas las cuatro posiciones sueles ver un patrón en el cual en ocasiones la salud puede depender energéticamente de cómo esa persona gestione los recursos que recibe (que no es lo mismo que los recursos ganados). Si la persona coje más de lo necesario (avaricia), esto puede ser su perdición.

Esto puede afectar a su salud energética, lo que al final también acaba afectando a su salud física. Si esa persona de forma voluntaria deja ir, regala o libera ese exceso, entonces el Arrebatador (una dinámica del destino) no necesitará quitárselo. Esto detiene el proceso de desintegración, lo que estabiliza la salud. La capacidad de dar y liberar está fuertemente relacionada con la salud física, mental, espiritual y energética de una persona.

Las dos filas de cartas también pueden estudiarse como dos columnas paralelas de cosas positivas (la de arriba) y cosas negativas (la de abajo), y muestran la polaridad del equilibrio entre las dos, en la lectura de una persona. Las tensiones y relaciones entre las dos culminan en la última carta, que es la expresión de la suma total de la causa y el efecto.

CUANDO LA LECTURA GENERA MIEDO

Creo que no hay mucho en esta lectura que pueda generar pánico, exceptuando quizás la última posición, el resultado general para ese año, con las cartas del Mago y el Rey de Espadas. Cuando las personas se aterrorizan con el resultado de una lectura, me suelen preguntar si van a sufrir algún ataque mágico o maleficio. Incluso si esta lectura fuera la de un mago, (que no lo era), ninguna de esas dos cartas indica un ataque de ese tipo.

El Rey de Espadas es una carta que suele asustar a los principiantes, aunque suela referirse a un hombre mayor muy inteligente, un abogado, un juez o cosas así. La única mala interpretación posible que veo en esta tirada vendría dada del Juicio en la posición de la familia, y del Rey de Espadas como resultado. Esto podría estar indicando un proceso judicial relacionado con la familia, como un divorcio, especialmente con la carta del Loco en la posición de las relaciones.

Cualquier carta mala o destructiva tiene que ser leída en contexto con la vida de esa persona y su camino actual, el contexto de la pregunta, y considerando las relaciones con las otras cartas. Una única carta mala rodeada de cartas buenas supone un incidente aislado, y las cartas malas que son arcanos menores, están contrarrestadas por los arcanos mayores positivos.

De todas formas, no hay que ignorar las fatalidades cuando sean vistas en una lectura. El objetivo principal de una lectura no es tranquilizar al consultante, sino avisarle de aquello que está más allá de su campo de visión. Si ves una situación potencialmente desastrosa,

Tirada general

es recomendable hacer lecturas adicionales para identificar el periodo de tiempo, tiradas del si o no, y también una tirada general ampliando el plazo a dos años vista. Esto te dará una mejor idea sobre lo dañina que podría ser esa amenaza, cuánto tiempo será necesario para recuperarse, y si hay algo que esa persona pueda cambiar o hacer para evitar o modificar esa situación.

Interpretación y consejos para el cliente

El consejo que le daría a esta persona es que no sea complaciente. La economía irá bien, pero no debe esperar que eso sea así siempre. Le sugeriría que solucione lo que sea que esté ocurriendo en su casa, de una forma clara, honesta y con integridad: dejar las cosas a la deriva provocará males mayores en el futuro. También le diría que si está ocultando una relación a su familia, o está tentado a tener una aventura, que cualquiera de esas dos cosas le llevará a un camino difícil y potencialmente destructivo.

Además le recalcaría que la lectura indica que ha alcanzado una seguridad financiera, pero que eso no es suficiente: desea algo más. Si no gestiona esa insatisfacción con cuidado e inteligencia, es posible que se acabe metiendo en un lío. Su destino actualmente está en un camino de salud, poder y estabilidad financiera, lo que le permite cambiar otras áreas de su vida que no están yendo tan bien. Sería recomendable aprovechar esa oportunidad para intentar arreglar los asuntos familiares, emocionales y las relaciones para evitar que el resultado sean conflictos legales y situaciones hostiles.

Sería mucho más conveniente cambiar ese camino del destino mediante acciones justas, equilibradas y proactivas, de forma que el resultado del Mago y el Rey de Espadas se pueda expresar de una forma creativa: a través de la escritura, la comunicación (Rey de Espadas) y la sistematización de algo (el Mago). Una forma perfecta de expresar este destino sería dando charlas o conferencias sobre cómo conseguir el éxito financiero, ya que la persona parece tener muy buenos conocimientos sobre trabajo, dinero y poder.

Tirada de los eventos

Pregunta

"¿De qué manera se desarrollará mi divorcio?" (La consultante es una mujer.)

Esta tirada sencilla puede ayudar al consultante a saber qué es lo que va a ocurrir, y además proporciona información sobre la causa subyacente que origina esa situación. Esto puede ayudar a la persona a tener una mejor visión de lo que está ocurriendo, por qué y a qué va a conducir esa situación.

Significado de las posiciones

1. La situación actual.

2. Lo que ocurrió en el pasado que ha contribuido a que se produzca esa situación.

3. Lo que ha desencadenado la situación actual.

4. Lo que esta situación te va a ofrecer o traer.

5. Lo que la situación te guitars.

6. Cómo se desarrollará ese acontecimiento.

7. La conclusión o resolución de esa situación.

Figura 7.4: Tirada de los eventos.

7. Interpretación de las tiradas

Resultado de la lectura

1. El Mago. La situación trata sobre el control, o sobre una persona controladora.

2. El Mundo. El mundo en el que vivía esa persona ya no existe.

3. Sota de Bastos. La situación se produjo debido a discusiones pequeñas pero molestas.

4. Seis de Copas: Esto le dará la oportunidad de moverse, de cambiar.

5. Nueve de Copas: Desaparecen el confort y la estabilidad.

6. Ocho de Espadas: El proceso traerá dolor, limitaciones y un sentimiento de desamparo o indefensión.

7. Reina de Oros: La conclusión traerá estabilidad y una gran autonomía a la consultante.

Respuesta completa

La mujer quiere saber cómo se desarrollará su divorcio, y la lectura arroja a la luz unas cuantas cosas interesantes. Ya que ella es la que hace la pregunta, y se trata sobre su divorcio, la primera carta muestra su parte en la situación actual. El Mago habla de control y orden, o el intento de crear algo sobre lo que el Mago tiene el control. Si fue ella la que solicitó el divorcio, entonces eso es lo que la carta está diciendo. En caso de que no fuera ella la que lo iniciara, entonces es probable que su necesidad de controlar las cosas fuera uno de los motivos principales que causaron el divorcio.

Lo que ya es parte del pasado (la posición dos), es su mundo. Incluso aunque el divorcio esté en las primeras etapas de su proceso, el mundo que compartía con su compañero ya no existe. La casa, el coche, todo eso puede que aún esté ahí, pero el día a día, la vida en común, eso ha desaparecido y no volverá.

El desencadenante del divorcio, la Sota de Bastos, nos habla bien de un niño o de un flujo de intercambios pequeños pero exasperantes. Las sotas en general son difíciles de leer, ya que pueden significar un montón de cosas en función del contexto. En este caso, podría referirse de manera literal a un niño, pudiendo indicar que un miembro de la pareja se acaba de enterar de que el otro tiene un hijo de una relación anterior, o bien que la pareja tiene un hijo que es origen de las peleas.

La Sota de Bastos en el contexto de esta situación y tirada también puede indicar comportamientos o conductas destructivas o que menosprecian, como por ejemplo ser machacón, irritante, subestimar a la otra parte, o provocar continuas rabietas. Una sota indica algo pequeño, menor, y los bastos se corresponden con el elemento fuego: así que se trata de cosas pequeñas pero que al final acaban echando a perder la vida en común y el amor de la pareja. Las pequeñas coñas y comentarios que molestan e infravaloran a la otra persona acaban por dañar la relación. Si luego vuelves a la primera posición, el Mago, entonces comienzas a ver un patrón: el control, el orden, el menoscabo o las quejas continuas.

El divorcio le da a la clienta la oportunidad de moverse, de cambiar, muchas veces con un sentimiento de derrota. Esto es algo normal en matrimonios que duran más de lo que deberían, ya que ambas partes acaban sufriendo innecesariamente. La simple idea de poner fin a un matrimonio puede ser aterradora, pero una vez ha pasado, suele suponer que las personas descubran todo un mundo nuevo a su alrededor. Cuando veo el Seis de Copas en la cuarta posición de la tirada, esa es la dinámica que veo: irse con un sentimiento de derrota, aunque esto en realidad sea una bendición que aún no se ve como tal.

7. Interpretación de las tiradas

Lo que esa persona pierde, o se va de su vida, sale en la quinta posición, que en este caso es el Nueve de Copas. La estabilidad y la seguridad emocional que aporta la relación desaparece con el divorcio, lo que es algo normal. Pero lo que también indica, a un nivel más profundo, es el daño que sufre esa mujer en lo que respecta a su bienestar emocional. Cuando basamos nuestra estabilidad emocional en cosas ajenas a nosotros mismos, ya sea la pareja, un hijo, el trabajo, somos vulnerables a que esa estabilidad se rompa en algún momento. Esto al final nos obligará a dejar de buscar la estabilidad fuera de nosotros. En el caso de esta lectura y una vez vistas todas las cartas, diría que el divorcio es solamente un síntoma externo de que está cambiando algo a un nivel mucho más profundo.

El "cómo ocurrirá" de la sexta posición tiene la carta del Ocho de Espadas, que es una carta difícil. La parte buena es que esta carta es un Arcano Menor, pero aún así eso no evitará los problemas y el dolor representados por esta carta. Siempre que un lector tenga dudas sobre el significado de una carta, es útil fijarse en la imágen de esa carta, algo especialmente cierto en el caso del Ocho de Espadas. La persona está atada, rodeada por espadas, y con los ojos vendados. En esta posición, y para esta pregunta, la carta indica que el divorcio no se desarrollará de la forma que esta persona piensa.

La primera carta, el Mago, sugiere que esta persona está acostumbrada a tener las cosas bajo control. La carta del Ocho de Espadas acaba totalmente con ese control. La persona se encuentra desamparada, sufre, y está rodeada por amenazas. En lo que se refiere al destino, esa situación de descontrol es algo necesario para este tipo de personas: cuando el férreo control de una persona ha destrozado algo, el destino le enseñará lo que significa estar al otro lado de ese control estricto, para que aprenda y capte el mensaje. Algunos lo hacen y adaptan su comportamiento; otros caen en el victimismo y echan la culpa a los demás.

Es probable que en este divorcio, la resolución no sea la que esa persona deseaba, y los hechos ocurrirán de forma que la despojen del poder: quizás sea un buen abogado quien lo haga. Es también una carta de advertencia: todo en la vida está afectado por cómo te posiciones y cómo gestiones los desafíos de la vida. Si actúas con integridad, dará igual cómo se comporten los demás, lo que digan de ti, o si te tratan mal: tu integridad no dependerá de lo que los demás te den, sino de cómo seas tú como ser humano. Esto te hace más fuerte ante las injusticias, y te ayuda a afrontar tus propias injusticias. Esta carta en esta posición, ciega y ata a la persona, para que de esta forma pueda ver de verdad.

Ahora vamos a ver lo que es posible que haga esta persona ante esa situación. El resultado es la Reina de Oros. Esta carta es una versión inferior de la Emperatriz, carta que habla de autonomía, fortaleza, creatividad y amor propio. Una vez el divorcio haya finalizado, la persona tendrá un gran potencial de acceder a su propio poder, un poder que no dependerá de controlar a otros, y que por lo tanto no dependerá de ninguna otra persona. Ella al final se encontrará consigo misma y se sentirá segura. La Reina de Oros también indica estabilidad financiera: además de encontrarse a sí misma, no necesitará depender de otras personas ya que dispondrá de sus propios recursos.

Parece ser que esta persona a través del sufrimiento que le ocasionará el divorcio, aprenderá unas cuantas lecciones, y aunque la situación en principio la provocará un sentimiento de derrota, al final resultará ser un proceso que la hará evolucionar y la conducirá a una mejor situación, tanto consigo misma como a nivel financiero. Las advertencias de las cartas son claras, y depende del lector de cartas destacar esos avisos: cuando vengan mal dadas, no te lies a repartir golpes, actúa siempre de forma honesta y con integridad.

También es importante no intentar controlar la situación, sino ser justo y equilibrado. Haciendo eso, esa mujer cambiará para mejor.

Observaciones de cara al estudio esotérico

El patrón de esta tirada tiene una columna central que registra el acontecimiento a lo largo del tiempo: presente, pasado y futuro. A nivel mágico, esto es el flujo direccional que parte del norte/pasado, pasa por el centro/presente, y se va hacia el sur/futuro. La forma en la que ese flujo de tiempo y destino se manifiesta, se expresa a través de un patrón con forma de X, algo con lo que a estas alturas ya deberías estar familiarizado.

La posición tres/causa, se encuentra en diagonal a la posición cinco/lo que se aparta. Algo que ya no tiene utilidad en la vida de una persona o en su personalidad, sale a la superficie, normalmente a causa de una sucesión de acontecimientos. Es interesante ver desde un punto de vista mágico, que la causa y el efecto muchas veces no son lo que parecen. Sería fácil decir que la Sota de Bastos era la causa y que la consecuencia es que el Nueve de Copas desaparece. Eso sería lo lógico.

Sin embargo, el destino normalmente no es tan organizado ni tan obvio. Desde una perspectiva mágica, al estudiar las cosas en profundidad, se ven las cosas de una forma diferente. Si una persona se ha apoltronado tanto en una situación que se comienza a "descomponer", como por ejemplo, cuando ha dejado de evolucionar y se dedica a relajarse y disfrutar del viaje, entonces hay veces en las que el destino puede activarse y sacarte de esa zona de confort para volverte a poner de nuevo en el camino.

Aunque a un nivel mundano la Sota de Bastos se podría identificar con ese desencadenante o activador, a un nivel más profundo esa carta es solamente el síntoma: a menudo la causa es aquello que va a desaparecer o se va a quitar. La persona se vuelve demasiado comodona, está anquilosada, lo que la hace estar irritable. Esta dinámica hace que conteste con brusquedad a su pareja bastante a menudo, lo que suele acabar en peleas. La causa real era la comodidad y el estancamiento, y eso es lo que el divorcio alejará del destino de esta persona.

El otro brazo de la X está formado por las posiciones cuatro/lo que recibes y seis/cómo ocurrirá. De nuevo, las dinámicas entre las dos posiciones fluyen hacia ambos lados en lo que a causa - efecto se refiere. La posición seis, que indica cómo se desarrollará u ocurrirá la situación, muestra cómo es necesario que sea ese flujo para provocar que se reciba lo indicado en la carta cuatro. Si la carta de la posición seis es una carta dura, como ocurre aquí, lo que hace es mostrar el nivel de impacto necesario para mover a esa persona hacia adelante. Cuanto más falta de desarrollo esté esa persona, más fuerte deberá golpearla el destino para sacarla de su zona de confort y hacerla avanzar. Así que estudiar la carta seis en relación con la cuatro, te dirá mucho sobre los asuntos más profundos de esa persona que el destino está intentando arreglar.

Cuando la lectura genera miedo

En esta tirada tienes el Ocho de Espadas en la posición seis, la pérdida de la estabilidad emocional en la cinco, y la pérdida del mundo en la dos. Son suficientes cartas como para asustar a cualquier persona a la que se le presentase esta lectura. Sin embargo, como en todas las lecturas que generan miedo, es conveniente detenerse y mirar hacia dónde te está llevando el destino, lo que te da, y por qué ocurre.

Esto le permite al consultante entender que estas etapas dolorosas son parte de la progresión natural de la vida, y como en todas las lecturas que infunden miedo, lo que hay que hacer es fijarse en el

7. Interpretación de las tiradas

resultado de la tirada. Si una persona ve dificultades, y en lugar de entrar en pánico, se prepara para mitigar el impacto de ese acontecimiento, modificando su comportamiento, entonces el miedo a esa ruptura o problema, qué es lo que genera el pánico, desaparecerá. A la gente no le gustan los cambios, pero estos son una parte necesaria de la vida. Cuanto más aprendamos a cambiar de una manera equilibrada, menos nos asustarán esos cambios cuando se vuelvan a presentar en nuestra vida.

Interpretación y consejos para el cliente

El consejo que le daría a esta mujer en función de la lectura sería: "Las cosas no se van a desarrollar como tú esperas, y puede que sea una etapa difícil para ti. Pero la situación al final te conducirá a algo mucho mejor. Serás dueña de ti misma y no dependerás de nadie. En el futuro serás una mujer mucho más segura, dueña de ti misma y satisfecha con eso: es importante que lo tengas en cuenta durante el proceso de divorcio, ya que la forma en la que gestiones los problemas del proceso, tendrá una influencia directa en cómo llegues al final de la etapa".

"Te sugiero que te organices para afrontar pérdidas financieras en algunos aspectos de tu vida. No van a ser pérdidas devastadoras, pero serán complicadas si no te preparas. Cuando el divorcio llegue a la fase de negociación de las condiciones, no intentes controlar la situación, no seas agresiva ni caigas en el juego de echar las culpas al otro, y no trates de ir más allá de lo que es justo"

"Es probable que la otra parte sea agresiva y no juegue limpio, pero no te obceques con eso e inicies una batalla. Esta parte de la vida, en términos del destino, trata sobre aprender a dejar ir o soltar cosas. Soltar el control, dejar ir pertenencias, e incluso conformarse con algo que no sea justo. Haciendo esto aliviarás la presión que se ha ido generando en tí, y se romperán esos lazos energéticos que te han estado exacerbando a un nivel muy profundo".

"Al dejar ir cosas, la acción provocada por el destino, las ataduras y el sufrimiento, se manifestarán de una forma más suave y fácil de digerir, y de la que te podrás recuperar más rápido. Lo que pierdas durante esta situación, hará que ganes en el largo plazo. Sobrevivirás, encontrarás tu lugar, tendrás todo lo que necesites, y tanto a nivel emocional como energético, te encontrarás en una situación mucho mejor. Es mejor perder patrimonio y estatus, pero ganar estabilidad, fortaleza, y los recursos que sean necesarios, a ganar la batalla pero acabar golpeada y exhausta tanto a nivel emocional, como mental, físico y energético. Pelear el divorcio te llevaría literalmente al Ocho de Espadas: al sufrimiento, a estar atada, y aislada. Alejarte de la lucha, o simplemente aceptar las condiciones del divorcio, hará que ganes una nueva estabilidad y que tengas los recursos que necesitas."

Tirada direccional

Esta es una tirada muy sencilla que no necesita explicaciones complejas, ni esotéricas.

Pregunta

"He perdido mi cartera en alguna parte de mi casa. Si miro alrededor, en un radio de unos 60 metros cuadrados, ¿En qué dirección y dónde podré encontrar exitosamente mi cartera?"

7. Interpretación de las tiradas

Significado de las posiciones

1. Centro
2. Este
3. Sur
4. Oeste
5. Norte

Resultado de la lectura

1. Cinco de Espadas
2. Justicia
3. Seis de Bastos
4. Sota de Oros
5. Cuatro de Espadas.

Respuesta completa

La tirada da dos opciones: el Seis de Bastos, que es una carta de triunfo, o la Sota de Oros, que puede leerse como algo pequeño con monedas. Las dos cartas están en direcciones que están una junto a la otra, sur y oeste, así que puede ser que las dos cartas indiquen que la cartera está en el suroeste.

Yo comenzaría a buscar en el suroeste, y en caso de no encontrarlo ahí, me centraría en la zona sur, ya que la Sota de Oros es la carta que mejor hace referencia a una cartera. Sin embargo, y dado que la pregunta incluye la palabra "éxito", el Seis de Oros también podría ser un indicador clave. Como puedes ver, con este tipo de lecturas no

Tirada direccional

Figura 7.5: Tirada direccional.

7. Interpretación de las tiradas

siempre se da una respuesta directa, sino que puede que necesites hacer tiradas adicionales del sí o no para ver en qué zona será mejor buscar: "¿Encontraré mi cartera si busco en la zona suroeste de la zona comprendida en esos sesenta metros cuadrados?"

También conviene tener en cuenta que en este tipo de lecturas, no hay que asumir que la cartera o lo que se busque estará tirado por el suelo. Dentro del radio de búsqueda definido, si hay un coche, alguna construcción exterior, o parte de la casa, entonces esos elementos deberán ser incluidos en la búsqueda.

Aquí hay un ejemplo de una lectura para la misma pregunta que indicaría que la cartera no se encuentra dentro de ese radio:

1. As de Bastos

2. Cinco de Oros

3. Rey de Copas

4. El Loco

5. As de Espadas

La cartera no está en ninguna de esas direcciones. Así que habría que ampliar el radio de búsqueda o volver a pensar en el sitio en el que se podría haber perdido la cartera, o si esta puede haber sido robada. De nuevo, se puede obtener información sobre esas cuestiones usando la tirada del sí o no para descartar posibilidades.

Tirada de los recursos

Pregunta

"Muestrame los recursos en general de una persona para los próximos tres meses."

He usado la palabra "general" en la formulación de la pregunta de forma que la lectura no muestre una caída temporal de esos recursos, como por ejemplo de una semana, si eso fuera a ocurrir dentro del periodo de tres meses establecido. Lo que quiero es una vista general de los recursos disponibles durante el conjunto de los tres meses, ya que esa persona se va a embarcar en un viaje de tres meses al extranjero para conocer las culturas de países del tercer mundo.

Significado de las posiciones

1. El Yo: como están tus recursos energéticos a nivel general.

2. Equilibrio: Si actualmente estás en equilibrio, en relación con tu gestión de los recursos energéticos.

3. Fuerza vital: Tu fuerza vital general, las fluctuaciones. Este es tu recurso energético más importante.

4. Amor y emociones: Estabilidad emocional y relaciones amorosas.

5. Dinero, fondos y propiedades: En qué situación están tus recursos financieros.

6. Salud: La salud de tu cuerpo físico.

7. Creatividad: Tu energía creativa, que puede incluir embarazos.

8. Comunicación: Tu energía para dar y recibir comunicaciones claras.

7. Interpretación de las tiradas

9. Intuición: La energía de la que dispones para llegar a tu intuición profunda, los sueños y tu "radar interior".

10. Adivinación: Tu energía para adivinar el futuro usando un método como las cartas o las runas.

11. Magia / misticismo: Tu energía para estudiar o realizar actividades mágicas, o profundizar en la parte mística de la vida.

Resultado de la lectura

1. Ocho de Oros. Todo va como debería.

2. Dos de Espadas. Hay equilibrio.

3. Cuatro de Bastos. Celebración, felicidad.

4. Nueve de Oros. Satisfacción.

5. La Luna. Factores ocultos. No se piensa con claridad.

6. El Ermitaño. Retiro, experiencia y sabiduría.

7. Ocho de Bastos. Energía que se mueve muy rápido.

8. Nueve de Espadas. Sufrimiento.

9. El Mundo. Éxito estable, el poder de la naturaleza.

10. Sota de Bastos. Debilidad, comunicación.

11. Cinco de Espadas. Desacuerdos, derrotas.

Respuesta completa

Los resultados de las cartas hay que verlos en el contexto de la pregunta y teniendo en consideración la información que nos han dado de que se van a ir de viaje durante tres meses para estudiar. Lo que

Tirada de los recursos

Figura 7.6: Tirada de los recursos.

7. Interpretación de las tiradas

una persona va a hacer en el futuro te dará información sobre los recursos que necesitará, y en caso de que estos no sean suficientes, podrás aconsejarle sobre cómo mejorar aquellos recursos que sean más débiles. La persona que realiza la pregunta es un estudiante de postgrado que no está relacionado de ninguna forma con la magia o la adivinación.

La primera carta, que habla del yo y del cuerpo como una única unidad, muestra el Ocho de Oros, que en este caso indica que todo va como debería. Con lo que parece ser que no hay enfermedades ocultas, o condicionantes físicos que puedan causar problemas durante el viaje. Los recursos que aparecen en la posición del "yo" son los recursos energéticos que sostienen la actividad diaria del cuerpo.

La segunda carta habla sobre el equilibrio general de esa persona. Es una carta buena, un número que representa el equilibrio y que indica que todo está bien. Pero la carta del Dos de Espadas es un arcano menor, y es un número débil, por lo que esta persona no está falta de recursos, pero estos tampoco serán muy fuertes.

La tercera posición, que trata sobre la fuerza vital, es la posición más importante de toda la tirada. Es el recurso fundamental, consiste literalmente, en la fuerza vital de esa persona, y si este recurso está en mal estado o dañado, repercutirá negativamente en todo lo demás. Este es el pilar en el que se asienta la salud energética y física de la persona. Esto indica que durante ese periodo de tiempo, esta persona contará con una fuerza vital funcional, pero no fuerte. En caso de sufrir un accidente o una infección repentina, y no poder recibir asistencia médica adecuada, podría encontrarse ante una situación complicada

La cuarta posición es el Nueve de Oros, que indica felicidad y satisfacción. Es una carta que se corresponde con el elemento tierra, y dice: "sí, este área de la vida dispone de un montón de buena energía". La quinta posición trata sobre los recursos económicos (dinero, propiedades, cosas materiales), y la carta que aparece aquí es la Luna. Esta carta trata sobre sombras y matices, sobre no ver con claridad, y sobre autoengañarse o esconderse. Es cuando alguien se deja llevar por sus emociones y su falta de autoconocimiento, y tener esta carta en la posición de los recursos económicos es bastante preocupante teniendo en cuenta el viaje en el que se van a embarcar.

Es probable que esta persona no sea consciente de los costes que puedan surgir en un viaje de este tipo en caso de no ir lo suficientemente preparado. También podría indicar que a nivel general no se maneja bien con el dinero y no se planifica de forma adecuada: simplemente deja que el dinero se le vaya escurriendo entre los dedos. También podría estar hablando del extremo contrario, que esté tan bien situado que no necesite pensar en el dinero en absoluto, y que ni siquiera es consciente de lo que realmente tiene.

La sexta posición habla de la salud, y ahí tenemos al Ermitaño. Cuando estudies los recursos de una persona, siempre debes fijarte de forma conjunta en las posiciones uno, dos, tres y seis: esto te dará una idea bastante acertada de la salud de esa persona en general. El Ermitaño no es una carta muy buena para una posición sobre la salud. En sí misma no es una mala carta, el problema es que las cosas positivas de la carta del Ermitaño no están directamente relacionadas con una buena salud. Es habitual que los grandes pensadores tengan una salud mala: es el precio que deben pagar desde el punto de vista de los recursos propios, por tener tal abundancia de energía mental y espiritual.

Esta carta en esta posición la leería de la siguiente manera: hay algo profundo en el largo plazo (el Ermitaño es una carta profunda y de plazos largos) en la salud del cuerpo de esa persona que debe ser inspeccionado a conciencia. Si tuviera que ponerle un eslogan a

7. Interpretación de las tiradas

la carta del Ermitaño, sería algo así como "piénsalo muy bien". Con este tipo de carta no esperaría encontrar enfermedades no visibles, como el cáncer o cualquier otra enfermedad incapacitante; sino que a la luz de las otras cartas en las posiciones clave, esperaría algo más del estilo a alguna cosa que aún no se ha desarrollado totalmente, o quizás un sistema inmunitario debilitado de forma inherente. Otra cosa que podría indicar basándose tanto en la carta de la salud como en la de la fuerza vital, sería una condición latente que no aparece en situaciones normales, pero que si lo hace cuando el cuerpo está sometido a un estrés inusual.

Teniendo en cuenta la lectura a nivel general, y que es muy posible que la persona se vea sometida a unos niveles de estrés tanto físico como emocional que no hubiera imaginado nunca, sería conveniente que se hiciera con un buen seguro de salud de viaje, una lista de médicos en las zonas que va a visitar, y vacunarse de todas las enfermedades que pueda haber en esas zonas. También debería hacer planes en caso de que en algunos momentos del viaje esté muy bajo de energía.

En la posición siete tenemos la creatividad, y la carta del 8 de Bastos, que es una carta de mucha energía y creatividad. Dada la pregunta formulada, y el estado de salud general y fuerza vital del consultante, le recomendaría que no emprenda ningún proyecto creativo, ni arte ni danza durante esos tres meses. ¿Por qué? Porque aquí tiene un recurso muy importante que no es vital para su supervivencia. Si no hace uso de este recurso, podrá ser destinado para reforzar los aspectos más débiles que necesitan tener más energía disponible. Así es como funcionan los recursos vitales. Si esos recursos están almacenados en vasijas o contenedores, y un contenedor crítico, vital, tiene un nivel muy bajo, los contenedores o vasijas de otras áreas de la vida traspasarán parte de su contenido para rellenar ese contenedor vital.

La posición ocho trata de las comunicaciones, y la carta que aparece aquí es la del Nueve de Espadas. Es una carta mala. Las espadas/aire es el elemento natural de las palabras y las comunicaciones, y el Nueve de Espadas es una carta hostil y agresiva. La persona no tendrá los recursos para comunicarse adecuadamente, y si viaja a países en los que el idioma y las comunicaciones son vitales, esta carta no lo pinta bien. Los recursos como la creatividad y la comunicación son habilidades inherentes, pero aún así necesitan combustible para que las podamos llevar a cabo.

Con esta carta en esta posición, le recomendaría que antes de viajar se esfuerce de verdad en aprender lo básico del lenguaje del país que va a visitar, y que se lleve un pequeño libro sobre el idioma, con frases útiles de las que poder hacer uso. Depender de la tecnología cuando se está en un país del tercer mundo no es muy recomendable. Además, hacer el esfuerzo de aprender al menos un poquito del idioma demuestra un respeto hacia la gente de ese país. De cualquier forma, le advertiría de que va a tener problemas con el idioma y que eso es posible que le pueda suponer algún riesgo. Una mala carta en esta posición no solo indica que el cliente no se las podrá apañar en situaciones en las que el lenguaje sea algo necesario, sino que además el camino del destino en el que se encuentra le ofrece muy poca protección en lo que a las comunicaciones se refiere. Así que debe estar preparado por si un asunto con el idioma le genera un problema importante que pueda acabar poniendo en riesgo su seguridad o salud. Le recomendaría mantenerse alejado de discusiones o de usar un lenguaje arrogante o que denote condescendencia o superioridad, ya que podría provocar el enfado de alguien.

La intuición y visión interior están representadas por la carta del Mundo. Es una carta de importancia, un Arcano Mayor, y es una de las mejores cartas que puedes obtener en esta posición. Su "radar interior" está muy conectado con el mundo que le rodea. Es una persona

7. Interpretación de las tiradas

que tiene un gran vínculo con la naturaleza, algo fundamental para la intuición. En el mundo que nos rodea, todas las cosas se están comunicando continuamente, desde las plantas y árboles a los pájaros, animales, e incluso masas de tierra. Está persona tiene una gran intuición, y para ese viaje, esa fuerte habilidad será muy útil.

Esto puede compensar los pobres recursos comunicativos. El "radar interior" de esa persona le servirá para sobrellevar situaciones difíciles, para apaciguar comunicaciones problemáticas, y para mantenerse a salvo si escucha a su intuición. Aconsejaría a esta persona que haga caso a su intuición y confíe en ella cuando se sienta amenazado, esté perdido, o asustado.

La décima posición habla sobre la capacidad de usar la adivinación en cualquiera de sus formas, y la carta que aparece en este lugar es la Sota de Bastos. Si una persona no tiene una habilidad natural para la adivinación, pero la carta indica que hay buenos recursos en esta posición, entonces esos recursos le permitiría usar la advinación de forma competente si fuera necesario. Cuando una persona tiene una habilidad natural pero sus recursos para esto son escasos, deberá dejar de lado la adivinación durante una temporada, ya que no habrá gasolina en el tanque para poder realizar las lecturas. La gente que comienza con el tarot normalmente no se da cuenta de la gran cantidad de energía que se necesita para hacer una lectura, y es muy fácil acabar agotado si esta tarea no se gestiona de la forma adecuada.

Observando la lectura de esa persona, la carta tan fuerte que tiene en la posición de la intuición significa que esta persona tiene una facilidad natural para la visión interior, lo que le hace ser una persona ideal para la adivinación. Sin embargo sus recursos para la adivinación son pobres, así que si usara la adivinación durante los tres meses por los que se pregunta, acabaría sintiéndose agotado. Viendo las cartas se aprecia una razón por la que esos recursos sean escasos, lo que explicaré en el siguiente apartado. Afortunadamente, esta persona no está interesada en hacer uso de la adivinación.

La decimoprimera posición es la posición de la magia, el misticismo y la religión. La carta que aparece aquí es el Cinco de Espadas. Esta posición nos habla sobre la necesidad o la habilidad de una persona para conectar con algo más grande. No se trata de seguir de forma dogmática una religión o una corriente mágica, sino de la energía que se proporciona para apoyar a una persona cuando está en un camino mágico, o cuando se encuentra espiritualmente involucrada con algo para conectar con lo divino.

Esta persona tiene una carta problemática en esta posición, lo que indica desacuerdo, un sentimiento de derrota y pérdida. La energía aquí es baja y turbulenta, y por lo tanto es un área de la que es mejor que se mantenga alejado durante este periodo de tres meses. Debido al frágil estado de su salud y fuerza vital, le recomendaría que se abstenga de visitar templos, iglesias o de participar en actividades religiosas. Esta persona tiene unos sentidos ocultos naturales muy fuertes y que cuentan con unos buenos recursos, y normalmente la gente así tiende a sentirse inclinada por las prácticas místicas y la religión. Sin embargo, y dado que hay cartas débiles o perturbadoras en las posiciones de la salud, las comunicaciones, y la fuerza vital, tomar parte en ese tipo de actividades que cuentan con unos recursos débiles y turbios, podría suponer que su fuerza vital y su energía vean mermados sus recursos.

Durante los meses del viaje dispondrá de unos recursos demasiado débiles como para poder soportar el lío de energías y patrones mágicos que se dan en los lugares místicos y religiosos, o durante actividades relacionadas. Será mejor centrarse en los motivos del viaje, estudiar las culturas o lo que tuvieran planeado, y no involucrarse en prácticas religiosas.

7. Interpretación de las tiradas

Otro punto a tener en cuenta sobre esta carta y sobre la situación, es que muchas de las prácticas místicas, mágicas y religiosas de países del tercer mundo conllevan la participación de espíritus y patrones mágicos, especialmente en comunidades indígenas. Esta persona tiene una habilidad natural para la visión interior, y esto hace que sea visible para los espíritus, lo que podría ponerle en riesgo, ya que no cuenta con los recursos energéticos suficientes para poder afrontar este tipo de amenazas.

Observaciones de cara al estudio esotérico

Viendo con detenimiento una tirada de este tipo, podremos no sólo obtener una panorámica general sobre los recursos energéticos de esa persona, sino también aprender cómo esos recursos interactúan y se equilibran entre ellos.

Cuando vayas a estudiar los recursos energéticos de una persona a través de una lectura, podrás hacerlo de dos formas. Una es mirar aquellos recursos energéticos que estarán disponibles durante toda la vida de esa persona: son los recursos naturales. La otra forma es mirando cómo funcionarán esos recursos durante un periodo de tiempo determinado. Asegúrate de ser claro en tu pregunta cuando vayas a hacer este tipo de lecturas. Aunque centres tu lectura en un plazo de tiempo determinado, debido a la naturaleza de los recursos, es posible que la lectura vaya más allá de ese lapso de tiempo y te muestre los patrones a largo plazo, para la toda la vida de esa persona. Sin embargo, si haces una lectura para ver cómo estarán los recursos a lo largo de toda la vida de la persona, esa lectura no te informará de los cambios y fluctuaciones de esos recursos a lo largo del tiempo.

Los recursos energéticos no son lo mismo que el sistema de alimentación del cuerpo (la comida, etc). Los recursos interiores son recursos no físicos que conectan el cuerpo con el espíritu, y que sostienen esa conexión a lo largo de la vida de la persona. Si algo concreto va a suceder en el destino de una persona, y es importante que esa persona pueda superar esa situación y sobrevivir, serán los recursos energéticos los que sostengan a la persona mientras supera ese evento. El destino trae una situación, y las energías interiores apoyan al cuerpo y el espíritu mientras la supera. Así que es importante poder comprobar cómo están esos recursos energéticos, porque además te dará información sobre las características de una situación concreta o un determinado patrón del destino.

La tirada vendría a ser como la balanza de la justicia, con el punto de apoyo en el centro, y vasijas del mismo tamaño situadas a ambos lados. Esas vasijas/posiciones están estrechamente interconectadas, y suele suceder que cuando una vasija vital tiene un nivel de recursos bajos, otra vasija le traspasa recursos. Sabiendo eso puedes identificar las áreas de tu actividad energética en las que debes relajarte, para que esos recursos puedan ser usados en otras áreas más críticas. Vamos a ver cómo funciona la relación entre esas vasijas.

La línea central, el eje, comprende los recursos críticos sin los que no puede haber vida. El recurso del equilibrio (posición dos), es un recurso fundacional sin el cual todo lo que le rodea da vueltas sin control. Es como el control central de un sistema de energía. Es la vasija o el cántaro de los recursos que dirige y organiza al resto de los recursos, enviando los excesos de uno hacia otro que tenga unos niveles críticos. Si la vasija del equilibrio está en malas condiciones, es conveniente que la persona se retire de todo tipo de actividad energética, tanto como le sea posible, y que trabaje en recuperar su equilibrio. Esto puede hacerse mediante la meditación, el descanso y el contacto con la naturaleza.

La carta central del Yo se sitúa bajo el Dos de Espadas, bajo el centro de control. Esta carta central vendría a ser como el panel de

7. Interpretación de las tiradas

control básico con el que trabaja el centro de control. Si las dos cartas, la del yo, y la del equilibrio, son malas o débiles, la causa suele ser debida al centro de control, la posición uno. Sin un centro de control sólido, el funcionamiento diario del cuerpo se desincroniza, y empieza a trabajar sin control. Si sabes algo de mecánica de coches, el centro de control/equilibrio, vendría a ser como la cadena de distribución del coche. Si está floja puede causar que todo el coche se desincronice, haciendo que el combustible prenda antes de que las válvulas del motor aún no se hayan abierto completamente.

La fuerza vital está situada debajo del centro de control y del panel de control, y es la fuente de energía de todo. Sin fuerza vital, el cuerpo se empieza a morir. De todas formas, la fuerza vital tiene altibajos, así que no hay que aterrorizarse si aparece una carta mala en esta posición. Cuando hay que preocuparse es si la fuerza vital muestra continuamente cartas malas o débiles durante un periodo de tiempo largo. En esos casos, hay algo que está drenando ese recurso, cosa que puede ocurrir debido a una mala salud física, drogas, el destino, o debido a hacer un uso excesivo del resto de los recursos. La mayoría de las veces esta situación se puede remediar cambiando tu comportamiento.

Sin embargo, si pese a cambiar el comportamiento, la situación de esa carta no mejora, habrá que mirar que ocurre con el destino de esa persona. Puede ser que desgraciadamente esté en el camino que le conducirá a la muerte. En ese caso, el mago puede usar la adivinación para ver si su tiempo se está acabando (por ejemplo, si eso ya está establecido y no puede cambiarse), o si ese fin puede ser evitado o modificado para que esa persona sobreviva a aquello que le está conduciendo a la muerte. En el caso de las muertes predestinadas, incluso los accidentes repentinos pueden aparecer reflejados en esta tirada con cartas que indican una fuerza vital débil, dañada o ausente, incluso meses o años antes de que el suceso ocurra.

Tirada de los recursos

Hay situaciones que se prolongan en el tiempo que pueden agotar la fuerza vital de una persona, pero al final se recupera: es necesario que lo sepas antes de que te preocupes de forma excesiva por los demás. Por ejemplo, escribir el curso mágico de Quareia fué una tarea muy dura tanto a nivel físico como mágico, y que que llevó tres años. Durante ese tiempo, mi fuerza vital mermó de forma alarmante, ya que ese trabajo supuso una carga enorme, tanto a nivel interior como mágico. Tuve un montón de enfermedades, lesiones, y a nivel energético quedé exhausta durante el tiempo que estuve escribiendo el curso. Además esta situación se prolongó durante un par de años tras la finalización del proyecto.

Sin embargo, como ya sabía que esto iba a ocurrir, ajusté y adapté mi vida para compensar esta situación y ahora mi fuerza vital vuelve a estar en buen estado. Así que tenlo en cuenta, la fuerza vital de una persona puede caer durante un tiempo si está realizando algo que supone una gran carga energética. El tema está en ver si esa fuerza vital se recuperará en el futuro, lo que podrás saber con una tirada del si o no en la que definas un plazo de tiempo.

Estas tres posiciones son críticas, y son las que sostienen todo lo demás. A la izquierda tienes los recursos destinados a la vida del día a día, y en la derecha los recursos destinados hacia el lado interior, más oculto, de la persona. Pero ambos lados están interconectados y se apoyan los unos a los otros de formas que pueden proporcionar información muy interesante sobre cómo los mundos interiores y exteriores de una persona funcionan de forma conjunta. En la tirada, estos recursos conectan entre ellos tanto en diagonal como con los recursos que tienen situados a su lado.

La cuarta posición, las relaciones, y la octava, las comunicaciones, están conectadas. Todas las vasijas tienen conexiones en diagonal, a través de las cuales la energía puede fluir, ir y venir, en caso de que sea necesario. Por ejemplo, si alguien está predestinado a ser un gran comunicador, es probable que aunque la vasija de las relaciones sea muy fuerte, esa persona no disfrute de buenas relaciones. Los recursos de esa vasija reforzarán los de las comunicaciones. ¿Por qué las comunicaciones son algo tan importante como para tener su propia vasija de recursos? Esto es porque las comunicaciones y las palabras son la base de nuestra existencia interior. Es lo que marca la diferencia entre los humanos y el resto de criaturas. Muchos textos místicos alrededor del mundo tratan este tema de varias formas. El más conocido, en Occidente, es el inicio del Evangelio de San Juan: " En el principio era el Verbo". Se podría escribir un libro entero sólo centrado en el recurso de la comunicación: es algo mucho más importante de lo que la gente se imagina, tanto a nivel interior, como exterior.

También puede ocurrir lo contrario. Si una persona tiene unos buenos recursos, tanto en la comunicación como en las relaciones, pero su destino es el de tener una profunda y duradera relación y/o familia, entonces sus recursos comunicativos estarán siempre bajos, ya que este flujo se trasvasará a la familia.

El truco de todas estas interrelaciones, está en encontrar un equilibrio entre las dos vasijas, si el destino lo permite, de forma que ningún ámbito dependa demasiado del otro. Esto es adecuado para alguien con una vida normal, pero si el destino de una persona es conseguir algo extraordinario, o si esta persona está intensamente centrada en algo, entonces una vasija apoyará a la otra.

La siguiente pareja de recursos son las posiciones cinco/dinero y nueve/intuición. Aquí se aplica la misma dinámica: si una persona está destinada a ser rica, entonces su intuición, incluso si es fuerte de forma natural, se verá mermada para que los recursos de esta apoyen a los recursos del dinero. Me he encontrado con gente adinerada que también cuenta con una gran intuición, pero en esos casos, en las lecturas realizadas para ver el estado de sus recursos, suele haber alguna otra vasija que continuamente está a un nivel muy bajo. Normalmente suele ser la vasija más próxima a aquella que trabaja a pleno rendimiento.Así que si por ejemplo podrás encontrarte con una persona en muy buena posición económica, y que además cuente con una gran intuición, pero cuyas habilidades comunicativas sean terribles, y que no tenga nada de suerte con las relaciones.

La siguiente conexión se da entre las posiciones seis/salud y diez/adivinación. Es importante vigilar estas dos vasijas en caso de que uses la adivinación con regularidad, ya que realizar adivinación de una forma excesiva puede tener un impacto en el cuerpo. Si lees las cartas de forma profesional, en algún momento el destino comenzará a vaciar la vasija de los recursos de la salud para compensar un posible déficit en la vasija de la adivinación. Este es el motivo por el cual los tarotistas suelen tener problemas de salud a largo plazo, especialmente fatiga crónica.

La posición siete, la creatividad, y la posición once, espiritualidad, son una pareja diagonal que me fascina especialmente. Me he pasado la vida rodeada de artistas, actores, sacerdotes, magos, y místicos. Y he visto la dinámica de trasvase de recursos ponerse en marcha una y otra vez entre ambas vasijas. Estudiando los recursos generales para toda la vida de estas personas, lo que suelo encontrar es que los grandes artistas tienen muchas dificultades para llegar a un cierto nivel en magia o misticismo. A menudo están muy interesados en estos temas, pero no son capaces de llegar a una práctica en profundidad. Lo mismo ocurre con aquellas personas que practican magia, misticismo o religión durante años. Normalmente tienen problemas para externalizar de una forma creativa, a través del arte, sus experiencias. Y cuando digo "que practican" es porque lo practican de forma activa, no se limitan solo al estudio.

7. Interpretación de las tiradas

También hay una relación directa entre las posiciones cinco/dinero y once/magia. Aquellos que están muy implicados con la magia y el misticismo, y son muy activos en sus prácticas mágicas/místicas, normalmente sufren un trasvase de recursos desde la vasija del dinero a la de la magia. Normalmente son personas que tienen, o atraen, aquello que necesitan a nivel económico, pero no más, solo lo que necesitan. Es difícil explicar cómo funcionan estos flujos en tan solo un par de frases, haría falta un libro entero para examinarlos con detenimiento.

Si eres un mago u ocultista, y dedicas un tiempo a estudiar las relaciones entre las vasijas, encontrarás todo tipo de conexiones interesantes y equilibrios, que te darán información sobre cómo el destino, las acciones y la energía trabajan de forma conjunta. Esto no lo podrás ver simplemente mirando el patrón de la tirada, sino que deberás hacer un seguimiento de esa lectura a lo largo del tiempo, hacer lecturas sobre diferentes personas, y ver cómo se desarrollan sus destinos.

El único consejo que daré a los magos, es que no intenten interferir con esas vasijas de recursos. Esto es algo que hice cuando era joven, y que casi me cuesta la vida.

Las vasijas de los recursos están en un equilibrio delicado, tanto a largo plazo como en las fluctuaciones que ocurren a corto plazo. Un lector o mago avispado puede detectar si hay que dejar de lado una actividad para reforzar otra, pero tratar de mover recursos con la magia puede desencadenar una reacción en cadena difícil de detener. Las vasijas no funcionan como unidades individuales, sino como fuentes de energía interdependientes que fluyen constantemente en varias direcciones. Interrumpir ese flujo mediante la magia, para forzar que lo de un sitio se mueva a otro, destroza la base de ese equilibrio, el centro de control, con lo que hay muchos números de que todo se descontrole.

Pero aprender a ver como fluyen tus recursos interiores, y observar cómo se desarrolla el curso de tu destino, puede enseñarte mucho y orientar tu práctica mágica.

Cuando la lectura genera miedo

En esta lectura, la carta que es más probable que provoque miedo es la del Dos de Espadas, ya que al estar en la posición de la fuerza vital, puede dar a entender que hay muy poca fuerza vital. Esto es totalmente innecesario: cuando hay que asustarse es si aparece el Loco en esta posición, ya que indica que casi no queda fuerza vital. En ese caso habría que identificar si esa situación es temporal o no, a que se debe, y si hay algo que se pueda hacer para remediarlo.

Otra carta motivo de pánico es la Luna en la posición de los recursos económicos. Pero hay que recordar que se puede sobrevivir a una crisis financiera, incluso si esta supone perder la casa, etc. Si tu centro de control y tu salud están en buen estado, tendrás la oportunidad de trabajar con el destino para reconstruir una forma de vida más sostenible.

Todo debe leerse con sentido común e intentando no ser demasiado emocional al contemplar cosas como esas. Céntrate en la pregunta y en la carta que dé la respuesta, y piensa con detenimiento en cómo se refleja ese patrón en tu vida diaria.

Interpretación y consejos para el cliente

Lo primero que sugeriría a esta persona es que se asegure de contratar un buen seguro de viaje y otro de salud antes de embarcarse en el viaje, que se ponga todas las vacunas necesarias, y que se lleve los medicamentos más importantes, en caso de que sea posible. Le

7. Interpretación de las tiradas

indicaría que la lectura muestra una debilidad en la salud, y le aconsejaría planearlo todo por si acaso enferma o le ocurre algo que afecte a su salud, pero también le diría que si va preparado y cuenta con un buen seguro, todo irá bien en caso de que ocurra algo.

También le sugeriría que vaya a su médico de cabecera para que le recete medicamentos de emergencia para prevenir los problemas de salud más importantes que puedan darse mientras visita los varios países que tiene intención de ver durante su viaje (como por ejemplo antibióticos de amplio espectro, etc.).

Le diría que las comunicaciones van a ser algo importante durante este viaje. Esto podría manifestarse como la incapacidad de hablar en un idioma o la pérdida del móvil o el portátil, dejándole incapaz de comunicarse con la gente. Por eso le conviene hacerse con un buen librito sobre el idioma que incluya frases útiles en el idioma extranjero, además de llevar un móvil o tablet de repuesto, y un plan por si se queda sin estas herramientas de comunicación. Si investiga un poco en Google, podrá averiguar donde puede conseguir repuestos, los costes aproximados, y las direcciones o información de contacto sobre tiendas y puestos de reparación de dispositivos electrónicos.

Otra cosa importante a remarcar es la necesidad de mantenerse alejado de la parte mística o mágica de las culturas que va a estudiar durante su viaje, no pudiendo pasar de la mera observación de esas actividades. Durante ese tiempo, podría ocurrir que sus recursos energéticos se reduzcan mucho o sufran un impacto en caso de que esta persona se adentre en estas áreas. Le conviene observarlas únicamente desde un punto intelectual y social.

Esta persona dispone de los recursos necesarios para realizar este viaje de estudios, pero para evitar cualquier desastre, debe planearlo con cuidado y aprovisionarse de todo aquello que pueda ser necesario en caso de que las cosas se tuerzan. Incluso aunque sea un viajero experimentado que haya viajado numerosas veces sin ninguna preparación ni preocupación, ahora no es el momento de viajar de esa manera.

Tiradas para determinar una fecha

En esta tirada he establecido la semana como intervalo de tiempo, pero puedes cambiarlo por días, meses o años si lo necesitas. He usado ocho cartas, una para cada semana, para mirar un periodo de dos meses. Recuerda que en una lectura por semanas, la primera carta abarca los siete primeros días, contando el día en el que haces la tirada.

Pregunta

"¿En qué semanas de principios de la pandemia del Covid del 2020 no será seguro salir de casa? Son personas mayores y tienen problemas de salud, pero no tanto como para ser considerados grupo de riesgo."

Significado de las posiciones

1. Primera semana.

2. Segunda semana.

3. Tercera semana.

4. Cuarta semana.

5. Quinta semana.

6. Sexta semana.

7. Séptima semana.

8. Octava semana.

7. Interpretación de las tiradas

Resultado de la lectura

1. Primera semana. El Carro. Viajes.
2. Segunda semana. Reina de Copas. Felicidad.
3. Tercera semana. La Luna. Algo que no se ve.
4. Cuarta semana. El Emperador. Estructura, burocracia.
5. Quinta semana. El Diablo. Tentación
6. Sexta semana. Diez de Bastos. Lastres, pesos.
7. Séptima semana. Nueve de Espadas. Sufrimiento.
8. Octava semana. La Templanza. Equilibrio.

Figura 7.7: Tirada para determinar una fecha.

Respuesta completa

Recuerda que siempre tienes que interpretar las cartas en el contexto de la pregunta. Cada carta tiene varios significados, pero en ese contexto específico, los resultados posibles se acotan bastante, lo que te permite disponer de respuestas directas.

Las dos primeras semanas tienen buenas cartas. El Carro indica un buen momento para ir a la ciudad. En la tercera semana la situación empieza a cambiar: la Luna habla, entre otras cosas, de algo que no se ve, que está oculto o que su comprensión es confusa. Un virus no se ve, y en las primeras etapas del proceso infeccioso, puede haber mucha gente contagiada, pero que aún no ha desarrollado síntomas. Esta es la fase más peligrosa de una pandemia, cuando el virus tiene un periodo de incubación largo. La infección se está expandiendo sin que la gente sea consciente de ello, así que esta carta inicia el periodo de quedarse en casa.

La siguiente carta es el Emperador, que es cuando probablemente el gobierno o las autoridades sanitarias se dan cuenta de que el virus se está esparciendo, y deciden imponer algún tipo de restricción.

La cuarta quinta posición es el Diablo, una carta que seguramente confundirá a mucha gente en una lectura como esta, ya que estamos preguntando sobre la expansión de un virus y sobre permanecer seguros. En una tirada sobre un tema de salud, esta carta se consideraría como una peligrosa, ya que puede indicar una falta de regulación, junto con desequilibrios y tentación. Viendo que esta carta es la que sigue al Emperador, diría que los consejos o las restricciones del gobierno no han sido suficientes, y que mucha gente se sentirá tentada a seguir con su vida normal. Así que, al igual que la carta de la posición tres, esta es también una advertencia sobre un riesgo oculto.

Cuando el Diablo se lee en relación con las dos cartas que le siguen, que son el Diez de Bastos y el Nueve de Espadas, vemos que este representa una gran advertencia , ya que las posibilidades de contagiarse son altas. Después está el Diez de Bastos, que representa

7. Interpretación de las tiradas

el fuego con el máximo potencial que puede tener un Arcano Menor, y el virus del Covid provoca fiebre alta y un gran nivel de inflamación. Cuando tienes una carta que habla de una gran cantidad del elemento fuego en una tirada de salud como esta, te estará diciendo "mucha fiebre, te vas a poner malo". El Nueve de Espadas es una carta de sufrimiento, una carta muy negativa, que también te dice que te pondrás malo.

La última carta es la de la Templanza, que ilustra el comienzo del proceso de reequilibración. Sin embargo, este es solo el comienzo, y bajo tales circunstancias, sería muy conveniente volver a hacer otra tirada de ocho semanas adicionales para ver qué es lo que sigue a la Templanza. Esta carta es una que habla de la "atenuación de algo", así que podría leerse como que se puede salir a la calle solo en caso de que sea absolutamente necesario, y sólo en caso de que puedas "moderar" tu comportamiento actual. Esto significaría llevar una mascarilla, guantes, lavarse las manos con alcohol o gel hidroalcohólico, y siendo extremadamente cuidadoso con lo que haces, con lo que tocas y con los lugares que visitas.

Interpretación y consejos para el cliente

Esta tirada no necesita un análisis esotérico, aunque aún así deberíamos considerar cómo resumir la lectura y transmitir los resultados a una persona de forma que sea capaz de entenderlo. Dada la situación, potencialmente peligrosa, es conveniente pecar de precavidos y no profundizar demasiado en los consejos que se transmiten a la persona, sobre todo si las personas a las que se les están leyendo las cartas son muy mayores o tienen alguna enfermedad, ya que de otra forma podrían acabar ignorando los consejos de la lectura por ser demasiado problemáticos.

Yo les diría que durante las dos primeras semanas pueden salir, siempre y cuando sean sensatos y vayan con cuidado. Las semanas tercera y cuarta sólo deberían salir si es absolutamente imprescindible, y en ese caso deberían tomar todas las precauciones posibles, incluyendo mascarillas, guantes, hidrogeles, además de proceder a limpiar sus zapatos, bolsos y llaves antes de entrar en casa. En cuanto lleguen a casa deberían irse directos a la ducha y cambiarse de ropa.

Durante las semanas quinta, sexta y séptima deberán quedarse en casa, no ir a ningún sitio, y no recibir visitas. La semana ocho pinta mejor, pero para prevenir, en caso de tener que salir, sería conveniente que lo dejaran para los últimos días de la semana.

Tirada sobre la causa y manifestación de un evento

Pregunta

"En una tirada general a doce meses que hice para una persona, aparece la carta de la Torre en el futuro a corto plazo. ¿Cómo se manifestará la Torre/el desastre en la vida/el destino de esta persona?"

Las tiradas sobre la causa de algo se suelen hacer cuando algo dramático ha aparecido en una tirada general. Antes de hacer esta tirada es recomendable hacer una tirada del sí o no, o bien hacer una tirada general con un plazo de tiempo más amplio a fin de saber si la persona sobrevivirá a esa situación.

Conviene hacer esto sin explicárselo al cliente, ya que en caso de que la tirada diga que no va a sobrevivir, hay que pensar cuidadosamente en qué le vas a decir. Puedes hacer más mal que bien transmitiéndole ese mensaje. La tarea de un tarotista es la de ofrecer alternativas a una persona, en vez de aterrorizarla o deprimirla.

7. Interpretación de las tiradas

Significado de las posiciones

1. La situación.

2. Evento natural: desastres climatológicos, corrimientos de tierra, terremotos, etc.

3. Accidente.

4. Economía: ingresos, deudas, ahorros, posesiones.

5. Enfermedades o lesiones.

6. Algo autoinfligido.

7. Emocional/mental.

8. Relaciones.

9. Ataques: cualquier cosa desde un abuso emocional o físico, a un robo, un fraude, etc. Cualquier cosa hecha con agresividad para dañarte.

10. La Balanza de la Justicia: juicios, procesos legales, pagar por algo, etc.

Resultado de la lectura

1. Diez de Bastos. Sobrecarga.

2. Cuatro de Espadas. Retiro.

3. Siete de Oros. Trabajo bien hecho.

4. Cinco de Bastos. Peleas.

5. Diez de Espadas. Derrota.

6. Templanza. Recuperar el equilibrio.

7. Caballo de Bastos. Persona joven y creativa.

8. Cinco de Espadas. Desacuerdos.

9. Sota de Oros. Niño pequeño.

10. El Loco. Tontería, o nada.

Respuesta completa

Teniendo en cuenta la pregunta, buscaremos una carta que refleje la Torre, o que tenga la suficiente energía destructiva como para identificarla con la Torre.

Mirando a algo específico como esto, no hay que caer en la trampa de buscar un Arcano Mayor que quite peso o importancia a los Arcanos Menores. En una pregunta como esta, hay que recordar que a parte de la Torre, no hay muchos otros arcanos que se identifiquen o representen un desastre. Por lo que aquí los Arcanos Menores tienen tanta relevancia como los Mayores.

Acuérdate de la dinámica de la causa y el efecto tratada en el capítulo de las interpretaciones. Por la tirada general que se le hizo a esta persona, sabemos que hay una Torre (causa): lo que estamos buscando ahora es el efecto: ¿Cómo se desarrollará o manifestará el poder de la Torre? Esa dinámica normalmente se refleja con un Arcano Menor.

La primera carta, que trata sobre la situación en sí misma, muestra el Diez de Bastos, que habla de una gran carga o un gran peso que soportar. Significa mucho fuego: demasiado para que lo pueda soportar una persona. Así que el Arcano Menor que identificará la causa de este problema a través de alguna de las posiciones de la tirada, debe ser una carta con el mismo nivel de fuerza, de carga y de trastorno. Necesita ser el contrapeso de la Torre y el Diez de Bastos, ya que estas dos cartas tratan sobre el evento o situación, y sobre la fuerza, energía y efecto que producen en esa persona.

7. Interpretación de las tiradas

Figura 7.8: Tirada de la causa y manifestación.

Tirada sobre la causa y manifestación de un evento

La segunda posición, que habla sobre un desastre natural, tiene el Cuatro de Espadas, que puede indicar una enfermedad menor o una reclusión. Es una carta débil que no indica nada desastroso. La tercera carta en la posición de los accidentes es el Siete de Oros, que no es una carta de sufrimiento. La cuarta carta, que es la posición de la economía o los temas financieros, es la del Cinco de Bastos. Muestra conflictos, pero nada parecido al sufrimiento de la Torre o del Diez de Bastos.

La quinta carta es el Diez de Espadas, que cae en la posición de las heridas. Es una carta lo suficientemente fuerte como para ser la carta que estamos buscando. El Diez de Espadas es el Arcano Menor equivalente a la Torre. Pero para estar seguros, vamos a mirar el resto de cartas.

La sexta carta, en la posición de lo autoinfligido, es la Templanza. Es una carta buena, que habla de equilibrio, así que ese Arcano Mayor no es la carta que buscamos. La séptima carta es el Caballo de Bastos, situado en la posición de las emociones y la salud mental. Esa combinación podría ser un indicador: el Caballo de Bastos no ha llegado a la madurez y está lleno de fuego. Cae en una posición que al referirse a la salud mental y emocional podría ser el indicador que buscamos, pero tampoco es tan fuerte como el Diez de Espadas.

La octava carta, en la posición de las relaciones, es el Cinco de Espadas. Esto indica fallos y desacuerdos, pero no es una carta lo suficientemente fuerte como para replicar a la Torre. La novena carta es la Sota de oros, en la posición que habla de ataques, así que a menos que sea que tu gato te va a dar lametones hasta provocarte la muerte, esta tampoco será la carta que buscamos. La última carta es el Loco en la posición del equilibrio. Aunque este es un Arcano Mayor más fuerte que uno menor, el Loco en este contexto significa nada, cero.

7. Interpretación de las tiradas

Así que tenemos dos posibilidades: el Diez de Espadas en la posición de la enfermedad, y el Caballo de Bastos en la posición de la salud mental/emocional. De estas dos, yo me quedo con el Diez de Espadas, pero también puede darse la posibilidad de que las dos cartas tengan razón.

Piénsalo de esta forma: la situación es la Torre. El efecto general de esa situación es el Diez de Espadas, una carga. El Diez de Espadas aparece en la posición de la enfermedad. Pero esa posición no indica si es una enfermedad física o mental, solo te dice que es una enfermedad. El Caballo de Bastos en la séptima posición, la salud mental/emocional, puede representar la pérdida del control mental o emocional.

Si la persona tiende a tener problemas de salud mental, entonces es posible que la enfermedad indicada también pueda causar problemas de salud mental o emocional, como suele ocurrir por ejemplo con diagnósticos particularmente difíciles como el cáncer.

Interpretación y consejos para el cliente

La lectura indica que el desastre que aparece sobre el horizonte es un problema de salud o una enfermedad que podría ser estresante a nivel emocional. El siguiente paso sería hacer una tirada para encontrar la solución, y saber cuál sería la mejor forma de prepararse para esta situación, y cómo gestionarla una vez suceda.

También sería buena idea, una vez tengamos más información de la tirada de la solución, es mirar si esta persona necesita atravesar esa experiencia, o si hay alguna forma de mitigar o aliviar sus efectos. En ese caso usarías una tirada panorámica.

Tirada sobre la solución

Pregunta

"¿Cuál sería la mejor forma, la más exitosa, de gestionar y enfrentarse a la enfermedad que ha salido en la tirada sobre la causa, para la persona sobre la que hice esa tirada?"

Esta lectura habría que ponerla junto a la tirada de la causa, de forma que se puedan ver las correlaciones entre las dos. Una buena forma de hacerlo, es comparando los resultados de esta tirada con una fotografía de la tirada anterior. Aquí buscamos una carta que indique éxito en alguna de las posiciones de la tirada, y esa será la mejor forma de gestionar este asunto.

Significado de las posiciones

1. Evento o situación.

2. Actitud pasiva: esto supone dejar al tiempo y al destino que hagan su trabajo. Dejar que la situación se desarrolle por sí misma.

3. Acción aleatoria: esto significa que una acción no planeada, quizás producto de una inspiración, sea la que desencadene la solución.

4. Económica: la solución al problema es el dinero, lo material.

5. Salud: la solución vendrá de centrarse en mejorar la salud.

6. Responsabilidad: la solución vendrá de hacerse responsable de algo que has provocado.

7. Mente fría: calma, imparcialidad, negociación sin emociones, este tipo de acciones o comportamientos serán los que solucionen el problema.

8. Compasión: clemencia, comprensión y compasión serán lo que hagan aflorar la solución.

9. Pelea: defiende tu territorio y no te rindas, así se solucionará ese evento.

10. Paga tus deudas: la solución se desencadenará pagando deudas, créditos pendientes, transmitiendo tu abundancia o devolviendo aquello que no es tuyo.

Resultado de la lectura

1. Ocho de Espadas. Atrapado por el sufrimiento.

2. Seis de Bastos. Victoria.

3. Dos de Oros. Equilibrio de recursos.

4. El Mago. Control.

5. Ocho de Copas. Moverse.

6. Siete de Bastos. Aplicar mano dura, vencer, sacar ventaja.

7. Los Enamorados. Unión, acuerdo.

8. Tres de Oros. Trabajo/pago.

9. Rey de Copas. Hombre amable.

10. Cinco de Oros. Pobreza.

Respuesta completa

La primera carta en la posición del evento representa la situación que necesita una solución. En esta posición tenemos el Ocho de Espadas, que significa estar atrapado en el sufrimiento. Es la enfermedad. La segunda carta, el Seis de Bastos, representa la victoria, y está

Tirada sobre la solución

Figura 7.9: Tirada de la solución.

7. Interpretación de las tiradas

en la posición de la actitud pasiva. Significa dejar que la situación se desarrolle, sin interferir demasiado: por ejemplo, tomarte los medicamentos y dejar que tu cuerpo se encargue. Esta es una carta potencial para la respuesta, pero vamos a continuar y ver qué pasa con el resto de las cartas.

En la posición tres, acción aleatoria, tenemos el Dos de Oros, que significa equilibrio. Es una carta débil y tiene poca correlación con la situación. En la cuarta posición tenemos el Mago, una carta de control, que no tiene por que ser una carta de éxito, así que no es lo que estamos buscando.

La quinta carta, la salud, tiene el Ocho de Copas. Dado que estamos preguntando por una enfermedad, debemos tener cuidado con la carta que caiga en esta posición, sea la que sea, incluso si no es la carta que dará la respuesta. El 8 de Copas habla de la conclusión de un evento pasado que queda atrás y a partir del cual hay que seguir avanzando. Si leemos esta carta junto a la única carta positiva que hemos obtenido hasta el momento, que está en la posición de la actitud pasiva, empezamos a poder leer la historia de esta enfermedad. Parece que esta enfermedad es algo por lo que hay que pasar, que hay que dejar desarrollar, ya que permitirá que algo que ya no es útil en la vida, caiga, y a partir de lo cual habrá que avanzar. También puede ser que la persona tenga una salud mejor tras recuperarse de esa enfermedad.

En la sexta posición, que trata sobre la propia responsabilidad, tenemos el Siete de Bastos, que significa sacar ventaja en una situación difícil o un conflicto. No es una carta de victoria, pero viene a decir "sigue y lo conseguirás". En la séptima posición, la de ser frío y mantener a raya las emociones, tenemos a Los Enamorados, que no tiene nada que ver con el éxito, y en la octava posición (comprensión/amabilidad), tenemos el Tres de Oros, que tampoco es una carta fuerte ni que indique éxito. En la novena posición, la de defenderte o pelear, tenemos al Rey de Copas, y esta combinación tampoco tiene una correlación directa ni con la pregunta, ni con el éxito. En la posición diez, la de pagar las deudas, tenemos el Cinco de Oros, que significa pobreza, pérdida o falta de algo.

Viendo las distintas cartas en sus posiciones, la única carta que habla claramente del éxito es el Seis de Bastos. El número seis se relaciona con el pasado, y con cómo este pasado afecta al futuro, y el Seis de Bastos es el éxito después de la dificultad.

Observaciones de cara al estudio esotérico

Esta tirada no tiene un patrón esotérico, pero las posiciones de las tiradas de la causa y la solución se relacionan directamente entre ellas. Observando las dos tiradas a la vez, se obtendrá una información valiosa, mucho más amplia que fijándose en la respuesta que estás buscando.

Interpretación y consejos para el cliente

La mejor forma de afrontar el problema de salud que va a venir, es no tratar de evitarlo, ni tampoco dedicarle todo lo posible en lo que a esfuerzos o dinero se refiere. Es algo predestinado que tiene conexión con el pasado, y que debe ocurrir para permitir que se desarrolle un nuevo camino. El consejo de las cartas es que te asegures de poder pedirte un tiempo libre en el trabajo, con todo lo que eso implica, y que no planees hacer muchas cosas durante ese tiempo.

Viendo las cartas que aparecen en la lectura general que derivó en las otras dos lecturas adicionales, y que mostraba la carta de la Torre, la tirada de la causa, con el Diez de Espadas, y las posiciones dos y diez de esta lectura, no parece que lo que vaya a ocurrir sean un par de días en la cama con un fuerte constipado. La enfermedad que venga va a poner a prueba a esta persona. Podría ser una gripe muy

7. Interpretación de las tiradas

fuerte, o incluso una pierna rota: las heridas aparecen en las cartas como enfermedades o problemas de salud. Lo que origina la situación es el problema de salud, no el accidente en sí mismo.

Seguramente se pueda predecir en qué mes ocurrirá esto con una tirada para determinar el plazo de tiempo, y cuando eso suceda, el cliente deberá descansar, tomar las medicinas que le den, y dejar al cuerpo que pase por la experiencia. Con la carta de la victoria en la posición de la actitud pasiva, es muy poco probable que la enfermedad cause un gran daño a esa persona, solo es algo que tiene que ocurrir, pero sin provocar grandes daños. Quizás ponga a prueba su paciencia, quizás sea algo molesto, pero tendrá un propósito, y no evitar esa enfermedad, sino pasar por ella parece ser algo importante, no solo para su recuperación, sino también para su patrón de salud del futuro.

En ocasiones, las enfermedades dolorosas y molestas, nos ayudan en el futuro a evitar otras enfermedades, o refuerzan nuestro sistema inmune para que funcione mejor a largo plazo. También puede ser una situación del destino, en la cual la persona se encuentra bastante enferma, guardando cama en casa, de forma que el destino pueda hacer que algo siga su camino, cosa que no sería posible si esta persona estuviera trabajando.

Tirada de la salud

Esta tirada debe ser un complemento de la medicina, no un substituto. Está pensada para sanadores, herboristas, etc, para que puedan obtener información sobre lo que está pasando en el cuerpo. Si no conoces la anatomía, la fisiología y el funcionamiento del cuerpo, esta tirada no te será útil. En caso de enfermedad, la persona deberá siempre visitar a un doctor.

Pregunta

"Este hombre se encuentra exhausto y deprimido. ¿Qué está provocando esta situación?"

Significado de las posiciones

(En el capítulo de las tiradas hay disponible una descripción detallada de cada posición)

1. La primera posición indica lo que en el futuro llegará a la salud de una persona, en términos del destino o del futuro. Lo que salga aquí es algo que se está formando. También puede indicar cualquier tipo de influencia mágica o interior.

2. La segunda posición muestra lo que se ha formado ya, en términos de futuro/destino, pero que todavía no se ha manifestado en el cuerpo físico. Si hay algún componente espiritual o energético de la enfermedad, se mostrará aquí.

3. La tercera posición nos dice lo que ocurre en la zona de la cabeza. Incluye el cerebro, los senos, las glándulas linfáticas, las glándulas endocrinas,[1] los oídos, nariz, ojos, y la garganta

---

[1] El hipotálamo y las glándulas pineal y pituitaria.

(incluyendo la glándula tiroides). Básicamente, incluye todo lo que hay desde la base del cuello hacia arriba.

4. La cuarta posición nos habla sobre la energía sólida que entra en el cuerpo. Cualquier cosa que bebas, comas, fumes o ingieras, aparecerá aquí.

5. La quinta posición habla sobre el estado de tus emociones: cómo se siente la persona, y cuál es su estado mental. Si una persona tiene dolor físico, también saldrá en esta posición.

6. La sexta posición muestra lo que el sistema inmune primario está haciendo. Si está luchando contra algo o funcionando de forma exagerada, aparecerá aquí.

7. La séptima posición nos muestra la parte del sistema inmunitario que se encarga de los linfocitos, las células T y B, y también aquella parte del sistema inmune encargado de atrapar y destruir aquellas amenazas que ya han sido vencidas.

8. La octava posición nos habla del centro del cuerpo, que cobija los órganos vitales: corazón, pulmones, estómago, páncreas, hígado y riñones. Si hay algún problema con alguno de estos órganos, se indicará aquí.

9. La novena posición nos habla de los órganos sexuales masculinos, la testosterona y la vejiga. Las mujeres también tienen testosterona, así que si la lectura es sobre una mujer y en esta posición aparece una carta difícil, entonces será necesario revisar en profundidad su sistema endocrino y equilibrio hormonal.

10. La décima posición nos habla de los órganos sexuales femeninos y la vejiga. De igual manera, los hombres también tienen estrógenos, así que si la lectura es sobre un hombre y en esta

posición aparece una carta difícil, habrá que mirar su sistema hormonal.

11. La undécima posición habla sobre el sistema digestivo y muestra cómo están procesando el intestino delgado y el grueso todo lo que viene de la carta cuatro. Esta zona del cuerpo puede ser leída junto a las posiciones tres y cinco (la cabeza y las emociones): hay una relación directa entre la salud digestiva y la salud mental y emocional.

12. La duodécima posición nos indica lo que ocurre cuando dormimos y soñamos.

13. La decimotercera posición habla del sistema óseo esquelético. Incluye huesos, músculos y nervios. Cualquier reacción inflamatoria, problema en el sistema nervioso periférico, o impacto sobre los músculos o huesos, aparecerá aquí.

14. La decimocuarta posición habla sobre la piel. La piel es el órgano más externo, y el más grande de nuestro cuerpo. Si la única zona que indica un problema en una lectura de salud es la piel, entonces lo más seguro es que el problema se solucione solo.

15. La decimoquinta posición nos habla del futuro inmediato de nuestra salud.

Resultado de la lectura

La interpretación de los significados de las cartas está centrada en la salud del cuerpo y el funcionamiento del mismo: esto se refleja en las palabras clave elegidas para cada carta.

1. Cuatro de Copas. Equilibrio de emociones y fluidos.

2. Cinco de Oros. Déficit de sustancia.

7. Interpretación de las tiradas

Figura 7.10: Health reading

Tirada de la salud

3. Ocho de Espadas. Atrapado, sufrimiento, incapaz de acceder a algo.

4. Sota de Bastos. Pequeño, irritante, (fuego).

5. La Luna. Emociones desequilibradas, algo que no se ve.

6. Cuatro de Espadas. Reposo, retiro.

7. El Mago. En control, haciendo su trabajo.

8. Dos de Bastos. Observación cautelosa.

9. Caballo de Oros. Salud y solidez.

10. de Copas. Pequeño, fluidos.

11. Diez de Bastos. Inflamación agresiva.

12. As de Espadas. Problema con flujo de aire, dolor afilado, pérdida de capacidad.

13. El Carro. Movimiento libre.

14. Diez de Copas. Felicidad, todo va bien.

15. Rey de Espadas. Defender o atacar.

Respuesta completa

Antecedentes: este hombre ha estado sufriendo fatiga y depresión durante un tiempo, y está pensando en si tomar los antidepresivos que le ha recetado el doctor. A mencionar, que con el consentimiento del médico, esta persona quiere ver si algún método alternativo, o un ajuste en su estilo de vida, puede ayudar a mejorar esta situación. En caso de que no sea así, se tomará los antidepresivos. La lectura la solicita un herborista que está ayudando a esta persona, para asegurarse de que no haya ningún problema de salud oculto que

7. Interpretación de las tiradas

requiera de una atención médica inmediata, y para asegurarse de que cualquier tratamiento herbal no empeorará la situación.

El primer paso que debe tomar el herborista es ver que está ocurriendo en el cuerpo, a nivel general. Esto se hace en primer lugar, mirando la carta que cae en cada posición, y en segundo lugar, viendo las relaciones que hay entre las distintas partes del cuerpo.

Las dos primeras cartas, que muestran el futuro próximo, están bien. Sin embargo, la segunda carta muestra una potencial "pérdida de sustancia". Esto podría significar una pérdida de peso, o algún déficit que poco a poco se va haciendo peor. No es algo serio, pero es una carta que habrá que volver a mirar en función de cómo vaya el resto de la lectura.

La tercera carta, en la posición de la cabeza, cuello, cerebro, etc, es el Ocho de Espadas. No es una carta muy conveniente para esta posición. El lector de cartas mira a la cara y cabeza de la persona y no ve nada raro, como un problema dental, en la mandíbula, o en la boca. Ya que la persona está fatigada y deprimida, esta carta puede indicar dos posibilidades: o bien que la tiroides funciona más despacio de lo que debería, o que está ocurriendo algo con el equilibrio de neurotransmisores del cerebro (serotonina, etc.), lo que puede causar la depresión. La fatiga puede ser un síntoma de la depresión, pero también de otras muchas cosas.

La cuarta posición, que habla de todo lo que entra por tu boca, tiene la Sota de Bastos. Esto indica, literalmente, "fuego pequeño o poco fuego". Hay algo de lo que toma esa persona que es irritante para su cuerpo.

La quinta posición es la Luna. En esta posición, la carta puede indicar tanto problemas mentales como depresión. Dado que ya sabemos que la persona está deprimida, esta carta confirmaría ese diagnóstico. La sexta posición representa a la primera línea del sistema inmune, que es la que desencadena la primera reacción del cuerpo ante una infección (estornudos, fiebre, etc). El Cuatro de Espadas indica que el sistema inmune primario no está en modo reactivo.

La posición siete tiene la carta de El Mago, que indica control y funcionamiento. Esta posición trata de cosas como el funcionamiento del timo (que madura las células T y B que luego lucharán contra la infección) y la parte del sistema inmune que limpia los restos de la batalla. El Mago dice que esta parte del sistema inmune está funcionando correctamente, que está bajo control. Viendo las cartas que hay en las posiciones seis y siete, lo que sea que le esté pasando a esta persona no es una infección.

La posición ocho habla de los órganos vitales (corazón, pulmones, estómago, hígado, riñones, y páncreas), y en este caso parecen estár bien. El Dos de Bastos es la "mirada vigilante", e indica que el sistema está funcionando: aquí no hay nada serio.

Las posiciones nueve y diez, los sistemas hormonales y genitales de ambos sexos son correctos y no hay nada que indique un desequilibrio hormonal (un nivel bajo de testosterona en un hombre puede provocar depresión y cansancio).

La posición número once habla sobre la "unidad de procesamiento de la comida", es decir, los intestinos y el colon. Aquí tenemos al Diez de Bastos, que para esta lectura, es la carta que apunta al origen del problema. El Diez de Bastos es una carta de mucho fuego, lo que suele significar una gran inflamación o una fiebre alta. Dado que no hay nada que indique infección en esta lectura (la posición siete, del sistema inmune primario, indica calma), la única otra cosa que podría ser, es la inflamación. Volveremos a esto más adelante.

La posición doce son los sueños y cómo dormimos. Aquí tenemos el As de Espadas. Los ases tienen el mismo valor que los dieces, aunque el número sea el uno. El As de Espadas en esta posición puede indicar unas cuantas cosas: que no se duerme bien, pesadillas o problemas de respiración durante el sueño. Hablar con la persona nos permitirá ver cuál es el problema.

La posición trece es el Carro, que indica movimiento. Esta posición habla de músculos, huesos, y nervios, así que todo está funcionando correctamente. La posición catorce, la piel, es el Diez de Copas. Esto puede indicar sudor excesivo, aunque se puede dar como una respuesta positiva que indica que todo está bien. La posición quince, que habla del futuro a corto plazo, es el Rey de Espadas, que indica irritación, malestar, luchar contra algo. Esto nos dice que lo que sea que esté ocurriendo en el cuerpo, cada vez se volverá más agresivo.

Así que...¿Qué está ocurriendo en el cuerpo? La carta que más destaca es el Diez de Bastos en la posición once, los intestinos. Se relaciona directamente con el estómago, posición ocho, que es correcta. También está relacionada con lo que se ingiere, que es la Sota de Bastos, una irritación pequeña. También tenemos una carta problemática en la posición tres, que es la cabeza y el cuello, y otra en la quinta posición, la Luna. Si no ocurriese nada en la posición cuatro, sospecharía de la tiroides, pero la carta que ha caído en esta posición y que indica una pequeña irritación, nos está diciendo que algo de lo que esa persona come, bebe, o ingiere de alguna otra manera, le está causando una irritación intestinal. No es un envenenamiento, ya que los órganos centrales, incluyendo el estómago, parecen estar bien.

Estoy convencida de que esta persona está comiendo algo a lo que es intolerante, o que está dañando sus intestinos, lo que puede derivar en una inflamación. Cuando los intestinos se exponen de manera contínua a una sustancia irritante, se puede llegar a producir el síndrome del intestino irritable, aunque algunas veces se produce primero el síndrome, que tiene brotes cuando se ingieren determinadas comidas o alimentos. En cualquier caso, en esta lectura parece que hay una conexión clara entre lo que esta persona ingiere y la reacción de sus intestinos. ¿Por qué es importante esto para una persona con depresión? Hay una compleja relación entre la serotonina (que afecta a nuestro estado de ánimo) y el intestino. No sé lo suficiente de medicina o biología para comprender totalmente esta relación, pero que las situaciones de inflamación intestinal afectan a la energía y al estado de ánimo es algo conocido.

Otra conexión entre el intestino, la mente y el estado de ánimo se da con las bacterias de nuestro intestino, el equilibrio bacteriano afecta directamente a nuestra respuesta inmune, nuestro estado de ánimo, nuestras emociones, y la manera en la que dormimos.

La clave parece que está en la dieta. Hay que estudiar con detalle todo lo que esta persona ingiere, y llevar a cabo un proceso de eliminación por el que se pueda averiguar qué es lo que causa la irritación, y lo que no.

Observaciones de cara al estudio esotérico

Las conexiones entre las posiciones de las cartas tratan principalmente sobre cómo funciona el cuerpo, y cómo los distintos sistemas del cuerpo se afectan los unos a los otros. Así que aquí hay más biología que esoterismo. Sin embargo, hay un par de cosas a destacar para magos y esoteristas, ya que tienen una relación directa con la magia y su práctica.

Las dos primeras cartas tratan sobre la formación. La primera carta muestra el desarrollo de los destinos y sus tendencias durante sus primeras fases: lo que se está comenzando a formar como camino del futuro, pero que aún no ha terminado de formarse a un nivel interior ni se ha llegado a establecer como tal. Eso significa que cuando un mago hace esta tirada, la primera carta le dirá los poderes o

7. Interpretación de las tiradas

energías que están fluyendo hacia la persona, esperando a formarse, primero como una trama del destino interior, y luego como una física. Si en esta posición aparece una carta mala, y el resto de la tirada está bien, hay números de que se esté formando una enfermedad en el futuro. En esta fase de su formación, la enfermedad podrá ser evitada haciendo cambios en la salud, como por ejemplo, mejorando la dieta.

Para un mago cuyo cuerpo ha sufrido el impacto de un trabajo mágico, o en situaciones en las que se está originando una etapa del destino peligrosa, siempre que haya algo en la posición dos que esté bloqueando ese flujo del destino, el mago estará protegido, pero será algo que habrá que vigilar con regularidad.

La segunda posición, en términos cabalísticos, es la posición de Yesod, la novena Sefirá, donde las formaciones se preparan para manifestarse en el mundo físico. Esta es la posición o área que los magos conocen como el "paisaje o escenario interior". No es un mundo psicológico (error típico), sino que es el patrón o trama interior al cual el cuerpo exterior está conectado. Antes de que algo se manifieste en el cuerpo físico, aparecerá en el mundo interior. En esa posición, la enfermedad o situación forma una trama o patrón del destino interior, antes de que se exprese de forma física, y como tal, puede ser detenido y revertido antes de que se manifieste físicamente

Si en la segunda posición tienes una carta "protectora", el problema o calamidad que aparezca en la posición uno no será capaz de avanzar y acercarse a ti.

La tercera posición incluye la glándula tiroides, que a menudo es afectada por impactos mágicos de importancia. Así que si estás realizando algún trabajo mágico de envergadura, o pesado, o si te ha golpeado un impacto mágico, ya sea por accidente, debido a un ataque, o debido a un efecto colateral, y en esta posición aparece una carta negativa, podrás sospechar de un impacto en la tiroides. Esto se puede confirmar haciendo una tirada del Árbol de la Vida, preguntando por la salud general de esa glándula.

Otra posición de interés para los magos, es la número ocho, que incluye el corazón y el estómago, dos órganos que pueden sufrir los impactos del trabajo mágico. El corazón, y el espíritu del corazón pueden resultar afectados por ataques mágicos o acciones mágicas muy desequilibradas, y el estómago puede verse afectado al recibir información mágica, contactos o trabajo que deba ser "digerido" a un nivel energético. El cuerpo energético interior, y el cuerpo físico externo, se replican el uno al otro, y en ocasiones pueden superponerse o solaparse. Esto significa, por ejemplo, que si alguien recibe conocimientos o un patrón o trama mágica de un espíritu o contacto interior, puede que su cuerpo reaccione como si hubiera comido algo que no se sienta bien, pudiendo producirle dolor de estómago o problemas intestinales.

A menudo estas molestias o problemas siguen un patrón físico, de forma que la ingesta de energía "difícil" mostraría problemas en las posiciones ocho y once. En tales casos, no hay una causa física externa, sino que es una reacción física a un poder interior. Sin embargo, es conveniente asumir en primer lugar que la causa es física, para asegurarse de que no se le atribuye una causa mágica a algo que está provocado por una enfermedad física real.

Las posiciones cinco y doce también funcionan en conjunto, y desde una perspectiva mágica, lo que ocurre durante el sueño afecta a la salud de las emociones. Cuando veas cartas malas en ambas posiciones, y el resto del cuerpo esté bien, es muy probable que estés luchando en sueños contra algo, o que alguna persona o ser esté aprovechándose de tu energía mientras duermes.

Si como mago trabajas en varios ámbitos de la magia, puede ser interesante hacer lecturas sobre tu salud cada pocas semanas, para

7. Interpretación de las tiradas

ver cómo se procesa la energía de tu trabajo mágico a través de tu cuerpo. Esto te puede enseñar mucho no solo sobre cómo tu cuerpo procesa la energía mágica, sino también sobre cómo mantener y dar apoyo a tu cuerpo en épocas de intenso trabajo. Registrando los efectos, podrás ver aquellas áreas de la salud que puedes reforzar a través de la dieta, del sueño, o colocando protecciones mágicas a tu alrededor mientras duermes, y ayudar a tu cuerpo con hierbas cuando este sufra un impacto. Si conoces el origen del problema, podrás saber la mejor forma de solucionarlo.

Cuando la lectura genera miedo

Cuando la gente hace una tirada sobre su propia salud, puede entrar en pánico y pensar en lo peor, incluso a los médicos les ocurre. Pero es muy importante poner las cosas en perspectiva y hacer esas lecturas con lógica y sin emociones. Por ejemplo, en esta tirada, alguien deprimido y que se de cuenta de que tiene problemas intestinales, podría pensar inmediatamente en un "cáncer de colon". Y por supuesto que en ocasiones esto puede indicar el inicio de esa enfermedad tan terrible.

La forma de poner las cosas en perspectiva es haciendo una segunda lectura sobre la salud, y preguntar cómo sería el estado general de la salud en un periodo de seis meses si esa persona cambiase su dieta y tuviera más cuidado con lo que se mete en el cuerpo. Normalmente, las cartas que hablan de inflamación, deberían haber perdido intensidad (cartas que indican irritación, con un número más bajo), o bien aparecer cartas que muestran regeneración, equilibrio o calma. Si el panorama sigue igual, pero no peor, habrá que repetir la tirada, preguntando por el mismo espacio de tiempo, pero esta vez preguntando qué ocurriría en el caso de que el médico prescribiera algunos medicamentos. Si aún así no hay mejoría, o la agresividad de las cartas ha aumentado, será la hora de realizarse un análisis de heces o una colonoscopia para ver si hay algún indicio de cáncer de colon.

En lecturas sobre la salud que sean difíciles, primero extiende el plazo de tiempo, para ver si la situación mejora, cosa que ocurre la mayoría de las veces. Y si ninguna de las opciones planteadas para remediar el problema funciona, entonces es importante ir al médico. Ignorar un problema de salud por miedo es una estupidez: no va a desaparecer por el simple hecho de ignorarlo.

Pero en caso de una lectura difícil, piensa siempre en las razones más habituales para un problema, cosas sobre las que puedes hacer algo, como por ejemplo cambiar la dieta, dejar de fumar/drogas, hacer ejercicio, etc.; y mira como cambiando la forma en la que cuidas de tu cuerpo puede cambiar el resultado a largo plazo de una lectura.

Interpretación y consejos para el cliente

Mi consejo para esta persona sería trabajar con su herborista y aprender sobre cosas como la intolerancia a los alimentos, la enfermedad de Crohn, la colitis, el síndrome del intestino irritable, y la enfermedad inflamatoria intestinal. Le sugeriría que registre con exactitud qué es lo que se mete en el cuerpo, ya sea comida, bebida, tabaco, etc, y que empiece a eliminar cosas de su dieta. Aprender a hacer esto de forma adecuada, y durante un plazo de tiempo determinado, le ayudará a detectar qué es lo que le sienta mal. Lleva tiempo y requiere de paciencia, pero merece la pena.

También le sugeriría que disponga siempre de una gran variedad de alimentos frescos, ya que esto ayuda a mantener el equilibrio intestinal, lo que puede mitigar las situaciones de inflamación. Le recomendaría que practique el ayuno intermitente, es decir, no comer después de cierta hora por la tarde, o antes de una hora determinada por la mañana, para que pueda hacer un ayuno de un mínimo de doce horas, mejor si son catorce, en cada periodo de veinticuatro horas. Esto permite al sistema digestivo descansar y repararse. Comer demasiado, o comer comida de poca calidad o demasiado refinada es la principal causa de la inflamación intestinal.

Tiradas esotéricas

La segunda parte de este capítulo está destinada a magos y esoteristas, que podrán usar estas tiradas como parte de su práctica mágica. Debido a que son tiradas mágicas, y no se usan para lecturas sobre temas mundanos, no he incluido los consejos para cuando una lectura genera pánico, ni tampoco interpretaciones ni consejos para el cliente, ya que esto no es necesario.

Tirada del patrón del destino

PREGUNTA

"Muéstrame mi destino para los próximos cinco años si no hago nada para interferir en mi camino del destino actual"

Los patrones o tramas del destino son ciclos que suceden a lo largo de la vida de una persona. Algunos patrones del destino son cortos, durando sólo un par de años, y otros pueden extenderse a lo largo de décadas. Tenlo en cuenta cuando uses esta tirada. En caso de necesitarlo, puedes usar una tirada para determinar el plazo de tiempo, y de esta forma saber de forma aproximada la duración de un patrón del destino determinado.

Tirada del patrón del destino

Figura 7.11: Tirada del patrón del destino.

Significado de las posiciones

1. Patrón del destino actual.

2. Lecciones aprendidas. Lo que ha quedado atrás pero que tiene una influencia en el presente.

3. El máximo potencial posible del resultado de este patrón del destino: si lo haces bien, esto es lo que conseguirá este patrón.

4. Semillas que deben ser cuidadas: aquello que se ha sembrado para el futuro y que debe ser cuidado.

7. Interpretación de las tiradas

5. Montañas a subir: dificultades a superar para conseguir el éxito.

6. Lo que hay que dejar ir para conseguir el potencial de ese destino.

7. Cosecha: lo que has conseguido hasta este momento.

8. El Ángel de la Severidad: esta posición te dice si alguna de tus acciones ha puesto tu patrón del destino o tu evolución en peligro. Cualquier cosa que aparezca en esta posición está profundamente conectada con tus acciones, decisiones, etc. No es debido a nada externo que esté fuera de tu control.

9. El Ángel de la Compasión: esta posición te dice la ayuda que recibes gracias a las acciones, decisiones y reflexiones realizadas hasta este momento.

10. Influencia: Esta carta se cruza con la primera, y muestra que es lo que te está influyendo. Normalmente suele ser un contacto interior, un ser, o un profesor físico. Si sale una mala carta, deberás reconsiderar a la persona de quién estás recibiendo consejo.

Resultado de la lectura

1. Reina de Oros. Madurez, estabilidad.

2. Cuatro de Oros. Aferrarse a las cosas.

3. El Emperador. Poder y responsabilidad.

4. Siete de Copas. Misterio que no se ve.

5. Ocho de Oros. Arte y creación.

6. Tres de Oros. Sueldos y ganancias.

7. Dos de Espadas. Equilibrio de pensamientos, palabras e ideas.

8. Cinco de Bastos. Conflicto.

9. Dos de Oros. Equilibrio en la sustancia.

10. Cuatro de copas. Insatisfacción, complacencia.

Respuesta completa

El ciclo del destino actual de esta persona es un ciclo de madurez y estabilidad, así que es probable que esta persona sea de una edad media, una persona madura. Lo que ha aprendido en el pasado y que es importante para el futuro, es a no aferrarse a las cosas, ha aprendido a dejarlas ir. Esta es una dinámica muy sana para magos, ya que aferrarse a cosas materiales, como la posición, la riqueza, etc, hace que el camino mágico se estanque, lo que bloquea la evolución potencial que se consigue a través de los cambios y giros del destino.

El máximo potencial que esta persona puede alcanzar durante este ciclo del destino, en un periodo de cinco años, será una posición de poder y responsabilidad. El destino contiene un potencial de liderazgo, y ya que se trata del Emperador, con independencia del género de esta persona, será una posición de liderazgo mundano, no de un liderazgo religioso, mágico o místico.

La posición cuatro, las semillas que hay que cuidar, tiene el Siete de Copas, lo que en una lectura mágica hace referencia a misterios ocultos. Esta carta en esta posición dice que en el destino de esta persona se ha plantado una semilla para el futuro a largo plazo, una semilla conectada al misticismo o a los aspectos más profundos de la evolución y el aprendizaje mágico, y que esta semilla debe ser cuidada y alimentada con mimo. Florecerá una vez que la etapa del Emperador haya alcanzado su punto más alto. Lo que se planta en un patrón del destino, a menudo se nutre a lo largo de ese patrón, y florecerá en la siguiente etapa. Cada ciclo siembra una semilla para el ciclo siguiente,

7. Interpretación de las tiradas

y un patrón del destino puede durar tanto un par de años como un par de décadas, en función del destino general de esa persona y de las decisiones que tome.

La quinta posición tiene el Ocho de Oros, que significa trabajar en la profesión de uno mismo. En esta posición significa que el oficio o las habilidades de esta persona, ya sean mundanas o mágicas, supondrán mucho esfuerzo, un trabajo duro, pero que será productivo. A través de la disciplina, la persona se forjará un futuro como líder.

Lo que necesita dejar ir, en la posición seis, es la carta del Tres de Oros. Esta carta trata sobre ganar sueldos, obtener ingresos, y ser productivo. Este es un contraste interesante con la carta cinco, que trata sobre el propio oficio. En el pasado parece ser que esta persona se aferró a lo material o al dinero. Esto suele venir provocado por el miedo a no tener suficiente. Las posiciones cinco y seis de esta lectura dicen: "no te preocupes por los ingresos, céntrate en el trabajo".

La séptima posición habla de la cosecha de esta persona hasta la fecha. Lo que ha aprendido y conseguido hasta este momento, y aquí tenemos al Dos de Espadas. Esta persona ha aprendido a equilibrar sus comunicaciones y sus conflictos, y es posible que haya aprendido a escribir o comunicarse con audiencias amplias. A través de este proceso ha ganado sabiduría y aprendido valiosas habilidades que le serán muy útiles en el futuro.

La posición ocho es la posición angelical. Esto no significa que aquí haya un ángel guardián o un ser con el que puedas hablar: es un poder que sostiene el equilibrio de todas las cosas, y este poder en particular lo hace a través de la limitación, la retención y la pérdida. Todo lo que crece, morirá en algún momento, y la carta que cae en la posición ocho nos dice lo que está siendo limitado y que está muriendo, de forma que la persona pueda crecer y evolucionar.

Lo que sea que caiga en esta posición es una debilidad que necesita fortalecerse a través de la limitación, y es algo que puede acabar con la persona en el caso de que esta persona no lo tenga bajo control. La carta que cae aquí es el Cinco de Bastos: conflictos. Lo que dice es que los conflictos excesivos, la forma que tenga esta persona de lidiar con ellos, o si los provoca, podrán suponer su perdición. Así que necesita dejarlo estar. Si la persona trabaja de forma activa para limitar los conflictos en su vida, entonces el poder angelical dará un paso adelante y se unirá al esfuerzo de esa persona, usando la limitación, desviando los conflictos donde no es útil, hasta que al final, y como resultado de los esfuerzos del humano y del ángel, la dinámica muere, y poco a poco deja de existir en su patrón.

La novena posición trata sobre el poder angelical que da aquello que es necesario para que las cosas evolucionen y crezcan. En esta posición está el Dos de Oros, que básicamente significa dinero que entra, y dinero que sale: el equilibrio de los ingresos y los gastos. Y se basa en la necesidad: tendrás lo que necesites, y nada más.

La posición diez, que cruza a la primera carta y que es la que influye a la persona, ya sea para bien o para mal, es el Cuatro de Copas: satisfacción o complacencia. Cuando tenemos más de lo que necesitamos, nos volvemos melindrosos con respecto a lo que queremos y lo que no. Una persona que nunca tiene hambre se volverá remilgada, por ejemplo. En esta posición, esa influencia trata sobre aprender las dinámicas de la necesidad, y sobre aprender a reconocer la diferencia entre lo que se quiere y lo que se necesita.

Viendo la tirada en general, podemos empezar a ver el tema general. Esta persona aún está aprendiendo sobre el poder y los recursos, sobre lo que es realmente necesario y lo que no. El patrón del destino en el que se encuentra le está enseñando sobre esas dinámicas, poniéndole en determinadas situaciones durante su

7. Interpretación de las tiradas

camino para hacerle ver las diferencias entre lo que es realmente importante y lo que no. Lo mejor que puede conseguir de este ciclo de aprendizaje, es convertirse en un líder que tiene poder sobre los recursos, sobre la gente y sobre las propiedades. Para conseguir ese poder y que ese sea un poder verdaderamente equilibrado, primero hay que aprender a gestionar conflictos, a comunicarse, a reconocer la verdadera necesidad sobre el deseo, y a juzgar de forma justa. Estas habilidades se aprenden a través de nuestros propios retos diarios, de forma que el conocimiento provenga directamente de la experiencia.

Llegar al poder del Emperador es algo temporal, y esta es otra lección importante para esa persona. Llegará un momento en el que nada sea suficiente, en el que nada esté bien para el (insatisfacción), y deseara algo más profundo y con más significado. Esta es la semilla que se plantó en la cuarta posición, y que al final florecerá cuando esta persona haya cruzado de un patrón del destino al siguiente.

Observaciones de cara al estudio esotérico

La tirada del patrón del destino se basa ligeramente en las cuatro direcciones mágicas del este, sur, oeste, norte y centro. La formación de nuevos patrones llega desde el este, que es la cuarta posición, y se va por el oeste, que es la posición siete. El tiempo corre de norte a sur, con la posición dos en el norte, y la posición tres en el sur. El centro es la persona en el momento actual: está viajando desde el norte/pasado, hacia el sur/futuro.

Las posiciones octava y novena son los dos poderes angelicales que hay situados tras los hombros de la persona. Estos dos poderes son similares a dos Sefirots de la Cábala: Chokmah (izquierda) y Binah (derecha). Su explicación más simple sería que son dos poderes, uno que da, y otro que quita, y que son poderes angelicales, porque están más allá de la humanidad. Son poderes despersonalizados que fluyen de la fuente divina durante el proceso de la creación y la destrucción, y son aquello que es necesario para el crecimiento y la evolución de cualquier cosa viva.

En la Cábala popular, la izquierda es Binah, y la derecha es Chokmah, pero esto ocurre porque la persona está reflejando el Árbol de la Vida. Los magos, en especial los místicos, no reflejan el árbol: nosotros somos el árbol. El Árbol de la Vida es un mapa del poder creativo que fluye a través de toda cosa viviente, y en esta tirada están presentes algunos de los poderes de los sefirot, mostrando el flujo de la creación y de la destrucción que va hacia la manifestación (el sur) a lo largo del tiempo. Todos los poderes creativos y destructivos se manifiestan a través de patrones de tiempo, sustancia y destino.

De forma similar, las posiciones cuarta y séptima también se corresponden con los poderes de los sefirots: estas posiciones son lo que el destino trae y se lleva de acuerdo a nuestro destino individual, y a como hayamos gestionado lo que ese destino nos haya traído. Las posiciones cuatro y siete están ligeramente conectadas con Chesed (cuarta posición) y Geburah (la séptima). Chesed trae la creación en forma de semillas, y Geburah limita ese crecimiento.

Las posiciones quinta y sexta están conectadas a los sefirots Netzach y Hod. Netzach (quinta), es un poder que trata sobre la disciplina y el trabajo duro para perfeccionar los dones que has recibido, mientras que Hod (sexta) trata sobre dejar ir aquello que ya no te es necesario. De una forma extremadamente simple, podríamos decir que Netzach es entrenamiento y endurecimiento, y que Hod es la relajación y la pérdida.

Si das un paso atrás y miras a este patrón desde un punto de vista mágico, podrás ver los patrones de la creación y la destrucción, la expansión y la contracción, y la dinámica del progreso, todas estas cosas son dinámicas necesarias para que pueda fluir el destino.

7. Interpretación de las tiradas

Comenzamos en el presente (uno), partimos del pasado (dos), y vamos hacia el futuro (tres). Después el patrón fluye desde el este (el alba/Chesed/izquierda) y gira alrededor de las direcciones hasta que terminamos en el noroeste (posición novena/Chokmah/izquierda), que es el momento inmediatamente anterior a la salida del sol: el potencial, la expresión, la decadencia, la muerte y el renacimiento. Los dones que se reciben en la posición nueve son el fertilizante que alimenta las semillas de la posición cuatro, de forma que el ciclo del destino pueda continuar girando. El ciclo entero se mueve y renueva a sí mismo continuamente, de la misma forma que ocurre con los actos de la creación y la destrucción, que constantemente se están manifestando.

Trabajando con este patrón, es mucho más fácil profundizar en el estudio de los patrones del destino, ya que la tirada los refleja y a través de ella fluyen los poderes clave a medida que estos interaccionan entre ellos. Si estudias este sencillo patrón con tiempo y dedicación, y te detienes a observar las variadas relaciones entre las dos cosas, podrás descubrir conocimientos poco ortodoxos con respecto a los sefirots y a los caminos naturales que fluyen entre ellos.

Tirada angelical

Pregunta

"Muestrame la salud mágica interior de nuestro templo mágico".

Significado de las posiciones

1. Yo. La posición que habla sobre la persona, el lugar o sistema sobre el que se está leyendo.

2. El Portador de Luz. Este poder divino/angelical ilumina el camino adelante, así que esta posición indica si se nos está otorgando esta luz, y si es así, cómo se está formando el camino.

3. Limitador. Esta posición indica lo que se ha activado para ralentizar o limitar el camino adelante, de forma que lo que tenga que ser aprendido o lo que deba ocurrir, pueda hacerlo. Protege y limita, de forma que no te autodestruyas debido a una expansión o crecimiento excesivo.

4. El Bastón. El bastón está conectado a la vara mágica del mago. Es el poder de la serpiente dual que abre las puertas del conocimiento y la sanación/medicina. La carta que cae en esta posición indicará al lector que deberá aprender o qué evolución le espera en el futuro. Es el siguiente paso que hay que dar en el camino.

5. El Farol. El farol es el aprendizaje y la evolución que ya se ha conseguido, y que ilumina el camino adelante. Es la versión humana de la luz que el ángel de Chesed sostiene para que puedas ver el camino. La luz de la posición de Chesed es la ayuda que el destino divino te ofrece. La luz del farol, es aquella que tú has creado gracias a tu desarrollo. Al final las dos luces deberán estar tan equilibradas como sea posible. Si se complementan la una a la sabrás que lo que sea que estés haciendo servirá para muchas cosas buenas, ayudando tanto a tu camino como a todas aquellas cosas a las que afectes con tu trabajo.

6. El Cáliz. El cáliz es la herramienta mágica de la cosecha, y está conectada con la copa mágica. En la posición del Cáliz se encuentra el trabajo o aprendizaje que ya se ha realizado, y que está de camino a la mola de forma que el grano pueda ser separado de la paja: el trabajo o el desarrollo en proceso de

7. Interpretación de las tiradas

maduración. Los granos puros al final se convertirán en la luz del farol.

7. El Recogedor. Esta posición divina/angelical muestra aquello que ha sido apartado de tu camino, ya que no tiene ningún fin y sería perjudicial para tu desarrollo o camino futuro. Lo que caiga en esta posición no debe ser traído de vuelta al presente, sino que debe dejarse ir hacia el pasado.

8. El Compañero. Es el Sandalfón, el ángel que te guía en tu camino al futuro. La carta que cae en esta posición te indica, o te aconseja sobre el mejor camino a tomar. Debes tener en cuenta, que independientemente de la carta que aparezca en aquí, el Compañero hará ese camino contigo, dando fé de lo que hagas y aconsejandote en caso de que sea necesario.

9. SAG: lo que ha sido. Tu futuro estará orientado si eres consciente de tu pasado. Para bien o para mal, el pasado forma tus cimientos. (Las posiciones 9, 10 y 11 deben leerse en conjunto: son el consejo de tu ángel guardián.)

10. SAG: lo que es. Tu yo actual, tu verdadera situación actual, se refleja en el ángel guardián.

11. SAG: lo que será. El guardián te mostrará una imagen sencilla de lo que puedes llegar a ser.

Resultado de la lectura

1. Caballo de Copas. Joven, ilusionado, y posiblemente ingenuo.

2. Dos de Copas. Relaciones, equilibrio de emociones.

3. Seis de Oros. Pago de deudas.

4. La Estrella. Nuevos comienzos en sus primeras fases.

5. Justicia. Equilibrio de la balanza.

6. El Diablo. Tentaciones, desequilibrio emocional.

7. Cuatro de Bastos. Celebración.

8. La Suma Sacerdotisa. Sabiduría y conocimiento.

9. Diez de Espadas. Derrota.

10. La Fuerza. Poder.

11. Dos de Espadas. Equilibrio justo.

Respuesta completa

El Caballo de Copas en la primera posición nos indica que el sujeto de la lectura, en este caso un templo mágico, ha alcanzado su edad adulta, pero aún no ha madurado completamente. Es un poder o energía de naturaleza buena, de confianza, pero aún un poco ingenuo.

La segunda carta es el Dos de Copas. Esta posición nos indica qué luz está resplandeciendo para iluminar el camino futuro del templo. El Dos de Copas trata sobre relaciones favorables y emociones equilibradas. Esto significa que el futuro camino del templo florecerá gracias a las relaciones equilibradas, no sólo entre sus miembros, sino también entre el templo y los espíritus o contactos interiores. Las estructuras mágica y física del templo, sus miembros, y sus contactos interiores (espíritus), de forma conjunta forman un único ser, y el futuro de este templo depende de las buenas y equilibradas interacciones y relaciones entre todos sus componentes.

En la posición tres tenemos al Seis de Oros, que trata de pagar deudas y de dar donde se necesita. Es la necesidad material y financiera. En la posición del Limitador, esta carta es tanto un regalo como una advertencia. Está diciendo que para el templo

7. Interpretación de las tiradas

Figura 7.12: Tirada angelical.

como organización es muy importante entender que en términos de recursos, recibirá lo que necesite, pero que esos recursos sólo deberán ser usados o donados cuando sea necesario. Esto hará que el templo aprenda sobre gestión de recursos, y el templo tendrá lo que necesite siempre que aprenda las lecciones, pero si despilfarra o derrocha esos recursos, entonces el Limitador se pondrá en marcha y detendrá ese flujo de recursos.

Tirada angelical

En la cuarta posición, la del Bastón, tenemos la carta de la Estrella. El siguiente paso que debe dar el templo, es involucrarse con el poder de la Estrella, que en esta posición significa desarrollar algo nuevo mediante el trabajo exterior e interior (espiritual), lo que al final florecerá en una estructura mágica, un sistema de trabajo, o un conocimiento completamente nuevos. La posición del Bastón es el puente al futuro, y la Estrella son los nuevos comienzos.

En la quinta posición tenemos la carta de la Justicia. Esta posición nos habla de las habilidades, los conocimientos y la sabiduría que ya hemos adquirido: tal aprendizaje será vital para el camino futuro del templo. Identificando lo que cae en esta posición, el templo como organización sabrá cual es la luz que guía su futuro: siguiendo los principios de la carta que caiga en esta posición, la organización tendrá más opciones de alcanzar sus objetivos a largo plazo de la mejor forma posible dentro de lo establecido por el destino.

En la sexta posición tenemos la carta del Diablo. Esta posición es el cáliz, que trata sobre lo que ha cosechado el tempo mágico hasta la fecha. Con una carta como el Diablo, podemos ver que hay algo en esa cosecha que es potencialmente venenoso para la organización. Esto podría indicar algún tipo de práctica, algún contacto interior, un miembro del templo, o alguna actividad o acción que ha realizado tanto el grupo como una única persona, y que está envenenando la estructura interior o espiritual del templo. Hay algo que no va nada bien, y que debe ser modificado, ajustado, o eliminado. Estaría en manos del líder del templo usar la adivinación, la meditación y el sentido común para identificar qué es lo que está ocurriendo y solucionarlo.

En la séptima posición tenemos el Cuatro de Bastos: la socialización, fiestas, y celebraciones. Esta posición nos dice lo que hay que dejar ir y que se vaya al pasado, ya que es perjudicial para su futuro.

7. Interpretación de las tiradas

Esta carta en esta posición se refiere a la socialización del grupo, o a que la magia y la socialización se han mezclado. Algunas veces no hay problemas con que esto ocurra, pero otras muchas veces no es algo que convenga, ya que propicia que se den luchas de poder o choques de personalidad. En una reunión mágica, también permite que el grupo sea infestado por parásitos.

En la octava posición tenemos a la Suma Sacerdotisa. Esta posición es el Compañero, la luz que nos guía y el consejero interior del templo. Siempre que las actividades del templo sean equilibradas, el poder del Compañero enseñará y guiará. Si el templo pierde el equilibrio, el primer poder que desaparecerá será el del Compañero. La Suma Sacerdotisa es un poder de profunda sabiduría y conocimiento místico: sin duda un poderoso compañero. Así que al templo mágico le conviene asegurarse de que esta guía no se pierda.

Las posiciones nueve, diez y once se leen de forma conjunta, y son lo que ha sido, lo que es, y lo que será. Estas tres posiciones son las posiciones en las que el ángel guardián del templo (o la persona, si la lectura trata sobre una persona) muestra al lector esas tres dinámicas del pasado, presente y futuro, para ofrecer una imagen clara, sin autoengaños. Las tres cartas que aparecen aquí son el Diez de Espadas (lo que era), la Fuerza (lo que es), y el Dos de Espadas (lo que será).

La historia pasada del templo o de su formación era desequilibrada y tenía un patrón de sufrimiento o derrota. Es probable que ese templo tuviera unos inicios difíciles, pero que a través de esas dificultades, y de la forma en la que se afrontaron esos problemas, se volviera más fuerte. Esto se refleja en la carta que cae en la quinta posición, el Farol. Esta posición representa la sabiduría que se ha ido adquiriendo, que en esta lectura es la Justicia: el sentido mágico del equilibrio, la necesidad y la verdad. La Fuerza frente a la adversidad, no abandonar los propios principios éticos, y permanecer fiel a la verdad, todo eso construye la fortaleza mágica e interior.

El futuro, el Dos de Espadas, es la comunicación. O bien el templo estará involucrado con un trabajo que implica comunicación con varios tipos de seres, o bien se convertirá en un templo de enseñanza.

Observaciones de cara al estudio esotérico

Esta tirada es un patrón mágico bien construido y muy usado, que involucra a las herramientas y direcciones mágicas, y los contactos angelicales interiores. El mago está situado en el centro, de cara al sur (la octava posición es el sur). Trás él está el norte, a la izquierda el este, etc. Puedes superponer el pentagrama sobre esta tirada, ya que el pentagrama es el patrón de lo "humano". Si has entendido bien las proporciones, podrás en primer lugar dibujar el patrón con unos puntos, después colocar encima el pentagrama, y de esta forma, el final del brazo izquierdo del pentagrama debería tocar la posición del Limitador.

Las posiciones del Limitador y el Cáliz son tu espada y tu copa. El Bastón y la Linterna son dos herramientas mágicas más poderosas y profundas que se obtienen mediante el desarrollo y la evolución. Cuando avanzas de la magia a la magia mística, la espada y la copa se convierten en herramientas pasivas, y el bastón y el farol se convierten en herramientas activas, contactadas. Esto se ilustra en la carta del Ermitaño.

Los poderes angelicales que trabajan contigo y a través de ti, son los poderes angelicales del Portador de Luz y del Recogedor: la expansión y la contracción. El Portador de Luz sobre tu hombro derecho ilumina el camino adelante, mientras que el Recogedor media con los poderes de la oscuridad sobre tu hombro izquierdo. Uno da luz, otro la quita.

Las posiciones del Portador de Luz y del Farol están directamente conectadas: ambas dan luz, pero la luz del Portador de la Luz es aquella que viene de la compasión divina, mientras que la luz del Farol es aquella que tú has creado gracias a tu desarrollo y evolución. Las posiciones del Recogedor y el Bastón están conectadas de la misma forma.

El Recogedor es el poder angelical de la Fuerza Divina, la fuerza que puede arrebatarle a algo o a alguien la luz, la vida, y la acción. La actividad de este poder angelical en el patrón mágico es similar al concepto de la Espada de Damocles. Cuanto más poder y responsabilidad tiene una persona, más fino es el hilo que sostiene la espada sobre su cabeza. El Bastón es una herramienta contactada que en realidad es un ser por derecho propio, y es el poder de dos serpientes. Estas enseñan y curan, o golpean y atacan. Si usas mal esa herramienta, te atacará. Pero si la usas de forma adecuada, trabajará contigo y te enseñará y guiará mientras caminas el camino que ha sido iluminado por el Portador de la Luz.

Tirada panorámica

Pregunta

"Siento que mi progreso mágico se ha estancado. Muéstrame lo que está ocurriendo en mi vida que ha provocado este frenazo en mi trabajo mágico."

Significado de las posiciones

1. Los Cimientos: el cuerpo, la estructura o la tierra.

2. Unión: La segunda posición, que cruza a la primera, nos dice con qué poderes o dinámicas personales estamos tratando. Puede mostrar contactos interiores con los que estés hablando o

trabajando en el momento de la lectura, o puede ser una posición que indique relaciones.

3. Padre Estrella. Lo que está llegando al futuro a largo plazo y que está relacionado con la pregunta: un patrón que aún se está formando en las estrellas.

4. El Inframundo. Lo que ya ha pasado, ha descendido a las profundidades, y no volverá más. En una lectura mágica puede indicar que hay una influencia que viene del Inframundo en el caso de que la pregunta trate sobre una estructura, un sistema o un proyecto mágico. Pero lo que aparezca en esta posición no se reflejará en el mundo actual, sino que se tratará de algo del pasado sobre lo que se está construyendo el futuro.

5. Puerta del Pasado. Este es el umbral de lo que ahora está en el pasado inmediato. Lo que salga en esta posición tiene el potencial de volver al futuro en algún momento, pero actualmente es parte del pasado.

6. Rueda del Destino. Habla de la acción o el patrón del destino que se está manifestando. Puede ser una dificultad, un ciclo de trabajo mágico, una renovación, etc. Este es el camino en el que te encuentras actualmente, en términos del destino y su desarrollo.

7. La Muela. Las adversidades y dificultades que deben ser superadas. En el camino actual del que se habla en la posición seis siempre habrá adversidades, dificultades, y barreras que hay que superar.

8. El Templo Interior. Lo que llega a esa situación o patrón del destino desde los mundos o los contactos interiores. Todos los ataques mágicos, contactos interiores, apoyo interior, planes

de trabajo, y seres (deidades, etc.) que te están influyendo, se mostrarán aquí.

9. **El Hogar y la Tierra.** Las influencias que afectan a tu hogar y círculo familiar. Esta posición indica lo que está ocurriendo en el hogar, tanto a nivel mundano como desde un punto de vista mágico. Por ejemplo, sin un trabajo mágico está perjudicando o interfiriendo con tu familia o tu casa, o si hay un espíritu problemático en la casa, aparecerá en esta posición. También puede indicar situaciones familiares que estén influyendo en el tema sobre el que se esté leyendo. De igual forma, si el hogar o la familia están siendo protegidos, también se reflejará aquí. En una lectura mágica puede referirse a una logia o un templo (un "hogar" mágico), o a un orden (una "familia" mágica), en función de lo que se haya preguntado.

10. **El Deshilachador.** Lo que comienza a decaer o a desaparecer. Cuando algo está en proceso de perder su influencia y se comienza a resquebrajar, aparecerá en esta posición. Está de camino a la Puerta del Pasado, y al final se esfumará en las profundidades. Pero si no eres capaz de afrontar los retos que aparecen en la posición número siete, cualquier dificultad que se muestre en esta posición volverá de nuevo a retarte hasta que te des cuenta y te enfrentes a ello.

11. **El Durmiente.** El sueño y los sueños. Lo que te esté ocurriendo mientras duermes, y aquello con lo que tu mente profunda inconsciente esté lidiando. También puede ser la posición del trabajo en visión en caso de que la pregunta trate sobre un trabajo mágico. A menudo el trabajo en visión puede afectar a los sueños de un mago, así que en la lectura, las dos dinámicas deberán ser consideradas en conjunto.

12. El Camino Adelante. El camino a seguir, el resultado a corto plazo para tu pregunta. (Para saber el resultado a largo plazo, consulta la posición número 3).

RESULTADO DE LA LECTURA

1. Dos de Espadas. Justicia, equilibrio.

2. As de Oros. Bloqueo o protección.

3. Justicia. Poder equilibrado, justicia verdadera.

4. Diez de Bastos. Carga, peso, lastre.

5. Caballo de Oros. Ingenuidad esperanzada.

6. La Luna. Visión sin claridad, algo oculto.

7. La Torre. Destrucción.

8. Templanza. Protección y sustento a través del equilibrio.

9. El Ermitaño. Reclusión sabia, introspección.

10. Muerte. El fin de algo.

11. Nueve de Espadas. Sufrimiento.

12. Nueve de Bastos. Supervivencia.

RESPUESTA COMPLETA

La pregunta se hace para ver por qué se ha estancado el trabajo mágico de una persona, y por qué se siente incapaz de progresar. La primera carta que trata sobre ti, es el Dos de Espadas. Esta es una versión inferior a la carta de la Justicia, y muestra que tanto el cuerpo como la mente están sanos, así que no es debido a un problema de salud. La

7. Interpretación de las tiradas

Figura 7.13: Tirada panorámica.

Tirada panorámica

segunda carta es la que te cruza, y muestra aquello con lo que estás interactuando. Aquí tienes al As de Oros

En magia, el As de Oros a menudo indica un escudo, un tiempo de bloqueo, o una piedra o sustancia con la que estás trabajando. Viendo esto en relación con la pregunta, es bastante obvio que el As de Oros en este caso es un escudo o protección que te impide seguir con tu trabajo mágico. Toda energía mágica y todos los contactos han sido bloqueados y no pueden fluir hacia ti.

En la posición tres, el futuro a largo plazo, tenemos la carta de la Justicia. El tema del equilibrio y el reequilibrio son algo recurrente en esta lectura, aunque de formas diferentes. En el futuro a largo plazo, volverás a tu trabajo mágico, y de una forma mucho más equilibrada y mejor que la actual.

En la posición cuatro tenemos lo que se ha ido al pasado y no volverá, y la carta del Diez de Bastos: cargas, lastres. Dado que esta es una lectura mágica, me atrevería a decir que has completado un ciclo del destino o has finalizado un trabajo mágico que ha supuesto una enorme carga para ti, y que te ha llevado a tus límites. Pero esto ya forma del pasado y no volverá.

En la quinta posición, el pasado reciente, tenemos el Caballo de Oros. Esta es una carta que habla de una personalidad adulta pero joven, a menudo idealista, pero práctica y trabajadora. Ese lastre o carga ha pasado gracias al trabajo o al destino, y ahora has madurado y has avanzado en tu desarrollo. Sin embargo, el pasado reciente podría volver, lo que significa que aún no eres totalmente maduro: es posible que en aquellas personas menos maduras este pasado pueda volver en situaciones de mucho estrés o en caso de que estas personas no vayan con cuidado. Es una advertencia: no mires atrás ni vuelvas a caer en las mismas cosas, avanza y aplica lo que has aprendido.

7. INTERPRETACIÓN DE LAS TIRADAS

En la posición número seis, la posición de la Rueda del Destino, tenemos la carta de la Luna. Esto dice que tu destino no se puede ver bien bajo la luz de la luna. Estás atravesando un periodo donde necesitas permanecer oculto, de forma que no se te vea. Otra interpretación es que puede que no estés viendo las cosas con claridad y que puedas ser engañado fácilmente. En algunas ocasiones se pueden aplicar los dos significados. Para determinar el significado de esta carta habrá que ver que sucede en el resto de la lectura. También puede indicar enfermedad mental: sin embargo esto no es algo que aparezca en el resto de la lectura. Así que volveremos a esta carta más adelante.

Lo que hay que superar en este patrón del destino está indicado por la carta que cae en la séptima posición, y aquí tenemos a la Torre. Ocurrirá algún desastre de importancia que hay que superar para sobrevivir, y aprenderás muchas cosas al vivir esa situación. La carta es un arcano mayor, y en esta tirada hay unos cuantos, lo que significa que esta es una situación de importancia y predestinada.

En la posición ocho, lo que fluye desde los mundos interiores, tenemos a la carta de la Templanza. Este es un poder protector que equilibra las cosas, que asegura que fluya hacia la persona aquello que esta necesita. Volviendo a la carta de la Luna en la sexta posición, ahora podemos ver que el ciclo del destino de esta carta no se refiere a la salud mental. Si fuera así, entonces la octava posición tendría una carta que indica el bloqueo de tu parte espiritual. Cuando alguien activo en magia tiene una crisis de salud mental, suele ocurrir que los espíritus o los mundos interiores se cierran y provocan un bloqueo para proteger al mago de daños mayores. Si practicas magia insana o desequilibrada, podríamos ver en esta posición cartas que indican conflicto, o que hablan de la presencia de parásitos. Pero lo que hay en esta ocasión, es un poder que modera y equilibra. Esto nos dice que la carta de la Luna no trata sobre ti mismo. Algo está ocurriendo a tu alrededor en términos de destino, y debes permanecer oculto.

En la novena posición, el Hogar y la Tierra, tenemos la carta del Ermitaño, muy relacionada con las cartas de la Luna, la Torre, y la Templanza. El Ermitaño es otro arcano mayor, que dice que debes convertirte en ermitaño, literalmente. Necesitas ser normal, mundano, quedarte cerca de casa, y no participar en nada mágico. El Ermitaño no dispone de herramientas mágicas, solo su bastón y el farol le guían en su camino. Se ha retirado de todo y está solo en la montaña, con su sabiduría como la única luz que guiará su camino. Viendo las cartas anteriores, hay una situación peligrosa que se está desarrollando (la Torre), por lo que has sido bloqueado (As de Oros) para que puedas permanecer oculto entre las sombras de la luz de la luna. Los espíritus y contactos interiores te están protegiendo (Templanza) y necesitas ser mundano, y por lo tanto invisible (Ermitaño).

En la décima posición, lo que está cayendo o está siendo apartado de tu destino es la Muerte. Uno de los potenciales de la situación que estás atravesando es la muerte. Estarás en peligro aún siendo protegido, defendido, ocultado y retirado, pero el riesgo de muerte se está desvaneciendo de tu patrón del destino.

La decimoprimera posición es la de los sueños y las visiones, y aquí tenemos al Nueve de Espadas, que es una carta de sufrimiento. Volviendo a revisar toda la tirada, me doy cuenta de que este patrón del destino no es algo exclusivamente tuyo, sino que es parte de algo mucho más grande, que está ocurriendo a tu alrededor y ante lo que necesitas permanecer oculto. Esta carta en esta posición me dice que los sueños están siendo influidos por la destrucción que está ocurriendo a tu alrededor. Esta es una dinámica que suelo ver a menudo. En estas situaciones la persona es protegida de lo peor del

7. Interpretación de las tiradas

desastre, pero aún así no puede ser protegida del todo, y además, es más conveniente no estar totalmente protegido. Y esto se refleja en la carta de la Torre. Tienes que superar algunos aspectos del desastre que afectan a tu desarrollo. El siete es un número mágico que habla de las pruebas y lecciones necesarias para evolucionar e ir más allá de lo mundano. La forma más segura que tienes de superar esta Torre es a través de sueños perturbados, pesadillas y demás. Tu espíritu interior navegará a través de ese desastre en estado de sueño, lo que te enseñará a superar peligros interiores.

La posición doce es el futuro a corto plazo, y la carta en esta posición es el Nueve de Bastos: supervivencia. Si te fijas en las imágenes de esta carta, podrás ver a alguien exhausto, pero que ha sobrevivido. Así que saldrás de una pieza de esta situación, exhausto, pero mucho más sabio y fuerte gracias a eso. Esto se replica en la carta de la Justicia que está en la posición tres. Esta carta dice que una vez hayas superado esas pruebas y pasado por la sensación de ser golpeado y maltratado, llegarás a una situación de equilibrio gracias a la fortaleza, la sabiduría y el conocimiento que habrás ganado de esa experiencia, y que debido a eso, tu balanza estará en mejor estado. La Justicia y la balanza de la justicia están conectadas con la cosecha mágica que se convierte en la luz del farol (como en el Ermitaño). En términos mágicos, esto viene a decir que estas pruebas que debes superar te llevarán al siguiente paso de tu evolución mágica y mística.

Observaciones de cara al estudio esotérico

Esta tirada funciona mediante tensiones y oposiciones. El futuro y el pasado lejano están arriba y abajo, mientras que el pasado reciente y el futuro a corto plazo están detrás y adelante. Tú estás en el medio, formando parte del patrón del tiempo.

Los ciclos del destino se equilibran a lo largo de la vida mundana física (el hogar y la tierra), y es en el mundo físico donde las ruedas del destino giran. El Templo Interior, que es tu mundo espiritual interior, se equilibra a través de los sueños y las visiones, lugar en el que trabaja tu espíritu.

La Muela y el Deshilachador están situados en posiciones opuestas, uno a cada lado, contigo en el centro de carta al camino adelante: el futuro a corto plazo. La Muela es el trabajo necesario y las dificultades que hacen falta para volverte más fuerte, y proporcionarte habilidades y conocimiento. El Deshilachador es aquello que se está deshaciendo, yendo al pasado, y con lo que no necesitas involucrarte más. El poder fluye, viene y se va.

Si continúas trabajando con este patrón, podrás descubrir otras relaciones e interconexiones que se dan entre los poderes, lo que proporcionará más conocimientos sobre la magia.

Tirada del Mapa del Yo

Esta tirada no puede usarse a la ligera, y debería realizarse con cuidado y reflexión. Tampoco es una tirada que deban realizar las personas no iniciadas en el mundo de la magia, ya que la malinterpretación de las cartas y el miedo pueden tener una influencia negativa en las decisiones y las acciones que realice esa persona como resultado de la lectura.

Desde un punto de vista mágico, no procede que presente aquí un ejemplo de la lectura, ya que esta es una de esas tiradas que el mago debe realizar por sí solo. Las dificultades que hay en comprender e interpretar esta tirada te proporcionarán un aprendizaje que se irá desarrollando en ti durante algún tiempo.

7. Interpretación de las tiradas

Si miras con atención, notarás que algunas de las dinámicas de las anteriores tiradas esotéricas también aparecen en esta. Esta tirada es una versión más profunda de las anteriores, y una expansión de las mismas. Si por ejemplo, miras la tirada angelical y luego miras esta, al final verás como la tirada angelical se sitúa sobre esta. Puedes leer los significados de las posiciones de manera conjunta, y esto te dará una comprensión aún más profunda de ambas tiradas.

Lo que sí puedo hacer, es indicarte algunas cosas sobre las que tendrás que reflexionar cuando hagas esta tirada. Aquí están de nuevo los significados de las posiciones que vimos en el capítulo de las tiradas:

1. El Yo. La zona cero de la pregunta.

2. Origen. De donde viene el sujeto.

3. Destino. A donde se dirige el sujeto.

4. Lo mundano positivo. Lo que contribuye positivamente a la vida mundana y física del alma.

5. Futuro a corto plazo. El futuro mundano a corto plazo de ese alma.

6. Pasado reciente. Lo que acaba de pasar al pasado, del destino de ese alma.

7. Lo mundano negativo. Lo que está afectando negativamente a la vida mundana y física del alma.

8. Camino espiritual o mágico. De qué manera influye o ayuda al alma el camino mágico o espiritual que se está siguiendo.

9. Contactos mágicos. El tipo de ser que está hablando y/o guiando al mago.

10. Futuro mágico. Hacia dónde va a conducir ese camino mágico al alma.

11. Adversario mágico. El poder que está trabajando en contra del mago. Cada camino mágico para que pueda desarrollarse, debe tener un adversario que actúa como contrapeso. Este adversario nunca podrá ser eliminado, habrá que aprender a vivir con él.

12. La piedra fundacional. Qué cimientos sostienen el camino mágico, y si son estables o no.

13. Los pasos del alma. Cuál es la lección principal o qué es lo que tiene que conseguir el alma en esta vida. Aunque durante la vida hay muchas lecciones que aprender, trabajos o situaciones por las que pasar, normalmente en una vida hay un tema u objetivo principal.

14. El camino del alma. Qué tipo de camino necesita recorrer el alma durante esta vida para lograr su objetivo.

15. El patrón del destino del alma. Qúe tipo de patrón del destino general se ha formado para facilitar que el alma recorra su camino y de sus pasos. El patrón del destino ofrece varios caminos alternativos, y estos influyen en cómo se dan los pasos.

16. La cosecha del alma. Que ha conseguido cosechar el alma hasta este momento en la vida. La cosecha son los "granos" de conocimiento y experiencia que se han adquirido hasta la fecha.

17. La Balanza. Qué está desequilibrando la balanza. Qué déficits o deudas necesitan ser reequilibrados. Estos déficits y deudas, aunque estemos hablando del alma, están relacionados directamente con la vida mundana y las acciones que afectan al equilibrio del alma. El equilibrio se refiere a la necesidad, al huso del destino.

18. Restricción. Lo que debe ser restringido o moderado tanto a nivel mundano como mágico de forma que no influya negativamente en lo que intentes conseguir en esta vida. La carta que aparezca aquí te mostrará tus propias idioteces, aquellas que pueden deshacerte.

Observaciones de cara al estudio esotérico

Esta tirada tiene cuatro capas:

1. El Yo. Esta capa contiene tres cartas: quién eres, de dónde vienes y a dónde vas.

2. Lo mundano. Esta capa tiene cuatro cartas y habla sobre el equilibrio de las tensiones en tu vida mundana dentro del patrón del destino en el que te encuentras. Lo que es positivo, lo negativo, lo que se aleja y lo que fluye hacia tí en términos del tiempo y del destino.

3. Lo mágico. Esta capa tiene cinco cartas, es el número del hombre y del mago. Se centra en el camino mágico que estás haciendo, cómo este te sirve de ayuda o te impide el avance, y en si te afecta de una manera sana o no de cara al desarrollo general de tu alma. Las dinámicas y situaciones que aparecen en la segunda y tercera capa son intercambiables. Si están desequilibradas o no son sanas, o si no sirven para tu desarrollo a nivel del alma más profunda, entonces son cosas que deberás cambiar. Estos son pequeños caminos, caminos laterales y potenciales puntos muertos dentro de tu patrón del destino general que pueden ser modificados de forma intencionada. No intentes hacerlos perfectos. Algunos caminos difíciles o estúpidos pueden colocarte en lugares en los que necesitas estar, pero si estos indican que estás en un camino que degrada o bloquea tu evolución

y desarrollo, entonces deberás pensar en los cambios que es necesario hacer.

4. El alma. Esta capa incluye seis cartas, y te mostrará el camino que tu alma ha tomado en esta vida. También te revelará aquello en lo que debes trabajar en el momento de tu vida en el que estés haciendo la lectura. Todo aquello que requiera de un mayor desarrollo podrá hacerse realizando cambios en la capa mágica. Las capas mundana y mágica son capas activas que generan pasos en ese camino, y el alma refleja (o no) si esos cambios han enfocado o dirigido ese camino del alma.

Usa esta tirada como si estuvieras haciendo una fotografía. La tirada se hace sin definir un plazo de tiempo, ya que te da una imagen del lugar en el que te encuentras en tu destino y evolución, y hacia dónde te diriges. Igual que en una fotografía, esta tirada fija en el tiempo como están las cosas: diez años más tarde, cuando vuelvas a mirar esta foto, tu aspecto podrá haber cambiado considerablemente, pero seguirás siendo tú. De forma similar, las capas mágica y mundana cambian contínuamente, pero la capa del alma sigue siendo la tuya.

Y de igual manera que las fotografías que no se han retocado o mejorado digitalmente, te dará una imagen clara de cómo son las cosas, lo que en algunas ocasiones puede resultar algo impactante. Pero en unos años, cuando vuelvas la vista atrás y no tengas la implicación emocional que tienes ahora mismo contigo mismo, podrás ver lo que estaba bien, lo que no, y lo lejos que has llegado.

Yo no usaría esta lectura a nivel personal más de una vez cada cinco años aproximadamente. Hacerlo de forma frecuente te hará un lío y bloqueará tu desarrollo, y además te dejará expuesto a los parásitos y podrá hacer que te obsesiones con controlar tu destino. Es una herramienta muy útil, pero debe ser usada ocasionalmente.

7. Interpretación de las tiradas

Soy un diestro sacerdote lector que conoce su palabra, y conozco toda la magia hábil mediante la cual uno se convierte en Akh en la necrópolis.

— Tjetu[1]

---

[1]Simpson 1980, fig. 15.

Bibliografía

Brown, R. (1885). *The Phainomena or 'Heavenly Display' of Aratos: done into English verse*. London: Longmans, Green, and Co.

Callataÿ, G. de (2005). *Ikhwan al-Safa': A Brotherhood of Idealists on the Fringe of Orthodox Islam*. Makers of the Muslim World. Oxford: Oneworld.

Clough, A. H. (1860). *Plutarch's Lives: The Translation Called Dryden's: Corrected from the Greek and Revised*. Vol. 1. Philadelphia: John D. Morris & Company.

Colson, F. H. (1939). *Philo Volume VIII*. Loeb Classical Library 341. London: Harvard University Press.

Creech, T. (1700). *The five books of Mr. Manilius containing a system of the ancient astronomy and astrology : together with the philosophy of the Stoicks / done into English verse with notes by Mr. Tho. Creech*. London.

Damrosch, D., N. Melas, and M. Buthelezi (2009). *The Princeton Sourcebook in Comparative Literature: From the European Enlightenment to the Global Present*. Princeton and Oxford: Princeton University Press.

Durant, W. (1928). *The Story of Philosophy: Lives and Opinions of the Great Philosophers*. New York: Simon & Schuster.

Evelyn-White, H. G. (1950). *Hesiod: The Homeric Hymns and Homerica*. Loeb Classical Library. London: William Heinemann Ltd.

Faulkner, R. O. (1985). *The Ancient Egyptian Book of the Dead*. Ed. by C. Andrews. rev. ed., 1993 reprint. London: British Museum Press.

Fuller, T. (1869). *A Pigsah Sight of Palestine and the Confines Thereof; with the History of the Old and New Testament Acted Thereon*. London: William Tegg.

Gébelin, A. C. de (1781). *Monde primitif : analysé et comparé avec le monde moderne*. Vol. 8. Paris.

Hirschvogel, A. (1538). *Aureolus Theophrastus Bombastus von Hohenheim [Paracelsus]*. Woodcut. Wellcome Library no. 2200305i. Wellcome collection.

Hornung, E. (1999). *The Ancient Egyptian Books of the Afterlife*. Ithaca and London: Cornell University Press.

Hornung, E. and T. Abt (2007). *The Egyptian Amduat: The Book of the Hidden Chamber*. translated by D. Warburton. Zurich: Living Human Heritage Publications.

Keats, J. (1820). "Robin Hood: To a Friend". In: *Lamia, Isabella, The Eve of St. Agnes, and Other Poems*. London: Taylor and Hessey, pp. 133–136.

Kretschmer, M. (1927). "Atrox Fortuna". In: *The Classical Journal* 22.4, pp. 267–275.

La Fontaine, J. d. (1868). *Fables de La Fontaine avec les Dessins de Gustave Doré*. Paris: Hachette.

Levi, E. (2011 [1855]). *The Dogma and Ritual of High Magic*. San Diego: St. Albans Press.

Lichtheim, M. (1976). *Ancient Egyptian Literature Volume II: The New Kingdom*. Berkeley and Los Angeles, California: University of California Press.

Newton, I. (n.d.). *Keynes MS. 28*. Cambridge: King's College Library.

O'Brien, E. (1964). *The Essential Plotinus*. Indianapolis: Hackett Publishing Co.

Olmstead, A. T. (1948). *History of the Persian Empire*. Chicago: The University of Chicago Press.

Osiander, A. and H. Sachs (1527). *Eyn wunderliche Weyssagung von dem Babstumb*. Nuremberg: Hans Guldenmundt.

Phillimore, J. S. (1912). *In Honor of Apollonius of Tyana*. Vol. 1. Oxford: Clarendon Press.

Pratchett, T. (1993). *Lords and Ladies*. Discworld 14. London: Transworld Publishers.

Quirke, S. (2013). *Going out in Daylight – prt m hrw: the Ancient Egyptian Book of the Dead: translation, sources, meanings*. GHE 20.

Rolfe, J. C. (1927). *The Attic Nights of Aulus Gellius*. Vol. 1. The Loeb Classical Library. Cambridge, Massachusetts: Harvard University Press.

Rouse, W. H. D. (1942). *Nonnos: Dionysiaca*. Vol. 3. The Loeb Classical Library. Cambridge, Massachusetts: Harvard University Press.

Russell, B. (2004 [1946]). *A History of Western Philosophy*. London: Routledge.

Sheppard, M. and J. McCarthy (2017). *The Book of Gates: A Magical Translation*. With illustrations by Stuart Littlejohn. Quareia Publishing UK.

Simpson, W. K. (1980). *Mastabas of the Western Cemetery: Part I*. Giza Mastabas 4. Boston: Museum of Fine Arts.

Tesla, N. (2001). *My Inventions and Other Writings*. New York: Penguin Books.

Tolkien, J. R. R. (2005). *The Fellowship of the Ring*. The Lord of the Rings. London: Harper Collins.

Waite, A. E. (1894). *The Hermetic and Alchemical Writings of Aureolus Philippus Theophrastus Bombast, of Hohenheim, Called Paracelsus the Great*. Vol. 2. London: James Elliott and Co.

— (1906). *Strange Houses of Sleep*. London: Philip Sinclair Wellby.

— (1933). *The Holy Grail: History, Legend and Symbolism*. London: Rider and Co.

Waite, A. E. (1971 [1910]). *The Pictorial Key to the Tarot: Being Fragments of a Secret Tradition under the Veil of Divination.* 2nd ed. London: Rider & Company.

— (1992 [1938]). *Shadows of life and thought: A retrospective review in the form of memoirs.* Whitefish: Kessinger Publishing.

Walker, C. Z., ed. (2001). *The Art of Seeing Things: Essays by John Burroughs.* Syracuse: Syracuse University Press.

Zajda, J., S. Majhanovich, and V. Rust (2006). "Introduction: Education and Social Justice". In: *International Review of Education / Internationale Zeitschrift für Erziehungswissenschaft / Revue Internationale de l'Education* 52.1/2, pp. 9–22.

Zerin, R. (n.d.). *Angels, Humans, and Prayer in the Kedushah d'Yotzeir RZ.* https://www.sefaria.org/sheets/99258.6?lang=biwith=alllang2=en [Accessed 7th June, 2020]: Sefaria.

Quareia

Una Nueva y Libre Escuela de Magia
para el siglo XXI

*Promoviendo la educación sobre la Magia Mística
y los Misterios Esotéricos de Occidente.*

www.quareia.com

schooldirector@quareia.com

Quareia es una escuela de magia fundada por Josephine McCarthy y Frater Acher. Ofrece una formación completa y totalmente gratuita, diseñada para hacer evolucionar al estudiante desde sus primeros pasos hasta alcanzar la maestría. No hay barreras de entrada: el curso es accesible independientemente de la situación económica, la raza, el género, la religión o las creencias espirituales.

Quareia no se adhiere a ningún sistema religioso, místico o mágico, ni a ninguna escuela específica, sino que trabaja con las varias prácticas mágicas, religiosas y místicas que desde la Edad de Bronce hasta el día de hoy han influido en el pensamiento mágico del Mundo Occidental y de Oriente Medio.

El curso completo está disponible de forma gratuita en la página web de Quareia.

www.ingramcontent.com/pod-product-compliance
Lightning Source LLC
Chambersburg PA
CBHW040418100526
44588CB00022B/2875